utb 5009

Eine Arbeitsgemeinschaft der Verlage

Böhlau Verlag · Wien · Köln · Weimar
Verlag Barbara Budrich · Opladen · Toronto
facultas · Wien
Wilhelm Fink · Paderborn
Narr Francke Attempto Verlag / expert Verlag · Tübingen
Haupt Verlag · Bern
Verlag Julius Klinkhardt · Bad Heilbrunn
Mohr Siebeck · Tübingen
Ernst Reinhardt Verlag · München
Ferdinand Schöningh · Paderborn
transcript Verlag · Bielefeld
Eugen Ulmer Verlag · Stuttgart
UVK Verlag · München
Vandenhoeck & Ruprecht · Göttingen
Waxmann · Münster · New York
wbv Publikation · Bielefeld

Lars Gußen

Wissenschaftliches Arbeiten im Jurastudium

Eine Einführung in die juristische Arbeitstechnik

Ferdinand Schöningh

Der Autor:

Der Autor ist Rechtsanwalt in Berlin. Er lehrt am Fachbereich Rechtswissenschaft der Goethe-Universität Frankfurt a.M. und als Lehrbeauftragter an der Frankfurt University of Applied Sciences mit den Schwerpunkten juristische Arbeitstechnik, Schreibberatung, Fachdidaktik und Plagiatsprävention. Durch ein Zusatzstudium ist er außerdem Berater für Personal- und Organisationsentwicklung sowie Moderator in der Erwachsenenbildung und Hochschuldidaktik. Als selbstständiger Dozent in der Weiterbildung schult er Lehrende in Hochschulen und anderen Institutionen, so u.a. Ausbilder/innen des Justizministeriums Rheinland-Pfalz.

Umschlagabbildung: shutterstock #381358894 © sebboy12

Online-Angebote oder elektronische Ausgaben sind erhältlich unter **www.utb-shop.de**

Bibliografische Information der Deutschen Nationalbibliothek

Die Deutsche Nationalbibliothek verzeichnet diese Publikation in der Deutschen Nationalbibliografie; detaillierte bibliografische Daten sind im Internet über http://dnb.d-nb.de abrufbar.

Internet: www.schoeningh.de

Printed in Germany.
Herstellung: Brill Deutschland GmbH, Paderborn
Einbandgestaltung: Atelier Reichert, Stuttgart

UTB-Band-Nr: 5009
ISBN 978-3-8252-5009-6

Inhaltsverzeichnis

Vorwort XV

Schrifttumsverzeichnis XVII

Einleitung: Die Arbeit mit diesem Buch für Ihr Studium 1

Teil 1: Grundstrukturen juristischer Arbeitstechnik

Kapitel 1: Juristisches Lesen, Denken und Schreiben 7

A. Juristisches Lesen 8

B. Juristisches Denken 8

C. Juristisches Schreiben 9

D. Verbindung von juristischem Lesen, Denken, Schreiben 9

Kapitel 2: Überblick: Rechtsgebiete 12

A. Zivilrecht 13

B. Strafrecht 13

C. Öffentliches Recht 14

D. Grundlagenfächer 14

Kapitel 3: Grundsystematiken der verschiedenen Rechtsgebiete 16

A. Anspruchsprüfung im Zivilrecht 16

I. Die drei Ebenen der zivilrechtlichen Anspruchsprüfung 16

II. Einwendungen im Rahmen der zivilrechtlichen Anspruchsprüfung 17

III. Reihenfolge der Anspruchsarten 18

B. Strafbarkeitsprüfung im Strafrecht 19

C. Verfahrensprüfung im öffentlichen Recht 20

D. Grundsystematik in den Grundlagenfächern 21

Teil 2: Juristischer Gutachtenstil

Kapitel 1: Grundstruktur des Gutachtenstils ... 27
A. Elemente der gutachterlichen Vier-Schritt-Prüfung ... 27
I. Obersatz ... 27
II. Definition ... 28
III. Subsumtion ... 29
IV. Ergebnis bzw. Zwischenergebnis ... 30
B. Grundsystematik der gutachterlichen Vier-Schritt-Prüfung ... 31
I. Grundsystem einer Vier-Schritt-Prüfung ... 32
II. Vier-Schritt-Prüfung als wiederholender Kreislauf ... 33
C. Der syllogistische Schluss als Grundprinzip ... 34

Kapitel 2: Struktur einer Verschachtelung des Gutachtenstils ... 37
A. Untergliederung bei der Definition ... 38
B. Untergliederung bei der Subsumtion ... 41

Kapitel 3: Vergleich und Abgrenzung zum Urteilsstil ... 47
A. Gutachten als vorbereitende Grundlage des Urteils ... 47
B. Inhaltliche Unterscheidung ... 48
C. Sprachliche Unterscheidungen ... 50

Kapitel 4: Grundvoraussetzungen der Anwendung des Gutachtenstils ... 52
A. Differenzierungsfähigkeit entwickeln ... 52
I. Bedeutung der Differenzierung ... 52
II. Differenzierung verstehen als Ausprägung rechtsstaatlichen Handelns ... 53
III. Differenzierung verstehen anhand der Alltagserfahrung ... 53
B. Problembewusstsein entwickeln ... 54
I. Probleme erkennen und die richtigen Fragen stellen ... 55
II. Zusammenhang „Problem – Lösung“ richtig einschätzen ... 55
III. Problembewusstsein entwickeln mit Perspektivwechseln ... 56
IV. Problembewusstsein im Anwendungszusammenhang ... 57

C. Schwerpunktsetzung entwickeln und darstellen ... 59
I. Vorbedingung: Problembewusstsein ... 59
II. Ansatz: Ausführlichkeit einzelner Prüfungspunkte ... 59
III. Ansatz: Gewichtung innerhalb der gutachterlichen Prüfung ... 60
IV. Ansatz: Gliederung als Element einer Schwerpunktsetzung ... 61
V. Ansatz: Quellenauswertung als Schwerpunktsetzung in Hausarbeiten ... 62

Teil 3: Juristische Informationsverarbeitung

Kapitel 1: Erste Arbeitsmittel sinnvoll anschaffen und einsetzen ... 67
A. Gesetzestexte ... 67
B. Lehrbücher ... 68

Kapitel 2: Arbeitstechniken für den Umgang mit dem Falltext/Sachverhalt ... 71
A. Sachverhaltsinformationen verarbeiten ... 71
I. Gesamtüberblick durch erstes Lesen ... 72
II. Arbeiten mit Markierungen und Anmerkungen ... 72
III. Filtern nach Relevanz ... 74
IV. Zuordnung rechtlicher Kategorien zu den Sachverhaltsinformationen ... 74
B. Zeittafel ... 75
I. Vielzahl von Datumsangaben ... 75
II. Vielzahl von Fallereignissen ... 76
C. Personenskizze ... 77
I. Anlass: Personenvielfalt ... 77
II. Anlass: Komplexe Personenbeziehungen ... 77

Kapitel 3: Informationsgewinnung – Erkenntnisquellen kennen und finden ... 80
A. Bedeutung elektronischer Medien ... 80
B. Grundbegriffe der Textarbeit ... 83
I. Die Begriffe „Quellen" und „Literatur" ... 83
II. Der Begriff „Textsorten" ... 83

C. Fachtextarten („Textsorten") im Jurastudium 85
I. Rechtsvorschriften 85
II. Monographie 87
III. Kommentar 88
1. Funktion für die Arbeitstechnik 88
2. Funktion der Abschnitte „Vorbemerkung" 89
3. Bedeutung des Kommentarumfangs für die Arbeitstechnik 90
IV. Loseblattsammlung 91
V. Aufsatz 92
VI. Sammelwerk 93
VII. Gerichtsentscheidungen 94
1. Entscheidungsart 94
a) Urteil 94
b) Beschluss 94
c) Verfügung 94
2. Veröffentlichungsart 95
a) Amtliche Entscheidungssammlungen 95
b) Abdruck in Fachzeitschriften 96
c) Veröffentlichung in Fachdatenbanken 96
3. Veröffentlichungsumfang 97
a) Leitsatz 98
b) Volltext 98
4. Auffinden der richtigen Veröffentlichung – Vermeidung von „Mehrfachtreffern" 98
VIII. Entscheidungsanmerkung 99
IX. Internetquellen 100
X. Materialien 101
D. Nichtjuristische Werke 102

Kapitel 4: Informationsverarbeitung – Umgang mit Erkenntnisquellen 103
A. Gesetzessystematik & Regelungstechnik 103

I. Normenhierachie ... 103
II. Tatbestandsvoraussetzungen – Rechtsfolge ... 105
III. Regelungen zur Kollision gesetzlicher Vorschriften ... 106
1. Art des Vorrangs ... 106
2. Einzelne Vorrangregeln ... 107
a) Höherrangiges Recht vor niederrangigem Recht ... 107
b) Spezielle Regelung vor allgemeiner Regelung ... 107
c) Spätere Regelung vor früherer Regelung ... 108
3. Bedeutung für die Arbeitstechnik ... 108
IV. Muss-/Soll-/Kann-Vorschriften ... 109
V. Auslegungsmethoden ... 110
1. Wortlaut ... 111
2. Systematische Auslegung ... 112
3. Historische Auslegung ... 113
4. Teleologische Auslegung (Sinn und Zweck) ... 113
5. Verfassungskonforme Auslegung ... 113
6. Richtlinienkonforme Auslegung ... 114
7. Vorgehensweise bei der Auslegung ... 114
B. Wechselspiel von Sachverhaltsarbeit und Quellen-/Literaturarbeit ... 114
C. Lesetechniken ... 115
I. Selektives Lesen ... 116
II. Aktive lesende Bearbeitung ... 117
1. Analytisch ... 117
2. Vergleichend ... 119
D. Bearbeitung juristischer Fachtexte ... 119
I. Thema ... 122
II. Untersuchungsgegenstand ... 122
III. (Haupt-)Fragestellung ... 123
IV. Textsorte/Textansatz ... 123
V. Einordnung ... 123

VI. Kritische Auseinandersetzung des Textes mit anderen Themen 124

VII. Hauptaussagen/Kernthesen 124

VIII. Wichtige Bezüge/Querverweise 125

IX. Zentrale Begriffe 126

X. Eigene Frage/n an den Text 127

XI. Eigene Ergebnisse 127

XII. Eigene kritische Auseinandersetzung mit dem Text 128

Teil 4: Juristisches Schreiben

Kapitel 1: Arbeitsschritte auf dem Weg zum eigenen Text 131

Kapitel 2: Bedeutung und Einsatz von Sprache und Fachsprache 133

Kapitel 3: Textform „Juristische Klausur" 135

A. Grundansatz einer Klausur 137

I. Die juristische Falllösung – bildlich eine Reise mit Hindernissen und ungewissem Ziel 137

II. Was Sie möglichst auf dieser Fahrt nicht tun sollten 138

III. Was Sie möglichst auf dieser Fahrt tun sollten, um adäquat ans Ziel zu gelangen 138

IV. Die Bedeutung der „Schwerpunktsetzung" 138

B. Fallfragen als wichtige Leitlinie der Klausurbearbeitung 139

I. Fallfragen im Strafrecht 140

II. Fallfragen im Zivilrecht 143

III. Fallfragen im öffentlichen Recht 145

C. Zeitmanagement 146

I. Zeitmanagement insgesamt 146

1. Bearbeitungsschritt – Sachverhalt lesen 146

2. Bearbeitungsschritt – Sachverhalt auswerten 146

3. Bearbeitungsschritt – Sachverhalt ggf. strukturieren 146

4. Bearbeitungsschritt – Lösungsskizze entwerfen und gliedern 147

5. Bearbeitungsschritt – Lösung (Reinschrift) erstellen 147

II. Klausurtaktische Überlegungen abhängig von der Zeit 148
1. Prüfungsreihenfolge klausurtaktisch anpassen 149
2. Zum Lösungskonzept stehen in den letzten Minuten 150
D. Zusammenspiel Sachverhaltsinformationen – rechtliche Überlegungen 151
I. Vom Lesen zum Denken 152
II. Vom Denken zum Lesen 152
III. Wechselspiel – Kombination – Kreislauf 152
E. Gutachterlicher Aufbau eines Meinungsstreits 154
I. Grundsystematik des Prüfungsaufbaus eines Meinungsstreits .. 154
II. Aufteilung von Inhalt und Argumenten der Meinungen 156

Kapitel 4: Textform „Juristische Hausarbeit“ 157
A. Formaler Rahmen einer juristischen Hausarbeit – die äußere Gestaltung 158
B. Die einzelnen Elemente einer Hausarbeit 158
I. Deckblatt 159
II. Sachverhalt 160
III. Gliederung 160
IV. Literaturverzeichnis 160
1. Gestaltung des Verzeichnisses insgesamt 161
2. Die einzelnen Angaben der aufgenommenen Einträge 161
a) Verfasser oder Herausgeber (Name, Vorname) 161
b) Titel 162
c) Bandangabe 162
d) Auflage 162
e) Erscheinungsort 162
f) Erscheinungsjahr 163
g) Kurzzitatangabe 163
V. Abkürzungsverzeichnis 164
VI. Gutachten (Hauptteil der Arbeit) 164

Kapitel 5: Korrektes Zitieren als Bestandteil der juristischen Arbeitstechnik . . . 165

A. Hintergründe: Wissenschaftlicher Anspruch & wissenschaftliche „Redlichkeit“ . . . 165

B. Funktionen des Zitats: Warum muss überhaupt zitiert werden? . . . 167

I. Zitierstandard für studentische juristische Arbeiten: Fußnoten . . . 167

II. Abgrenzung zu anderen Zitiervarianten . . . 167

III. Kurzbeleg – Vollbeleg . . . 168

C. Quelleneigenschaft & Zitierfähigkeit: Was kann und was darf zitiert werden? . . . 168

I. Wörtliche Zitate vs. Paraphrasierung/Indirekte Rede . . . 168

II. Primärquellen vs. Sekundärquellen . . . 169

III. Wichtiges Standardproblem: „Skripten“ . . . 169

IV. Internetquellen . . . 169

1. Wichtiges Standardproblem: Foren, Blogs, Artikelkommentare etc. . . . 170

2. Wichtiges Standardproblem: „Wikipedia“ . . . 170

V. Rechtsprechung . . . 171

VI. Materialien . . . 171

D. Form des Zitats: Besonderheiten und Beispiele einzelner Quellenarten . . . 171

I. Gesetzesbezüge . . . 171

II. Monographie / Lehrbuch . . . 172

III. Kommentar . . . 172

IV. Loseblattsammlung . . . 173

V. Aufsatz . . . 173

VI. Sammelwerk . . . 174

VII. Urteile/Entscheidungen . . . 174

VIII. Entscheidungsanmerkungen . . . 175

IX. Sonstige Internetquellen . . . 175

X. Materialien . . . 176

XI. Weitere Besonderheiten . . . 176
1. Unvollständige bibliographische Angaben . . . 176
2. Nichtverfügbarkeit der Primärquelle . . . 177

Kapitel 6: Textform „Juristische Themenarbeit/Seminararbeit“ . . . 178

Anhänge: Fälle, Beispiele, Übersichten

Anhang 1: Beispielfälle – „Verkaufsgespräche“ . . . 181
Sachverhalt (Fallvariante a) . . . 181
Lösungsskizze zu Variante a) . . . 181
Sachverhalt (Fallvariante b) . . . 182
Lösungsskizze zu Variante b) . . . 182
Sachverhalt (Fallvariante c) . . . 183
Lösungsskizze zu Variante c) . . . 183

Anhang 2: Beispielfall – „Vereinskasse“ . . . 185
Sachverhalt . . . 185
Lösungsskizze . . . 185

Anhang 3: Übungsfall „CD-Chaos“ . . . 188
A. Sachverhalt Fall „CD-Chaos“ . . . 188
B. Sachverhaltsmarkierungen zum Fall „CD-Chaos“ . . . 189
C. Zeittafel zum Fall „CD-Chaos“ . . . 190
D. Personenskizze zum Fall „CD-Chaos“ . . . 191
I. Reine Personenskizze zu den direkten Beziehungen der handelnden Personen . . . 191
II. Kombination der Personenskizze mit den Informationen der Zeittafel . . . 193
F. Lösungsskizze zum Fall „CD-Chaos“ . . . 195
G. Musterlösung (Originalklausur) zum Fall „CD-Chaos“ . . . 197

Anhang 4: Beispiel-Deckblatt für eine juristische Hausarbeit . . . 202

Vorwort

Rechtswissenschaft ist ein Studiengang mit ungebrochener Beliebtheit. An nahezu allen Standorten werden die Studiengänge deutlich stärker nachgefragt als Plätze im Angebot der Hochschulen vorhanden sind. Für die Studienanfänger gehören dann oftmals typische Startschwierigkeiten zu den größten Hindernissen auf dem Weg in ein erfolgreiches Jurastudium. Genau dort möchte dieses Buch ansetzen. Es verfolgt das Ziel, einen möglichst schnellen, praktikablen Einstieg in ein Jurastudium zu ermöglichen.

Dieses Buch vollbringt dazu weder Wunder, noch kann es ultimative Abkürzungstricks liefern, um das Studium in halber Zeit mit doppeltem Erfolg abzuschließen. Es versucht vielmehr, wichtige Grundlagen frühzeitig zu verdeutlichen und zu zeigen, wie man sie sich effektiv aneignen kann. Dazu werden verbreitete Startschwierigkeiten von Studienanfängern aufgegriffen und Lösungsvorschläge gemacht. So sollen typische Anfangsfrustrationen vermieden und ein erfolgreicher Einstieg ins juristische Studium unterstützt werden.

Hierbei sollen Ihnen vor allem Übersichten, Illustrationen und Beispiele helfen. Während man zunächst einen systematischen Überblick über neue Themengebiete braucht, ist im zweiten Schritt eine Vertiefung einzelner Elemente erforderlich, ohne dabei die Gesamtsystematik aus dem Auge zu verlieren. Dieses Zusammenspiel spiegeln vor allem die Beispiellösungen wider, die in ausführlicherer Form bewusst aus dem Haupttext heraus in Anhänge verlagert sind. Diese Übersichten in den Anhängen sind für Vertiefungen und Ihre eigene Übung gedacht, nachdem Sie zunächst durch den Haupttext einen systematischen Überblick zu einem bestimmten Abschnitt gewonnen haben.

So, wie Sie Ihr Studium nicht abgeschottet und als Einzelkämpfer bestreiten sollten, so entsteht auch ein solches Buch nicht ohne die Kooperation mit und die Unterstützung durch andere. Der wichtigste und erste Dank geht deshalb an meine Frau Katharina für die unermüdliche Unterstützung von Gleis 16 bis hierher und darüber hinaus. Außerdem braucht es den Austausch mit Kolleginnen und Kollegen, das kritische Gespräch und den kreativen Input. Für diese Art der Beteiligung und Begleitung des Werkes danke ich allen voran Roland Schimmel, der sich als konstruktiver wie kritischer Gesprächspartner, Ideengeber und nicht zuletzt unermüdlicher Korrekturleser in besonderem Maße verdient gemacht hat. Dank gebührt ebenso Maximilian Conrad, der vor allem wichtige Impulse aus Sicht des anwaltlichen Berufspraktikers beisteuern konnte. Besonderer Dank gilt nicht zuletzt Frau Nadine Albert, Lektorat utb beim Verlag Ferdinand Schöningh, die nicht nur Idee und Anstoß für dieses Buch gegeben, sondern es auch verstanden hat, eine ebenso fachlich kompetente wie persönlich angenehme Zusammenarbeit zu gestalten.

Und ebenso wie ein Werk nicht allein entsteht, kann es sich auch nicht allein weiterentwickeln. Dazu benötigt es vor allem auch Ihr Feedback als Leser. Fühlen

Sie sich daher ausdrücklich ermutigt, mir Ihre Einschätzungen, Anregungen, Vorschläge, Kritik etc. zukommen zu lassen unter
utb@juristische.arbeitstechnik.info

Lars Gußen
Februar 2020

Schrifttumsverzeichnis

Das vorliegend Schrifttumsverzeichnis erfüllt zwei Funktionen: zum einen enthält es die bibliographischen Angaben zu den in den Fußnoten zitierten Texten. Darüber hinaus liefert es ergänzende Literaturempfehlungen zum Nachlesen und zur weiteren Vertiefung. In dieser Funktion ist das Verzeichnis weder vollständig noch abschließend. Es handelt sich um eine Auswahl von Texten zu den im Buch behandelten Themen, aus denen Sie Ihre eigene Wahl treffen sollten. Dabei kann Ihnen der Abschnitt mit Tipps zur Anschaffung von Lehrbüchern eine Hilfe sein.[1]

Adler, Mortimer Jerome/van Doren, Charles Lincoln, Wie man ein Buch liest, 5. Auflage, Leipzig 2018.

Adomeit, Klaus/Hähnchen, Susanne, Rechtstheorie mit Juristischer Methodenlehre, 7. Auflage, Heidelberg 2018.

Albrecht, Achim, Juristisch denken und argumentieren, Ein Studienbuch, Troisdorf 2009.

Basak, Denis, Wozu sind eigentlich Fußnoten da?, Überlegungen zum wissenschaftlichen Apparat in (juristischen) Hausarbeiten, ZjS 2018, S. 568–575, http://www.zjs-online.com/dat/artikel/2018_6_1263.pdf (Letzter Aufruf: am 23.10.2019).

Baumgartner, Robert (Begr.), Das Bau- und Wohnungsrecht in Bayern, Sammlung der in Bayern geltenden bundes- und landesrechtlichen Vorschriften mit Kommentaren zum Baugesetzbuch, zur Bayerischen Bauordnung und zur Baunutzungsverordnung, 258. Auflage, München 2019.

Bergmans, Bernhard, Juristische Informationen, Suchen, bewerten, beschaffen, aktualisieren, Aachen 2007.

Bergmans, Bernhard, Lern- und Arbeitstechniken für das Jurastudium, Ein Ratgeber für den Studienerfolg, Stuttgart 2013.

Bringewat, Peter, Methodik der juristischen Fallbearbeitung, Mit Aufbau- und Prüfungsschemata aus dem Zivil-, Strafrecht und öffentlichen Recht, 3. Auflage, Stuttgart 2017.

Butzer, Hermann/Epping, Volker, Arbeitstechnik im öffentlichen Recht, Vom Sachverhalt zur Lösung ; Methodik – Technik – Materialerschließung, 3. Auflage, Stuttgart, München, Hannover, Berlin, Weimar, Dresden 2006.

Byrd, B. Sharon/Lehmann, Matthias, Zitierfibel für Juristen, 2. Auflage, München 2016.

Engisch, Karl/Würtenberger, Thomas/Otto, Dirk, Einführung in das juristische Denken, 12. Auflage, Stuttgart 2018.

Esselborn-Krumbiegel, Helga, Richtig wissenschaftlich schreiben, Wissenschaftssprache in Regeln und Übungen, 5., aktualisierte Auflage, Stuttgart 2017.

1 Vgl. S. 48

Fachbereich Rechtswissenschaft der Johann Wolfgang Goethe-Universität Frankfurt am Main (Hrsg.), Erstellung studentischer Hausarbeiten, Leitfaden für Studierende des Fachbereichs Rechtswissenschaft, Stand: 2016, https://www.jura.uni-frankfurt.de/60481765/Erstellung_von_Hausarbeiten_Leitfaden_fuer_Studierende_2016_02_WEB.pdf (Letzter Aufruf: am 26.01.2020).

Forstmoser, Peter/Ogorek, Regina/Schindler, Benjamin, Juristisches Arbeiten, Eine Anleitung für Studierende, 6. Auflage, Zürich, Basel, Genf 2018.

Franck, Norbert, Handbuch Wissenschaftliches Arbeiten, Was man für ein erfolgreiches Studium wissen und können muss, 3. Auflage, Stuttgart 2017.

Hadding, Walther/Soergel, Hans Theodor/Siebert, Wolfgang/Baur, Jürgen F. (Hrsg.), §§ 780 – 822, Bd. 9,3, Stand: Sommer 2011, Stuttgart 2012.

Haft, Fritjof, Einführung in das juristische Lernen, Unternehmen Jurastudium, 7. Auflage, Bielefeld 2015.

Haft, Fritjof/Kulow, Arnd-Christian, Lernen mit dem Kopf – trainieren mit dem Computer, Die effiziente juristische Lernmethode, Stuttgart 2007.

Hildebrand, Tina, Juristischer Gutachtenstil, Ein Lehr- und Arbeitsbuch, Bd. 4206. Rechtswissenschaften, Tübingen 2017.

Hildebrand, Tina, Wissenstraining Jura, BGB AT, StGB AT I, Staatsorganisationsrecht, Tübingen 2018.

Hillenkamp, Thomas/Schuhr, Jan C., Strafrecht Besonderer Teil/2, Straftaten gegen Vermögenswerte. Mit ebook: Lehrbuch, Entscheidungen, Gesetzestexte, 42. Auflage, Heidelberg 2019.

Hoffmann, Monika, Deutsch fürs Jurastudium – in 10 Lektionen zum Erfolg, Bd. 4084, 2. aktualisierte und überarbeitete Auflage, Paderborn 2017.

Kelsen, Hans/Jestaedt, Matthias, Reine Rechtslehre, Mit einem Anhang: Das Problem der Gerechtigkeit, Studienausgabe der 2. Auflage 1960 unter Berücksichtigung von Kelsens Änderungen anlässlich der Übersetzung ins Italienische 1966, Tübingen 2017.

Kirchner, Hildebert, Abkürzungsverzeichnis der Rechtssprache, 9. Auflage, Berlin, Boston 2018.

Klaner, Andreas, Wie schreibe ich juristische Hausarbeiten, 3. Auflage, Berlin 2003.

Klaner, Andreas, Basiswissen Logik für Jurastudenten, Berlin 2005.

Klaner, Andreas, Richtiges Lernen für Jurastudenten und Rechtsreferendare, 5. Auflage, Berlin 2014.

Körber, Torsten, Zivilrechtliche Fallbearbeitung in Klausur und Praxis, JuS 2008, S. 289–296.

Kosman, Lisa/Kling, Bernd/Richarz, Jürgen, Wie schreibe ich juristische Hausarbeiten, Leitfaden zum kleinen, grossen und Seminarschein, 2. Auflage, Berlin 1997.

Kühtz, Stefan, Wissenschaftlich formulieren, Tipps und Textbausteine für Studium und Schule, 5. Auflage, Paderborn 2018.

Lagodny, Otto, Gesetzestexte suchen, verstehen und in der Klausur anwenden, Eine praxisorientierte Anleitung für rechtswissenschaftliches Arbeiten im Strafrecht, Öffentlichen Recht, Zivilrecht, 2. Auflage, Berlin, Heidelberg 2012.

Lagodny, Otto, Juristisches Begründen, Argumentations- und Prüfungstraining für ein zentrales Studienziel, Wien 2013.

Lange, Barbara, Jurastudium erfolgreich (mit Examensvorbereitung), 8. Auflage, München 2015.

Leist, Wolfgang, Der erfolgreiche juristische Vortrag, JuS 2003, S. 441–443.

Lemke, Volker, 1. Ansicht, 2. Ansicht, 3. Ansicht, Stellungnahme – Überlegungen zur Aufarbeitung von streitigen Fragen im öffentlichen Recht, JA 2002, S. 509–511.

Linke, Angelika/Nussbaumer, Markus/Portmann-Tselikas, Paul R., Studienbuch Linguistik, 5. Auflage, Tübingen 2004.

Lorinser, Barbara, Die juristische Seminararbeit, Stand: 2002, http://docplayer.org/11980426-3-zitierweise-16-a-das-zitieren-von-literaturstellen-16-b-das-zitieren-von-gesetzestexten-17.html (Letzter Aufruf: am 09.02.2020).

Mann, Thomas/Tettinger, Peter J., Einführung in die juristische Arbeitstechnik, Klausuren – Hausarbeiten – Seminararbeiten – Dissertationen, 5. Auflage, München 2018.

Max Steinbeis Verfassungsblog GmbH (Hrsg.), Verfassungsblog, https://verfassungsblog.de/ (Letzter Aufruf: am 09.02.2020).

Merkl, Adolf, Gesammelte Schriften, Band I, Berlin 1993.

Michalski, Lutz, Übungen im bürgerlichen Recht für Anfänger, Methodik der Fallbearbeitung ; Klausuren und Hausarbeiten mit Musterlösungen, 3. Auflage, Köln, Berlin, München 2005.

Möllers, Thomas M. J., Richtiges Zitieren, JuS 2002, S. 828–832.

Möllers, Thomas M. J., Juristische Arbeitstechnik und wissenschaftliches Arbeiten, Klausur, Hausarbeit, Seminararbeit, Studienarbeit, Staatsexamen, Dissertation, 9. Auflage, München 2018

Mugdan, Benno (Hrsg.), Die gesammten Materialien zum Bürgerlichen Gesetzbuch, Nachdruck der Ausgabe Berlin, 1899, Frankfurt am Main 2009.

Neumann, Friederike, Schreiben im Geschichtsstudium, Opladen, Toronto 2018.

Niederle, Jan, 500 Spezial-Tipps für Juristen, Wie man geschickt durchs Studium und das Examen kommt, 11. Auflage, Altenberge 2014.

Oetker, Hartmut/Rixecker, Roland/Säcker, Franz Jürgen/Limperg, Bettina, Münchener Kommentar zum Bürgerlichen Gesetzbuch, 8. Auflage, München 2018.

Palandt, Otto (Begr.)/Brudermüller, Gerd/Ellenberger, Jürgen/Götz, Isabell/Grüneberg, Christian/Herrler, Sebastian/Sprau, Hartwig/Thorn, Karsten/Weidenkaff, Walter/Weidlich, Dietmar/Wicke, Hartmut (Hrsg.), Bürgerliches Gesetzbuch, 79. Auflage, München 2020.

Pense, Uwe/Lüdde, Jan Stefan, Basiswissen Methodik der Fallbearbeitung im Studium und Examen, Wie schreibe ich eine Klausur?, 4. Auflage, Münster 2020.

Pieroth, Bodo/Aubel, Tobias (Hrsg.), Hausarbeit im Staatsrecht, Musterlösungen und Gestaltungsrichtlinien für das Grundstudium, 3. Auflage, Heidelberg 2015.

Prexl, Lydia, Mit digitalen Quellen arbeiten, Richtig zitieren aus Datenbanken, E-Books, YouTube und Co., Paderborn 2019.

Putzke, Holm, Juristische Arbeiten erfolgreich schreiben, Klausuren, Hausarbeiten, Seminare, Bachelor- und Masterarbeiten, 6. Auflage, München 2018.

Röhl, Klaus Friedrich/Röhl, Hans Christian, Allgemeine Rechtslehre, Ein Lehrbuch, 4. Auflage, München 2020.

Rotsch, Thomas, Strafrechtliche Klausurenlehre, 2. Auflage, München 2016.

Rüßmann, Helmut, Syllogistik des Aristoteles, http://ruessmann.jura.uni-sb.de/Lehre/WS96/Denken/Erlaeuterungen/syllogis.htm (Letzter Aufruf: am 23.10.2019).

Rüthers, Bernd/Fischer, Christian/Birk, Axel, Rechtstheorie, Mit juristischer Methodenlehre, 10. Auflage, München 2018.

Schimmel, Roland, Juristische Klausuren und Hausarbeiten richtig formulieren, 13. Auflage, München 2018.

Schimmel, Roland/Basak, Denis/Reiß, Marc, Juristische Themenarbeiten, Anleitung für Klausur und Hausarbeit im Schwerpunktbereich, Seminararbeit, Bachelor- und Master-Thesis, 3. Auflage, Heidelberg 2017.

Schmalz, Dieter, Methodenlehre für das juristische Studium, 4. Auflage, Baden-Baden 1998.

Schmuck, Michael, Deutsch für Juristen, Vom Schwulst zur klaren Formulierung, 4. Auflage, Köln 2016.

Schnapp, Friedrich E./Schneider, Egon, Logik für Juristen, Die Grundlagen der Denklehre und der Rechtsanwendung, 7. Auflage, München 2016.

Schröder, Christian/Bergmann, Marcus/Sturm, Michael, Richtiges Zitieren, Ein Leitfaden für Jurastudium und Rechtspraxis, München 2010.

Schwacke, Peter, Juristische Methodik, Mit Technik der Fallbearbeitung, 5. Auflage, Stuttgart 2011.

Stein, Ekkehart, Die rechtswissenschaftliche Arbeit, Methodische Grundlegung und praktische Tipps, Tübingen 2000.

Stykow, Petra/Daase, Christoph/MacKenzie, Janet/Moosauer, Nikola, Politikwissenschaftliche Arbeitstechniken, 2. Auflage, Paderborn 2010.

Theisen, Manuel René/Theisen, Martin, Wissenschaftliches Arbeiten, Erfolgreich bei Bachelor- und Masterarbeit, 17. Auflage, München 2017.

Träger, Thomas, Zitieren 2.0, Elektronische Quellen und Projektmaterialien richtig zitieren, 2. Auflage, München 2018.

Valerius, Brian, Einführung in den Gutachtenstil, 15 Klausuren zum Bürgerlichen Recht, Strafrecht und Öffentlichen Recht, Berlin, Heidelberg 2017.

Vogel, Ivo, Erfolgreich recherchieren – Jura, 3. Auflage, Berlin 2020.

Wessels, Johannes (Begr.)/Hillenkamp, Thomas/Schuhr, Jan C., Strafrecht Besonderer Teil 2, 42. Auflage, Heidelberg 2019.

Wieduwilt, Hendrik, Die Sprache des Gutachtens, JuS 2010, S. 288–292

Zwickel, Martin/Lohse, Eva Julia/Schmid, Matthias, Kompetenztraining Jura, Leitfaden für eine Juristische Kompetenz- und Fehlerlehre, Berlin/Boston 2014.

Einleitung: Die Arbeit mit diesem Buch für Ihr Studium

Dieses Buch verfolgt das Ziel, Studienanfängern[1] und anderen Neulingen in der juristischen Welt einen ersten Einstieg in die juristische Arbeitstechnik zu verschaffen. Studierende der Rechtswissenschaft sollen möglichst schnell und erfolgversprechend „in Fahrt kommen". Dazu werden Zusammenhänge vermittelt, die besonders für ein anfängliches Grundverständnis wichtig sind. Die Art der Darstellung verfolgt hier und da womöglich einen anderen Ansatz, als typische Anfängerveranstaltungen oder auch Anfängerliteratur in einem akademischen Studium dies häufig tun.

Juristische Arbeitstechnik ist zu einem großen Anteil Fallbearbeitungstechnik bzw. Falllösungstechnik. Dabei sollte es aber eben nicht nur um eine allzu technische Abarbeitung von Regeln gehen, sondern vor allem um ein systematisches Verständnis und einen Blick für Zusammenhänge. Denn erfahrungsgemäß gehört zu den typischen Problemen von Studienanfängern der Einstieg nicht nur in eine inhaltlich neue Materie, sondern für die meisten auch neue Art von Denk- und Arbeitsweise. Diese bleibt ohne systematische Heranführung längere Zeit verschlossen, eine Zeit, die man wiederum oft nicht hat. Denn gerade der Vernetzung und dem systematischen Aufbau von Studieninhalten aufeinander und zueinander kommt im Jurastudium besonders große Bedeutung zu. Es genügt nicht, einfach nur (Fach-)Wissen über neue Inhalte anzuhäufen, diese müssen vielmehr in Beziehung gesetzt werden, analysiert werden, kritisch hinterfragt werden und einiges mehr.

Die starke Vernetzung juristischer Studieninhalte bedeutet aber gleichzeitig auch: Lässt man bei der Erarbeitung neuer Bereiche in größerem Umfang „abreißen", werden die Schwierigkeiten solche Themengebiete nachzuholen, gleichzeitig aber auch in Neuem voranzuschreiten, im Laufe des Studiums immer größer und türmen sich auf. Die Bedeutung eines gut organisierten und kontinuierlichen Lernprozesses im eigenen Interesse kann deshalb kaum genug betont werden.

Das Buch ist damit in gewisser Weise eine Art akademischer Werkzeugkasten oder neudeutsch „Toolbox", aber auch mehr als das. Besonderes Augenmerk liegt auf der Reflexion bestimmter Vorgehensweisen, um diese richtig in die Anforderungen juristischer Arbeitsweise und juristischer Falllösungstechnik einzuord-

---

1 Dort, wo keine neutralen Funktionsbezeichnungen wie z. B. „Studierende" eingesetzt werden können, verwendet der vorliegende Text aus Gründen der effizienteren Lesbarkeit das generische Maskulinum. Dies impliziert keinesfalls eine Bevorzugung oder Benachteiligung einzelner Geschlechter, sondern soll im Sinne der sprachlichen Vereinfachung als geschlechtsneutral verstanden werden.

nen. Es soll eben nicht nur Arbeitstechniken in einer eher technokratischen Regelanwendung erläutern, sondern vor allem auch die Einordnung der eigentlichen Arbeitstechnik in das Gesamtgefüge juristischer Denk- und Arbeitsweise ermöglichen.

Gleichzeitig ist das Buch aber auch keine wissenschaftliche Abhandlung über „juristische Methodenlehre". Es verfolgt also weniger den wissenschaftstheoretischen Ansatz zu juristischer Arbeit. Vielmehr liegt ein eher pragmatischer Ansatz – wenn auch wissenschaftlich reflektiert – zugrunde, der sich leicht in die Praxis des eigenen Studiums umsetzen lassen soll.

Zum typischen Veranstaltungsprogramm juristischer Studiengänge gehört insbesondere die Kombination von Vorlesungen und begleitenden Kleingruppenveranstaltungen, meistens als Tutorien oder Arbeitsgemeinschaften bezeichnet. Aus didaktischer und arbeitsmethodischer Sicht ist das Verhältnis der beiden Veranstaltungsformen und ihr inhaltlicher Bezug zueinander so gedacht, dass die Vorlesung – in der Rechtswissenschaft in der Regel eine größere Hörsaalveranstaltung – die grundlegenden Erkenntnisse des jeweiligen neuen Rechtsgebiets näher bringt. In begleitenden Kleingruppenveranstaltungen[2] steht dann häufig das Übertragen der neuen Erkenntnisse und die Umsetzung in Falllösungsbesprechungen im Vordergrund.

Für diese Übertragung und Umsetzung, also den Transfer neu erlernten Wissens und Fähigkeiten in diese Art der eigenen Anwendung sind entsprechende Transfer- und Anwendungskompetenzen erforderlich. Diese bestehen wiederum in Kenntnis und Beherrschung von Arbeitstechniken. Eigene Erfahrungen einerseits und Befragungen von Studienanfängern andererseits zeigen sehr häufig, dass juristische Arbeitstechniken zwar in Vorlesungen wie in Tutorien vorkommen und benötigt werden, dass aber zugleich – meistens aus Zeitgründen – dort nicht genug Raum für eine systematische Heranführung der Anfänger an diese Arbeitstechniken bleibt. Das führt (zu) häufig zu einer zwangsläufig weitgehend eigenständigen Aneignung dieser Kompetenzen im Wege des „learning by doing". Und das wiederum wird nicht selten zu einem „trial and error" und dadurch Quelle frustrierender Lernerfahrungen. Hier setzen inzwischen veränderte oder ergänzende Veranstaltungsformate an und vermitteln in einem eigenständigen Konzept diese Arbeitstechniken und Kompetenzen. Ein solches Veranstaltungsprogramm zur juristischen Arbeitstechnik und Vermittlung von Schreibkompetenzen habe ich ab 2013 am Fachbereich Rechtswissenschaft der Goethe-Universität Frankfurt/Main aufgebaut und gelehrt. Zentrales Element dieses Programms ist eine regelmäßige Vorlesung zur „Einführung in die juristische Arbeitstechnik" für Studienanfänger. Als Lehrbeauftragter der Frankfurt University of Applied

---

2 Die Bezeichnungen dieser Kleingruppenveranstaltungen variieren je nach Studienstandort zwischen Tutorien, Arbeitsgemeinschaften, Begleitkollegs o.ä. Hier wird im Folgenden der Begriff „Tutorien" verwendet.

Sciences lehre ich u.a. „Arbeitstechniken Recht" und „Grundlagen des Rechts" für Bachelorstudierende im Fach „Wirtschaftsrecht".

Zu den Erfahrungen aus diesen Veranstaltungen gehört es, dass juristische Zusammenhänge zum besseren (erstmaligen) Verständnis einer besonderen Darstellung bedürfen. Nun wird juristische „Materie" in der Regel in Form von Texten dargestellt. Gerade Strukturwissen bildet sich aber häufig besser in Form von Bildern, Grafiken, Organigrammen usw. ab und so manches Mal hilft die richtige Methapher mehr als der beste Text, um komplexe Zusammenhänge nachvollziehen zu können.

Es bietet sich daher an, für die Heranführung an neue juristische Thematiken teilweise von der traditionellen Textform abzuweichen, um die Durchdringung und das Verständnis zur erleichtern, bevor in der weiteren Umsetzung dann wieder mit Texten gearbeitet werden kann. Auch das versucht dieses Buch zu berücksichtigen. Das erscheint auf den ersten Blick schon vom Grundkonzept her schwierig, ist ja ein Buch seinerseits auch wieder textliche Darstellung.

Ein zentrales Element dieses Buches ist daher die Arbeit mit illustrierenden Darstellungen und Beispielen. Das Ziel ist gerade nicht eine unzulässige Vereinfachung im Sinne eines „Jura als Bilderbuch". Es soll vielmehr bedeuten, für besseren Zugang und Verständnis der Zusammenhänge mit Strukturen, Bildern, Metaphern und Illustrationen zu arbeiten, denn so arbeitet letztendlich unser Gehirn beim Denken, beim Assoziieren, beim Lernen. Auch wenn diese bildhaften Erläuterungen häufig wieder in Textform dargestellt werden, sollen sie beim Leser bildhafte und systematische eigene Überlegungen auslösen.

Doch bei allem Anspruch dieses Buches, einen niederschwelligen Zugang und Einstieg in das Studium zu liefern, ist der ganz entscheidende Faktor Ihre eigene Arbeitsweise und Ihr Einsatz. So ist auch dieses Buch nur eine Hilfestellung. Es liefert Ihnen einen ersten Einstieg, ein erstes Verständnis, erste Beispiele und die Möglichkeit zu ersten Übungen. Diesen letzten Teil sollten Sie unbedingt vertiefen. Denn hier geht es um das erste Verständnis bestimmter Grundprinzipien und Herangehensweisen der juristischen Arbeit. Dieses Verständnis kann sich aber erst verfestigen durch Transfer, Anwendung und Übung. Sie sollten die hier im Überblick dargestellten Arbeitstechniken, insbesondere die zum Gutachtenstil und zur Fallbearbeitung, deshalb von Beginn Ihres Studiums an regelmäßig trainieren. Dazu liefert Ihnen dieses Buch vor allem die Anleitungen und auch erste Beispiele und erste Übungsmöglichkeiten, kann aber nicht das vollständige „Trainingsprogramm" darstellen. Greifen Sie hierzu unbedingt auf weitere Materialien und Literatur zurück.

Denken Sie daran, wie Sie Schwimmen oder Radfahren gelernt haben. Es reicht dazu nicht aus, viel über Radfahren und Schwimmen zu wissen, Sie müssen es irgendwann einmal können. Aber diese Gewissheit, dass Sie in der Lage sind, beim Schwimmen und Radfahren oben zu bleiben, erlangen Sie erst, wenn Sie es selbstständig und unabhängig machen. Erfolgreiches Studieren und wissenschaftliches Arbeiten sind da nicht anders.

Und das war sie auch schon, die erste „Illustration“ zum besseren Verständnis der juristischen Arbeitstechnik. Mehr werden folgen, wenn Sie auf den nächsten Seiten dranbleiben.

Teil 1: Grundstrukturen juristischer Arbeitstechnik

Kapitel 1: Juristisches Lesen, Denken und Schreiben

Versuchen Sie, sich die typisch juristische Art und Weise, wie man Fragen beantwortet, Probleme klärt und Fälle löst, vorzustellen wie eine Art Orientierungsfahrt. Sie werden vor die Aufgabe gestellt, eine Fahrt zu einem Ziel zu unternehmen, das noch nicht genau bekannt ist, sondern sich erst unterwegs während der Fahrt zeigen wird.

Es ist dabei Teil ihrer Aufgabe:

- im Laufe der Fahrt (erst) herauszufinden, welche Zielpunkte überhaupt in Frage kommen,
- auszuarbeiten, wie Sie dorthin gelangen könnten,
- logische Zusammenhänge oder Argumente zu finden, warum Sie welchen Zielpunkt ansteuern könnten,
- argumentativ zu entscheiden, welchen Zielpunkt Sie tatsächlich ansteuern,
- um dann „unfallfrei" auch dorthin zu gelangen.

Diese Teilaufgaben illustrieren die typischen Anforderungen juristischen Arbeitens. Wir werden auf die einzelnen Schritte dieser Orientierungsfahrt als Abbild der Aufgabenstruktur und Arbeitstechnik zurückkommen.

Ein erstes Problem bei dieser Art von Aufgaben besteht darin, dass man oft die Tendenz hat, relativ schnell auf ein konkretes Ziel, eine bestimmte Lösung hinaus zu wollen und evtl. auch mal eine Abkürzung zu nehmen, weil es einfach schneller geht. Das ist nachvollziehbar und entspricht auch einem allgemeinen Alltags-Empfinden für Problemlösungen.

Wissenschaftler jedoch, besonders im Bereich der Forschung, zeichnen sich gerade dadurch aus, dass sie sich oft aufgrund von Neugier auf eine solche Reise machen, ohne von Anfang an auf ein konkretes Ziel hinzusteuern, ja ohne zu wissen, ob es überhaupt ein bestimmtes Ziel gibt, das sich so erreichen lässt. Und selbst, wenn ungefähre Ziele bekannt sind, geht es doch vielmehr um den Weg dorthin und vor allem darum, ihn in der richtigen Art und Weise zu beschreiten, oder zu befahren. Irgendwo dazwischen liegt der Anforderungsbereich an Jurastudierende bei der Bearbeitung juristischer Fälle und Probleme.

Das universitäre juristische Studium mit dem Ziel „Erste Prüfung" (Staatsexamen) ist ein Studium der Rechts***wissenschaft*** und nicht etwa der Rechts***kunde***. Und das ist mehr als nur eine Frage der Begriffe. Während es in der Rechtskunde um die (bloße) Anwendung, also den Einsatz bestehender rechtlicher Regelungen geht, befasst sich die Rechtswissenschaft auch mit der Entstehung dieser Regeln, mit den Hintergründen, mit kritischer Auseinandersetzung und mit der Erarbeitung neuer Regeln. Es geht dabei also um eine sehr viel breitere Basis des Umgangs mit rechtlichen Regelungen, als nur deren bloße inhaltliche Kenntnis und Umsetzung. Demzufolge ist auch der Ansatz eines rechtswissenschaftlichen Studiums auf mehr angelegt, als nur der Kenntnis und technokratischen Anwendung von Vorschriften.

Und auch ein juristisches Studium an (Fach-)Hochschulen ist nicht allein auf Rechts*kunde* ausgelegt. Zwar steht hier – stärker als im universitären Studium – die Rechts*anwendung* im Fokus, auch diese ist aber wissenschaftsbasiert.

Im Zentrum aller juristischen Arbeit stehen Texte und deren professionelle Bearbeitung: Die Rechtswissenschaft ist eine „Textwissenschaft". Als Studienanfänger der Rechtswissenschaft lernen Sie deshalb vor allem neue Formen des professionellen Lesens, Denkens und Schreibens und die Verknüpfung dieser Komponenten.

A. Juristisches Lesen

Mit der besonderen Form des professionellen Lesens ist insbesondere die Herausarbeitung vor allem der tatsächlichen Informationen des zu klärenden Problems oder des zu lösenden Falles gemeint.

Hier kommt es darauf an, Informationen in tatsächlicher Hinsicht sauber herauszuarbeiten, nach Relevanz zu filtern und zu sortieren, also in einer für die Falllösung relevanten Weise zu ordnen. Beim Filtern und Sortieren findet bereits der fließende Übergang bzw. die Wechselwirkung von juristischem Lesen und juristischem Denken statt.

B. Juristisches Denken

Das juristische Denken beschreibt in diesem System den Arbeitsschritt, in dem die rechtlich relevanten Fachinformationen gewonnen und mit den tatsächlichen Informationen verbunden werden. Hier kommen das eigene Hintergrundwissen ebenso zum Einsatz wie die Lektüre des Gesetzestextes und seiner Interpretation sowie Erkenntnisse aus Fachquellen und -literatur. Es wird also im Lauf der Zeit sowohl ein solides juristisches Basiswissen benötigt, als auch die Fähigkeit, Strukturen und Systematiken zu erkennen, professionelle Recherchetechniken anzuwenden, Fachquellen auszuwerten, logische Argumentationsgänge zu entwickeln etc. Man könnte daher auch sagen, auf dieser Ebene findet der Schritt der (eigenen) Rechtsanwendung statt. Die Aufgabenstellung bzw. der Fall in tatsächlicher Hinsicht wird in Beziehung zu relevanten rechtlichen Kategorien gesetzt.

C. Juristisches Schreiben

Das juristische Schreiben ist dann die strukturierte Darstellung des juristischen Denk- und Arbeitsprozesses. Hier wird also der Informationsverarbeitungsprozess, die Rechtsanwendung als schrittweise Erarbeitung einer Lösung textlich dargestellt. Dabei spielt der Gutachtenstil die zentrale Rolle, er liefert das Gerüst und die Struktur, in der sich der Erarbeitungsprozess hin zur Lösung vollzieht.

Das wohl größte Problem juristischer Studienanfänger mit dem Gutachtenstil besteht darin, seine Bedeutung anfänglich nur auf diese Ebene des eigenen juristischen Schreibens zu beschränken, also davon auszugehen, dass es dabei nur um eine besondere Sprachform geht. Das ist nicht ganz falsch, aber eben auch nicht vollständig. Selbstverständlich spielt die sprachliche Darstellungsform eine ganz besondere Rolle innerhalb des Gutachtenstils, aber eben nicht die einzige und vor allem nicht die erste, die es in der juristischen Arbeitsmethodik zu beachten gilt.

D. Verbindung von juristischem Lesen, Denken, Schreiben

Vielmehr stellt der Gutachtenstil DAS zentrale Verbindungselement juristischen Lesens, Denkens und Schreibens dar.

Er liefert die umfassende systematische Struktur, in der sich der gesamte oben dargestellte Denk- und Arbeitsprozess schrittweise vollzieht. Im letzten Schritt ist er dann auch die sprachliche Struktur, in der dieser gedankliche Arbeitsprozess und die daraus resultierende Lösung dargestellt werden. Man darf als angehender Jurist aber sozusagen nicht erst beim Schreiben (Schritt 3) in den Gutachtenstil sprachlich umschalten. Vielmehr muss das zu Schreibende bereits im Gutachtenstil durchdacht (Schritt 2) und damit zwangsläufig auch schon mit gutachterlichen Überlegungen im Hinterkopf gelesen und Informationen gefiltert werden (Schritt 1). Nur so bildet man die typisch juristische Vorgehensweise bei der Bearbeitung von Fragen und Problemen vollständig ab.

Ein Teil des juristischen Denkens entspringt im Lauf der Zeit dem eigenen juristischen Wissen, dieser Anteil fällt insgesamt aber kleiner aus, als von juristischen Laien und auch Studienanfängern häufig angenommen wird. Der weitaus größere Teil dessen, was juristisches Denken ausmacht, wird erst während eines gedanklichen Arbeitsprozesses generiert. Das bedeutet, sehr viel mehr, als man Wissensbestandteile auswendig lernt, lernt man Vorgehensweise und Arbeitstechnik, um gezielt an die benötigten Informationen zu gelangen und diese dann anwenden zu können.

„Juristisches Lesen“

→ Gewinnung juristischer verwertbarer Informationen in TATSÄCHLICHER Hinsicht

→ Fakten im Sinne von Fallinformationen oder Themendetails

Verknüpfung, Verbindung, Verarbeitung der tatsächlichen Informationen mit den rechtlichen Informationen, d.h. Rechtsanwendung

„Juristisches Denken“

→ Gewinnung juristisch verwertbarer Informationen in RECHTLICHER Hinsicht

→ Gesetzesanwendung / Rechtsanwendung

→ Strukturen, Systematiken, Logikverbindungen etc.

→ „Juristisches Basiswissen“

Textliche Fixierung des Verarbeitungsprozesses, der Rechtsanwendung, der Lösungserarbeitung in einer strukturierten Darstellung

„Juristisches Schreiben“

→ Sprachliche/Schriftliche Darstellung einer erarbeiteten Lösung

→ Übungsfall-Lösung / Klausur / Hausarbeit / Seminararbeit

Abb. 1: Juristisches Lesen, Denken, Schreiben und ihre Verknüpfung als Arbeitstechniken

Was Abbildung 1 verdeutlichen soll, ist ein Verständnis des juristischen Denk- und Arbeits- und Lösungsprozesses als ein Wechselspiel zwischen verschiedenen Teilarbeitsschritten, die in Verbindung zueinander stehen und auch mehrfach durchlaufen werden müssen.

Das juristische Lesen generiert tatsächliche Informationen als Gegenstand juristischer Bearbeitung. Das sind z. B. Themendetails relevanter Fragen bzw. konkrete Detailinformationen eines zu lösenden Falles. Diese Informationen werden dann beim juristischen Denken mit rechtlichen Kategorien und Informationen in Verbindung gesetzt. Schon hier findet gedanklich das erste Wechselspiel zwischen diesen Arbeitsschritten statt. So kann es passieren, dass manche Detailinformation sich durch die rechtliche Beurteilung als doch nicht relevant herausstellen. Andersherum werden manche Informationen erst durch eine genauere rechtliche Beurteilung relevant, die es für sich genommen anfangs noch nicht waren.

Die Verknüpfung, Verbindung, Verarbeitung der tatsächlichen mit den rechtlichen Informationen ist also keine einmalig zu befahrende Einbahnstraße, sondern hier findet eher ein gedanklicher Pendelverkehr statt.

Eine vergleichbare Verbindung besteht zwischen dem juristischen Denken und Schreiben. Betrachten Sie beim Eintritt in die Schreibphase die vorangegangenen Schritte des Lesens und Denkens nicht als abgeschlossen.

Erst im Versuch einer strukturierten gutachterlichen Überlegung im juristischen Schreiben tauchen erneut manche vermeintlich durchdachten Aspekte wieder auf und müssen ins juristische Denken zurückgespielt werden, z. B. weil sich erst im Versuch der Darstellung zeigt, dass eine systematische Darstellung noch einen zusätzlichen Gedanken benötigt, eine gedankliche Schleife, eine Abgrenzung o. Ä.

Auch hier finden also erneut eher mehrfach hin und her pendelnde Überlegungen statt, anstelle eines linearen einmalig abzuarbeitenden Arbeitsprozesses.

Ein wesentliches Element juristischer Arbeit besteht also darin, einen Arbeitsprozess zwar schrittweise und systematisch weiterzuentwickeln, aber nicht bei jedem Arbeitsschritt den vorangegangenen als vollständig abgeschlossen zu betrachten. Stattdessen benötigt jeder weitere Arbeitsschritt jeweils die gedankliche Offenheit für Rück- und Wechselbezüge zu den vorherigen.

Deshalb schon jetzt einführend eine wichtige Empfehlung, die an anderer Stelle noch weiter vertieft wird.

Tipp

Unterscheiden Sie für sich die Begriffe „schematisch“ und „systematisch“. Juristische Arbeit sollte systematisch stattfinden, im Sinne von logisch, nachvollziehbar, alle relevanten Elemente beinhaltend. Sie sollte aber nicht zu schematisch stattfinden im Sinne eines allzu starren formalen Gerüstes, das ohne Blick nach links und rechts „abgearbeitet“ wird.

Sie werden im Studium häufig mit „Prüfungsschemata“ zu tun haben und diese als Arbeitstechnik bzw. Arbeitsmittel einsetzen. Das ist grundsätzlich gut und richtig. Durch ein anfängliches Schema der eigenen Prüfung eine gewisse Struktur zu geben, ist besonders für Anfänger sehr hilfreich. Sie sollten damit aber im o.g. Sinne reflektiert umgehen. Ein Schema – noch dazu ein vorgegebenes, das nicht von Ihnen selbst entwickelt wurde – sollte Sie nicht dazu verleiten, juristische Prüfung als zu starres Abarbeiten isolierter Einzelschritte zu betrachten. Das kann oft den Blick für die so wichtigen Verknüpfungen, Vernetzungen, Querverbindungen etc. verstellen und Ihnen wichtige Teilelemente einer umfassenden juristischen Arbeitstechnik vorenthalten.

Halten Sie ein Schema, das Sie anwenden, immer flexibel und denken Sie systematisch!

Kapitel 2: Überblick: Rechtsgebiete

Zunächst einmal sollten Sie sich zu Beginn ihres Studiums einen Überblick darüber verschaffen, in welche übergeordneten Kategorien sich das Recht einteilt. Hier geht es vor allem um die Unterteilung, die sich auch in Ihrem Studienaufbau wiederfindet. So lässt sich besser einordnen, warum auch Ihre Vorlesungen und weiteren Veranstaltungen sich in bestimmte Bereiche unterteilen, wie diese Bereiche sich einerseits unterscheiden und wie sie andererseits zusammenhängen. Das wiederum erleichtert den Durchblick und die Planung des eigenen Studienverlaufs.

Die grundsätzlich erste Unterteilung erfolgt in die Bereiche Zivilrecht, Strafrecht, Öffentliches Recht und als eine Art Unterbau die Grundlagenfächer. Dies sind z. B. Rechtsgeschichte, Rechtsphilosophie, Rechtssoziologie. Diese Bereiche haben auch Gemeinsamkeiten und Überschneidungen, aber für das erste Verständnis soll verdeutlicht werden, was diese Bereiche unterscheidet.

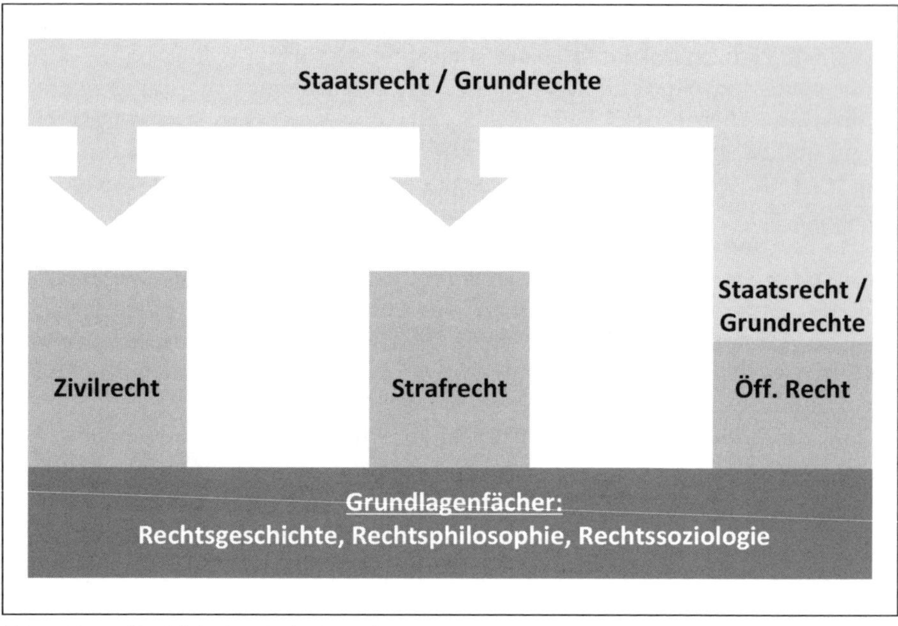

Abb. 2: Erster Überblick über die Rechtsgebiete

A. Zivilrecht

„Das Sterben in der Wohnung an sich stellt jedoch keinen vertragswidrigen Gebrauch dar."

– AG Bad Schwartau, 3 C 1214/99 –

Das Zivilrecht befasst sich mit den Rechtsverhältnissen der Bürger zueinander, oder meistens doch eher gegeneinander. Zu den zentralen Gesetzen gehört dementsprechend das Bürgerliche Gesetzbuch (BGB). Unter dem Blickwinkel der Arbeitsmethodik betrachtet, geht es hier um die rechtlichen Beziehungen zwischen Personen.[3] Es wird in aller Regel überprüft, ob eine Person gegen eine andere einen Anspruch hat, welcher Art dieser Anspruch ist, worauf er gerichtet ist, in welcher Höhe er besteht usw.

Dabei befasst sich das Jurastudium im Bereich Zivilrecht schwerpunktmäßig mit den materiellen Fragen solcher zivilrechtlichen Ansprüche, also kurz gesagt, der Prüfung ihrer inhaltlichen Voraussetzungen und Bestandteile. Die Details der prozessualen Durchsetzung dieser Ansprüche ist weitgehend auf den zweiten Ausbildungsabschnitt, den juristischen Vorbereitungsdienst (Referendariat), verlagert.

Es geht im Studium beim Zivilrecht also vor allem um die Prüfung sogenannter **Anspruchsgrundlagen**. Die Darstellung einer solchen Anspruchsprüfung folgt einem innerhalb des Gutachtenstils logisch strukturierten Aufbau.

B. Strafrecht

„Bei einer Schusswaffe wird das Opfer nicht gegen das Projektil, sondern das Geschoss mit hoher Energie gegen das Opfer bewegt."

– Winkler, jurisPR StrafR 2/2008 Anm. 1 zu BGH, 4 StR 435/07 –

Im Strafrecht geht es in aller Regel um die Überprüfung des Handelns oder Verhaltens von Personen auf Strafbarkeit. Das Rechtssystem erlaubt keine „Selbstjustiz" (auch nicht durch den Geschädigten), das sogenannte „Strafmonopol" liegt beim Staat und den dafür geschaffenen Behörden und Institutionen. Es geht also in aller Regel um das Verhältnis *Staat–Bürger* in Bezug auf Strafbarkeit.

Daher bestehen die Aufgaben des Studiums im Strafrecht in aller Regel in der Überprüfung einer oder mehrerer Personen auf mögliche Strafbarkeiten, und zwar in materiell-rechtlicher Hinsicht. Das bedeutet, prozessual-rechtliche Fragen des Strafprozesses spielen im Studium nur eine kleine Rolle und sind zunächst

3 Oder auch Institutionen mit entsprechender Rechtspersönlichkeit, z. B. GmbH.

nur in fortgeschrittenen Semestern bzw. innerhalb entsprechender Schwerpunktthemenbereiche relevant. Der prozessuale Teil auch des Strafrechts ist – wie beim Zivilrecht – schwerpunktmäßig in den zweiten Ausbildungsabschnitt, den juristischen Vorbereitungsdienst (Referendariat) verlegt.

C. Öffentliches Recht

> *„Die ‚Seehunde in der Nordsee' sind im Verwaltungsverfahren nicht beteiligungsfähig."*
>
> – VG Hamburg, 7 VG 2499/88 –

Das allgemeine Staat-Bürger-Verhältnis ist Gegenstand des öffentlichen Rechts. Hier sind die Unterthemengebiete besonders vielfältig. Neben dem allgemeinen Verwaltungsrecht geht es um eine Reihe verschiedener Vorschriften wie z. B. Polizei- und Ordnungsrecht, Kommunalrecht, Baurecht etc.

Auch die Gebiete *Grundrechte* und *Staatsrecht* bzw. *Staatsorganisationsrecht*, mit denen Studienanfänger in der Regel starten, gehören zum öffentlichen Recht. Diesen Teilrechtsgebieten kommt vor allem dadurch wichtige Bedeutung zu, dass z. B. die Grundrechte und Staatsprinzipien als wichtige Auslegungsgrundlage für andere Vorschriften aus dem Verwaltungsrecht gelten. Und auch bzgl. des Strafrechts und des Zivilrechts kommt den Grundrechten und Staatsprinzipien eine Ausstrahlungswirkung und damit besondere Bedeutung zu. Genau deshalb starten sinnvollerweise die meisten empfohlenen Jurastudienpläne innerhalb des öffentlichen Rechts auch mit diesen Gebieten.

D. Grundlagenfächer

Eine wichtige Basis für die Erarbeitung juristischer Themen, Fragen und Problemstellungen stellen die Grundlagenfächer dar. Zu den Grundlagenfächern zählen vor allem die Rechtsgeschichte, die Rechtsphilosophie und die Rechtssoziologie. Je nach Studienstandort finden diese Themen unterschiedlich Eingang in das Curriculum, also die vorgesehene Studienordnung und damit die empfohlenen Lehr- und Studienpläne. Zum Teil werden sie bewusst schon in die Studieneingangsphase integriert, um ihre grundlegende Bedeutung zu stärken, auf die in weiteren Studieninhalten aufgebaut werden kann. Zum anderen werden sie bewusst eher in eine fortgeschrittene Phase des Studiums verlegt, um dort eher als Reflexionsbasis eines schon größeren „Vorsprungs" der drei erstgenannten Rechtsgebiete zu dienen.

Kenntnisse in den Grundlagenfächer sind ungemein wichtig, um den notwendigen Gesamteinblick in die Bedeutung rechtlicher Fragestellungen zu entwickeln. Diese Bedeutung wird erfahrungsgemäß von Jurastudierenden oft unterschätzt oder nicht ausreichend wahrgenommen. Dementsprechend werden Grundlagenfächer oft eher stiefmütterlich behandelt.

Wer die Bedeutung dieser Bereiche aber unterschätzt, verliert sich im Studienverlauf leicht in ein recht technokratisches, schematisches Abwickeln von Rechtsfragen, ohne die Hintergründe und Implikationen von Rechtsgestaltung und Rechtsanwendung vollständig durchdrungen zu haben. Von einem allzu leichtfertigen Umgang mit den Grundlagenbereichen kann daher nur dringend abgeraten werden.

Dass es in diesen Bereichen weniger um typische Falllösungsstrukturen geht, erscheint naheliegend. Vielmehr sind typische Aufgabenstellungen in diesen Bereichen eher Themenerörterungen, Textanalysen, Textinterpretationen, Vergleichsdarstellungen, Quellenauswertungen u. Ä. Für das Gesamtverständnis der ansonsten typischen Falllösungsgestaltungen sind sowohl diese Arbeitstechniken, als auch die Inhalte der Grundlagenfächer von großer Bedeutung.

Kapitel 3: Grundsystematiken der verschiedenen Rechtsgebiete

Dazu zählen zunächst die Grundsystematiken, nach denen gutachterliche Fallprüfungen in den drei Rechtsgebieten in aller Regel aufgebaut und strukturiert werden.

A. Anspruchsprüfung im Zivilrecht

Wie einleitend bei der Unterscheidung der Rechtsgebiete schon im Ansatz beschrieben,[4] befassen sich Jura-Studierende im Zivilrecht vor allem mit der Prüfung von Ansprüchen. Dieser Prüfung liegt ein nach logischen Grundsätzen des Gutachtenstils zwingender Prüfungsaufbau zugrunde, anfangs oft Schwierigkeiten bereitet. Grund dafür dürfte sein, dass dieses System einerseits von Beginn an zur Anwendung kommt, es andererseits aber aufgrund seiner Abstraktheit mit geringen Vorkenntnissen nicht ganz leicht zu erfassen ist. Außerdem sind gleich mehrere grundlegenden Prinzipien zu beachten und miteinander zu verbinden.

I. Die drei Ebenen der zivilrechtlichen Anspruchsprüfung

Geprüft werden zivilrechtliche Ansprüche über drei Prüfungsebenen:

- Zunächst wird festgestellt, ob der Anspruch überhaupt grundsätzlich wirksam entstanden ist.
- Im zweiten Schritt geht es darum, ob der zunächst entstandene Anspruch noch immer besteht, oder inzwischen wieder aus der Welt (erloschen oder untergegangen) ist.
- Und zu guter Letzt wird geprüft, ob der ursprünglich entstandene und noch immer in der Welt befindliche Anspruch noch immer durchsetzbar ist.

Dieses Grundsystem sollte in der Anfangsphase eines Jurastudiums als ein wesentliches Element im Zivilrecht verstanden und verinnerlicht werden. Denn hiermit sind eine ganze Reihe wichtiger Aufbaufragen verbunden, die durch Systematik und Prüfungslogik begründet sind. Das Grundverständnis dieser Prüfungsebenen und korrespondierenden Einwendungen lässt sich auch bildlich anhand eines Beispiels erläutern:

4 Vgl. S. 16.

Beispiel

Versuchen Sie, sich den Anspruch im Zivilrecht bildlich als einen Hausbau vorzustellen.

Auf der **ersten Prüfungsstufe** geht es um die Frage, ob das Haus „entstanden“ ist, ob es also mit allen notwendigen Bestandteilen einmal vollständig errichtet wurde. Fehlt es zum Beispiel an Fenstern, Türen oder Dachpfannen, ist es (noch) kein vollständiges Haus.

Die **zweite Prüfungsstufe** fragt, ob das zunächst entstandene Haus inzwischen wieder kontrolliert abgerissen wurde („erloschen“) oder etwa wegen „Pfusch am Bau“ schon wieder eingestürzt ist („untergegangen“).

Die **dritte Prüfungsstufe** befasst sich mit der Frage, ob das ursprünglich entstandene und noch stehende Haus aktuell auch noch für den geplanten Zweck benutzt werden darf („durchsetzbar“). Ist das Haus z. B. zu alt, baufällig und statisch unsicher, könnte es verboten sein, es zu betreten. Es steht dann zwar noch, kann aber nicht mehr zu seinem ursprünglichen Zweck, darin zu wohnen, verwendet werden.

II. Einwendungen im Rahmen der zivilrechtlichen Anspruchsprüfung

Im engen Zusammenhang mit diesem dreistufigen Aufbau für Anspruchsprüfungen stehen die sogenannten Einwendungen. Auch diese unterteilen sich in drei Kategorien, korrespondierend mit den drei Stufen der Anspruchsprüfung. Man unterscheidet rechtshindernde, rechtsvernichtende und rechtshemmende Einwendungen.

Die **rechtshindernden Einwendungen** *verhindern* bereits die erstmalige *Entstehung* des Anspruchs.

Die **rechtsvernichtenden Einwendungen** *vernichten* einen zuvor einmal vollständig entstandenen Anspruch *nachträglich wieder.*

Die **rechtshemmenden Einwendungen** führen dazu, dass ein entstandener und auch noch immer existenter Anspruch in seiner Wirkung *nicht mehr durchgesetzt* werden kann. Die Besonderheit dieser letzten Kategorie der Einwendungen besteht darin, dass sich der Anspruchsgegner – im Gegensatz zu den beiden ersten – auf diese Einwendung ausdrücklich berufen muss.

Beispiel

Auch die Einwendungen lassen sich in die Illustration des „Hausbaus“ integrieren:

Die **rechtshindernden Einwendungen** stellen so etwas dar wie einen Baustopp der Behörde, die eine sofortige Einstellung des Hausbaus bedeutet, so dass dieses also gar nicht erst vollständig entstehen kann.

Die **rechtsvernichtenden Einwendungen** entsprechen etwa einem Abriss. Dies hat zur Folge, dass das zunächst vollständig entstandene Haus wieder verschwindet.

Die **rechtshemmenden Einwendungen** wirken wie eine Nutzungs-Untersagung. Diese führt dazu, dass das entstandene und noch bestehende Haus nicht benutzt/betreten werden darf. Es bleibt zwar existent, kann aber nicht mehr zu seinem eigentlichen Zweck eingesetzt werden.

Beispiel
Ein typisches Hindernis für die Durchsetzbarkeit, von dem Sie im Alltag vielleicht schon einmal gehört haben, ist die sogenannte Verjährung. Ein Anspruch ist entstanden und auch dem Grunde nach noch vorhanden. Aufgrund eines Zeitablaufs ist der Anspruch aber nicht mehr „verwendbar", um die darin enthaltene Forderung durchzusetzen, sofern sich der Anspruchsgegner auf diese Verjährung beruft. Bei der Verjährung handelt es sich also um eine rechtshemmende Einwendung.

III. Reihenfolge der Anspruchsarten

Zivilrechtliche Ansprüche sind außerdem in einer ganz bestimmten Reihenfolge der Anspruchsarten zu prüfen. Auch hierbei handelt es sich um eine zwingende Struktur der gutachterlichen Logik. Sie wird deshalb im Grundsatz auch von Studierenden relativ früh im Studium erwartet.

- Vertragliche Ansprüche, z. B. Ansprüche aus Kaufvertrag, § 433 BGB
- Vertragsähnliche (oder quasi-vertragliche) Ansprüche, z.B. § 122 I BGB
- Dingliche Ansprüche, z. B. der Herausgabeanspruch gemäß § 985 BGB
- Deliktische Ansprüche, z. B. § 823 BGB
- Bereicherungsrechtliche Ansprüche, z. B. § 812 BGB

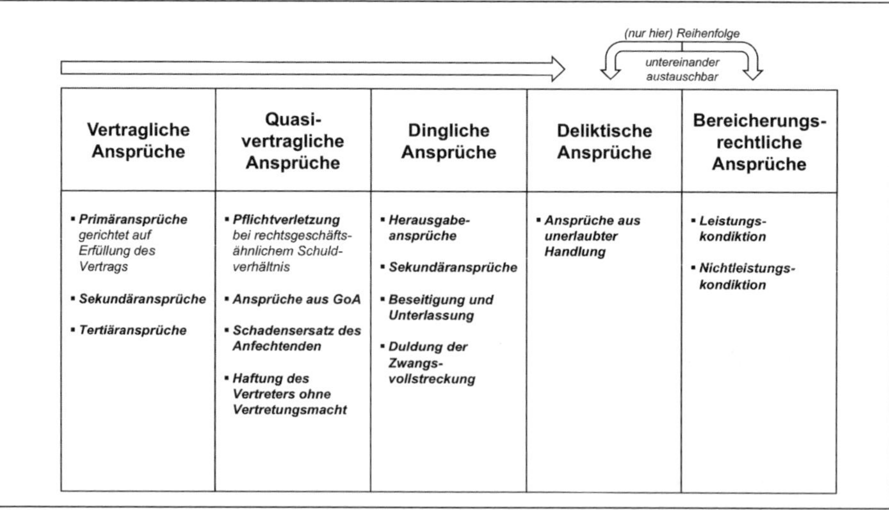

Abb. 3: Reihenfolge der Anspruchsprüfung im Zivilrecht

Nur die Reihenfolge der letzten beiden Anspruchskategorien untereinander ist nicht zwingend, d. h., in einem Fall, in dem sowohl deliktsrechtliche als auch bereicherungsrechtliche Ansprüche eine Rolle spielen, ist deren Reihenfolge untereinander nicht zwingend vorgeschrieben. Ansprüche aus einer der ersten drei Kategorien müssen diesen aber zwingend vorausgehen.

Tipp
Zum tiefergehenden logischen Verständnis der gesamten Prüfungsreihenfolge und ihrer Begründung werden Sie allmählich während Ihrer zivilrechtlichen Ausbildung vorstoßen. Dazu sind jedoch Kenntnisse notwendig, die erst nach und nach über die Semester und verschiedene zivilrechtliche Teilgebiete hinweg erworben werden.
Nehmen Sie deshalb an dieser Stelle am besten die Reihenfolge zunächst einmal als Regel zur Kenntnis!

Um die zu prüfenden Anspruchsgrundlagen zu ermitteln, hat sich eine Faustformel etabliert. Die Frage, die sie an einen zivilrechtlichen Fall stellen, lautet: Wer will was von wem (warum) woraus?

Wenn Sie nun die so ermittelten Elemente in eine im Konjunktiv formulierte Prüfungsprämisse einpassen, haben Sie auch gleich den Prüfungseinstieg klausurreif formuliert. Das Resultat ist nämlich der Obersatz, der die entsprechende Anspruchsprüfung einleitet.[5]

B. Strafbarkeitsprüfung im Strafrecht

Im Strafrecht werden in aller Regel eine oder mehrere Personen auf das Vorliegen von Strafbarkeiten geprüft. Diese finden sich hauptsächlich als Deliktstatbestände im Strafgesetzbuch (StGB). Aber auch in weiteren Gesetzen finden sich Strafvorschriften, die während der weiteren Ausbildung relevant werden können. Als Beispiel sei hier das Betäubungsmittelgesetz (BtmG) erwähnt. Üblicherweise findet die Prüfung in der Form des sogenannten dreigliedrigen Deliktsaufbaus statt. Dieser besteht aus der Prüfung der Schritte:
- Tatbestandsmäßigkeit
- Rechtswidrigkeit
- Schuld

Im Rahmen der Tatbestandsprüfung findet in aller Regel eine erste Unterteilung in den objektiven Tatbestand (das äußere Erscheinungsbild der Tat) und den sub-

5 Zur Bedeutung und Bildung von Obersätzen, vgl. S. 25.

jektiven Tatbestand (die innere Tatseite, Vorsatz und Vorstellungen des Täters) statt.

Weitere Unterteilungen können sich je nach Lage des Falles und seiner Schwerpunkte in allen drei Prüfungsabschnitten ergeben, so dass dort dann hinsichtlich der Prüfungssystematik eine oder mehrere Unterebenen einzuziehen sind.

Abb. 4: Dreistufiger Deliktsaufbau im Strafrecht

C. Verfahrensprüfung im öffentlichen Recht

Im öffentlichen Recht bestehen die Thematiken und Aufgaben in der Regel in der Prüfung der Erfolgsaussichten eines Verfahrens oder einer Klage.

> **Beispiel**
> Typische Aufgabenstellungen/Fallfragen lauten:
> Hat die Verfassungsbeschwerde des B Aussicht auf Erfolg?
> Prüfen Sie die Erfolgsaussichten der Klage des K!

Ist nach der „Aussicht auf Erfolg" gefragt, bedeutet dies, Sie müssen die Zulässigkeit und Begründetheit prüfen. Ein typischer Eingangssatz in eine solche Prüfung lautet z. B. „Die Verfassungsbeschwerde des B hat Erfolg, soweit sie zulässig und begründet ist." Sie prüfen also in der Regel:

- Zulässigkeit (prozessrechtliche Betrachtung)
- Begründetheit (materiellrechtliche Betrachtung)

In der Zulässigkeit prüfen Sie dann zunächst die prozessrechtlichen, formellen Voraussetzungen des Verfahrens/der Klage. Und falls diese vorliegt, geht die Prüfung dann zur inhaltlichen Begründetheit über. Die möglichen Ergebnisse der Prüfung unterteilen sich in

- Nein, keine Erfolgsaussichten → unzulässig oder vollständig unbegründet
- Ja, erfolgreich im vollen Umfang → zulässig und in vollem Umfang begründet
- Ja, aber in nur eingeschränktem Umfang → zulässig und in bestimmtem Umfang begründet

Diese unterschiedlichen Abstufungen kommen in dem Begriff „***soweit*** zulässig und begründet" zum Ausdruck.

Hier besteht eine erste Besonderheit zu den Aufgabenstellungen des Zivilrechts und Strafrechts. Während sich das Studium im Zivilrecht und Strafrecht fast ausschließlich zunächst mit der materiell-rechtlichen Seite befasst, spielen im öffentlichen Recht auch die Verfahrensarten und Verfahrensvoraussetzungen von Beginn an eine sehr viel größere Rolle. Häufig wird in den Fällen des öffentlichen Rechts danach gefragt, ob eine Klage (oder andere Verfahrensart) „Aussicht auf Erfolg" hat. Das ist der Fall, soweit sie zulässig und begründet ist. Es geht dann also zum einen darum, zunächst die (prozessuale) Zulässigkeit der Klage festzustellen und wenn diese gegeben ist, auch seine (materiell-rechtliche, inhaltliche) Begründetheit zu überprüfen.

D. Grundsystematik in den Grundlagenfächern

In den Grundlagenfächern gibt es keine so typischen Prüfungssystematiken. In Fächern wie Rechtsgeschichte, Rechtsphilosophie, Rechtssoziologie stehen thematische Auseinandersetzungen, Diskussionen, Quellenanalysen, historische Betrachtungen und Einordnungen u. Ä. im Vordergrund. Diese Herangehensweisen lassen sich nicht in gleichem Maße in gemeinsame typische Systematiken der Bearbeitung einordnen wie für die zuvor genannten Rechtsgebiete.

Teil 2: Juristischer Gutachtenstil

Ein **Gutachten** arbeitet in aller Regel auf einen begründeten Vorschlag zur Klärung einer Rechtsfrage bzw. zur Lösung eines Falles hin. Der **Gutachtenstil** ist dabei einerseits die sprachliche Systematik, in der dieser vorgeschlagene Lösungsansatz verfasst wird. Er ist andererseits vor der schriftlichen auch die gedankliche Grundstruktur auf dem Weg der Erarbeitung dieses Lösungsvorschlags. Über alle Rechtsgebiete hinweg ist der Gutachtenstil daher **DAS zentrale Werkzeug juristischer Arbeit.**

Zwar kennt man den Begriff des Gutachtens durchaus im allgemeinen Sprachgebrauch, was aber sprachlich und vor allem arbeitsmethodisch im Detail dahintersteckt, ist oft eher wenig bekannt. Und genau das müssen Sie für ein erfolgreiches Jurastudium sehr früh und sehr genau lernen, anwenden und umsetzen können. Nur das richtige systematische Verständnis des Gutachtenstils von Anfang an ermöglicht einen erfolgreichen Einstieg in ein juristisches Studium. Hier gilt es typische Anfängerfehler möglichst zu vermeiden, die ansonsten mit frustrierenden Lernerfahrungen einhergehen und zu echten Motivationskillern werden können.

Nicht zuletzt aus diesen Gründen steht am Anfang der Überlegungen zur juristischen Arbeitstechnik im Wesentlichen der Gutachtenstil. Zum einen ist das der besonderen Bedeutung und Wichtigkeit geschuldet, zum anderen bildet der Gutachtenstil in seiner sprachlichen Gestaltung und Eigenart den Verlauf juristischen Denkens und Arbeitens ab. Damit wird seine Form der Darstellung zum sprachlichen und gedanklichen Grundgerüst juristischer Arbeits- und Herangehensweise.

Tipp

Vermeiden Sie von Anfang an typische Fehlvorstellungen über den Gutachtenstil!

Betrachten Sie den Gutachtenstil nicht nur als eine sprachliche Eigenart von Juristen im Sinne einer reinen Fach oder gar Fremdsprache![6] Machen Sie sich frei von dem Gedanken, den juristischen Gutachtenstil wie eine Fremdsprache erlernen zu wollen, also mit der Zielsetzung, etwas zu „übersetzen" in eine bestimmte Sprachform. Diese Sichtweise auf den Gutachtenstil wäre mindestens unvollständig. Betrachten Sie den Gutachtenstil vielmehr als sprachliche Ausdrucksform einer ganz bestimmten Denk- und Arbeitsweise.

Denn diese Denk- und Arbeitsweise ist das zentrale Element. Sie zeichnet sich vor allem aus durch eine typische Form der Lösungsentwicklung zu einer rechtlichen Problemkonstellation.

6 Leider muss man feststellen, dass auch so manche juristische Fachliteratur inklusive dem ein oder anderen Lehrbuch diesen Weg geht, oder zumindest ungewollt diesen Eindruck hinterlässt. Das macht es für Studienanfänger zugegebenermaßen nicht gerade leichter.

Sie besteht darin:

- ein zu lösendes Problem gezielt aufzuwerfen und seine Dimensionen herauszuarbeiten,
- es ggf. in relevante Teilprobleme zu zerlegen,
- für diese Teilprobleme Lösungsansätze zu entwickeln,
- diese Lösungsansätze systematisch zu überprüfen und inhaltlich zu durchdringen
- und so zu einem begründeten und argumentativ nachvollziehbaren Ergebnis zu gelangen.

Und das sprachliche Instrument, um diesen juristischen gedanklichen Weg, diese Denk- und Arbeitsweise nachvollziehbar und textlich darzustellen, das ist der Gutachtenstil.

Nicht die Sprache des Gutachtenstils ist das vorrangige Element, auf das es für die juristische Arbeitstechnik ankommt, sondern seine Funktion. Diese Funktion wird dann in einem weiteren Schritt auch in der sprachlichen Darstellung ausgedrückt.

Tipp
Betrachten Sie den Gutachtenstil nicht als reines „Sprach- und Schreibwerkzeug", sondern vor allem als „Denkwerkzeug" und „Vorgehensweise".

Kapitel 1: Grundstruktur des Gutachtenstils

Die Grundstruktur des Gutachtenstils besteht darin, eine zu prüfende Frage (Prüfungsprämisse) aufzuwerfen, zu deren Beantwortung eine passende abstrakte Definition heranzuziehen, das konkrete Geschehen (den Fall) anhand dieser abstrakten Definition zu überprüfen und daraus eine Antwort zum Vorliegen oder Nicht-Vorliegen der Prüfungsprämisse vom Anfang herzuleiten.

A. Elemente der gutachterlichen Vier-Schritt-Prüfung

Eine gutachterliche Herangehensweise prüft Merkmale also gedanklich in diesen vier aufeinanderfolgenden Teilschritten:

I. Obersatz

Der **Obersatz** wirft jeweils die zu prüfende Frage auf. Er stellt also die Prüfungsprämisse dar, die danach fragt, welches Merkmal ggf. vorliegen könnte. Damit wird der Prüfungsgegenstand der aktuellen Vier-Schritt-Prüfung festgelegt. Da an dieser Stelle zunächst nach einem möglichen, aber bisher ungeprüften Merkmal gefragt wird, wird diese Prämisse sprachlich im Konjunktiv (in der Möglichkeitsform) formuliert.

Dies ist nicht nur eine willkürlich festgelegte Eigenschaft des Obersatzes, sondern sie ergibt sich vielmehr logisch aus der Abfolge der gutachterlichen Prüfung und der Stellung des Obersatzes innerhalb dieser Struktur. Denn der Obersatz wirft eine in den Blick genommene Frage auf, die aber zunächst der schrittweisen systematischen Überprüfung bedarf, bevor dann im letzten Schritt als Beantwortung dieser Frage ein Ergebnis vorliegt. Zum Zeitpunkt des Obersatzes ist das Ergebnis also noch unbekannt, deshalb ist der Obersatz in diesem Stadium der Prüfung grammatikalisch betrachtet in der sogenannten Möglichkeitsform zu formulieren, also im Konjunktiv.

Dabei kann sich der aufgeworfene Prüfungsmaßstab auf das große Ganze, also z. B. die gesamte Fallfrage nach der Strafbarkeit, beziehen oder dann in der Detailprüfung auch auf einzelne Teilelemente wie einzelne Tatbestandsmerkmale einer StGB-Norm.[7]

---

7 Vgl. dazu dann weiter unten zur Verschachtelung des Gutachtenstils, S. 33.

> **Beispiele für typische Obersätze in der Möglichkeitsform**
> T könnte sich durch den Tritt gegen das Bein des O einer Körperverletzung gemäß § 223 I StGB schuldig gemacht haben.
> A könnte gegen B einen Anspruch auf Herausgabe des Gegenstandes gemäß § 985 BGB haben.
> Die Klage des C müsste zulässig und begründet sein.

II. Definition

Hat man im Obersatz die zu prüfende Frage korrekt aufgeworfen, muss im zweiten Schritt nun festgelegt werden, was denn die genauen Voraussetzungen sind, unter denen die im Obersatz aufgeworfene Frage bejaht werden kann oder verneint werden muss. Dazu benötigt man eine **abstrakte Definition des Prüfungsmerkmals**, das untersucht werden soll.

Grundsätzlich gibt es zwei Arten von Definitionen. Die sogenannten Legaldefinitionen sind in gesetzlichen Vorschriften selbst enthalten, also ausdrücklich bereits vom Gesetzgeber geregelt worden. In den meisten Fällen muss man aber auf andere Definitionen zurückgreifen, die von der Rechtsprechung bzw. der Rechtswissenschaft auf Basis der entsprechenden Vorschriften entwickelt wurden.

Zwar entwickelt man während eines Jurastudiums auch Möglichkeiten, sich Definitionen herzuleiten, die man nicht gleich parat hat. Dies kann im Einzelfall aufgrund von Logik-Überlegungen und einer gewissen Einschätzungsfähigkeit „worauf es beim Merkmal wohl ankommen muss“ geschehen. Da es aber eine Weile braucht, bis man eine solche Einschätzungsfähigkeit entwickelt hat, sollte man als Anfänger zunächst darauf setzen, dass man über die wichtigsten Legaldefinitionen Bescheid weiß, d.h. zumindest, wo sie zu finden sind, um sie im Einzelfall nachschlagen zu können. Den übrigen Teil der Definitionen sollte man tatsächlich parat haben, in dem Umfang, in dem sie nach Studienstand gebraucht werden. Das bedeutet, diese Kategorie der Definitionen, die keine Legaldefinitionen sind, gehört zum typischen „Lernstoff“ eines Jurastudiums.[8]

Umfassendes und eher stupides Auswendiglernen gehört nicht zu den vorrangigen Arbeitstechniken des Jurastudiums, auch wenn diese Annahme nicht nur unter Laien, sondern auch unter juristischen Studierenden oft lange verbreitet ist. Selbstverständlich gehören auch „klassische Lernblöcke“ fraglos dazu, da man ohne eine Wissensbasis nicht auskommt, gerade was den Teil der Definitionen betrifft. Gleichwohl ist dies nicht der zentrale Ansatz „Jura zu studieren“, ganz zu schweigen vor allem vom „Auswendiglernen von Gesetzestexten“. Die notwendige Wissensbasis entsteht vielmehr als Bestandteil eines eher auf Verständnis und

---

8 Auch bei Legaldefinitionen muss man zumindest irgendwann einmal gelernt haben, in welcher Vorschrift die jeweilige Definition im Gesetz zu finden ist, bzw. wie man die passende Stelle im Gesetz findet.

Strukturwissen angelegten Lernens. Auch und gerade bei Merkmal-Definitionen gilt: Wer nur den reinen Text „kennt“, ohne seinen Inhalt wirklich zu „verstehen“ und zu „durchdringen“, wird auf mittlere bis lange Sicht Probleme haben.

Und die ersten Probleme damit würden dann schon beim nächsten Schritt beginnen, der Subsumtion. Denn hier muss man die Definition nun inhaltlich überprüfen und dafür natürlich zwangsläufig verstanden haben.

III. Subsumtion

Die **Subsumtion** ist der zentrale inhaltliche Prüfungsschritt bezogen auf den konkreten Fall bzw. die konkrete Frage. Hier wird nun der konkrete Fall betrachtet und überprüft, ob und inwieweit die konkreten Teilinformationen die abstrakte Definition erfüllen oder eben nicht.

Das Grundprinzip der Subsumtion lässt sich so betrachten, als legt man abstrakte Definition und konkrete Fallinformation gedanklich wie Blaupausen übereinander, um zu sehen, ob sie sich entsprechen oder ob die Fallinformation zumindest als Teil im definierten Merkmal enthalten ist.

Dies kann mal relativ deutlich oder naheliegend und deshalb nur kurz festzustellen sein. In anderen Fällen ist das Vorliegen der Definition nicht so eindeutig und es muss argumentativ näher dargelegt werden, inwieweit die konkreten Fallinformationen die abstrakte Definition erfüllen oder eben auch nicht. Auf diese unterschiedlich ausführliche Darstellung gehen wir im Rahmen der Schwerpunktsetzung noch genauer ein.[9]

Eine Subsumtion besteht darin, eine klare Verbindung zwischen der abstrakten Definition des Merkmals und den konkreten Umständen des Falles herzustellen (Merkmal liegt also vor), oder eben festzustellen, dass diese Verbindung nicht besteht (Merkmal liegt also nicht vor). Achten Sie darauf, dass jederzeit deutlich wird, welche Definition genau subsumiert wird. Das wird vor allem dann wichtig, wenn eine Definition überprüft wird, die mehrere Teilmerkmale beinhaltet. Die Textgestaltung sollte deutlich erkennen lassen, welches Merkmal oder Teilmerkmal sich aktuell in der Subsumtion befindet.

Das erreicht man vor allem dadurch, dass man vermeidet, in der Subsumtion weitere oder andere abstrakte Merkmale einzuführen oder zu verwenden, als die aus der vorangegangenen Definition. Außerdem sollte die Begrifflichkeit aus der Definition in der Subsumtion möglichst wiederholt werden. Man könnte hierbei versucht sein, eine Begriffswiederholung gerade zu vermeiden und stattdessen eine sprachlich elegantere Alternativbezeichnung für den Inhalt zu wählen. Für die Klarheit der Subsumtion sollte man aber bewusst darauf verzichten.

Um gleichzeitig sprachliche Eleganz zu erhalten, kann man z. B. Substantive aus der Definition in der Subsumtion mit dem dazugehörigen Verb oder Adjektiv

9 Vgl. dazu S. 116.

beschreiben und umgekehrt. So vermeidet man zumindest eine bloß wörtliche Wiederholung der Definitionsbegriff in der Subsumtion.

Beispiel

Die Standard-Definition der Wegnahme lautet „der **Bruch** fremden und die **Begründung** neuen Gewahrsams".[10]

Zur Vermeidung fast wortgleicher Wiederholung der Definitionssubstantive könnte man in der Subsumtion z. B. formulieren:

„Der T hat dem O die Tasche entrissen, ist mit ihr davongelaufen und hat sie mit zu sich nach Hause genommen. Er hat somit den Gewahrsam des O **gebrochen** und selbst neuen Gewahrsam an der Tasche **begründet**.

IV. Ergebnis bzw. Zwischenergebnis

Je nach Ausgang der Subsumtion muss dann ein dazu passendes Ergebnis oder Zwischenergebnis festgestellt werden. Begrifflich bietet sich an, den Abschluss des gesamten Falles ausdrücklich als „Endergebnis" zu bezeichnen. Der Abschluss eines größeren in sich geschlossenen Abschnittes des Falles würde in dieser Logik „Ergebnis" genannt, ggf. mit näherer Bezeichnung des Abschnitts, z. B. „Ergebnis zur Durchsetzbarkeit des Anspruchs". Innerhalb eines Abschnitts werden die einzelnen zu prüfenden Unterpunkte jeweils mit einem „Zwischenergebnis" abgeschlossen. Die Bezeichnung als (nur) „Zwischenergebnis" deutet im Rahmen der gutachterlichen Prüfungslogik darauf hin, dass noch weitere Punkte auf dieser Ebene zu prüfen sind, bevor ein größeres „Ergebnis" oder „Endergebnis" festgestellt werden kann.

Dem Ergebnis kommt eine wichtige Doppelfunktion zu. Es hat zum einen die Aufgabe den gerade geprüften Abschnitt mit einer inhaltlichen Feststellung zum aktuellen Prüfungsabschnitt abzuschließen. Zum anderen soll das Ergebnis als eine Art Bindeglied die logische Überleitung in den nächsten Prüfungsabschnitt herstellen.

10 Vgl. statt vieler z. B. *Wessels/Hillenkamp/Schuhr*, § 2, Rn. 82.

Beispiel für die verschiedenen Ergebnisebenen einer Lösungsskizze[11]

A. Entstehung des Anspruchs
 I. Angebot
  1. Angebot des C
   a) Stellvertretung des C durch D
    aa) Eigene Willenserklärung der D
    bb) Im fremden Namen
    cc) Mit Vertretungsmacht
    dd) Im Rahmen der Vertretungsmacht
    ee) Zwischenergebnis
   b) Abgabe der Willenserklärung
   c) Zugang der Willenserklärung
  2. Zwischenergebnis
 II. Annahme
  1. Auslegung der Willenserklärungen
  2. Zwischenergebnis
 III. Ergebnis zur Entstehung des Anspruchs

B. Untergang des Anspruchs
 [...]
C. Durchsetzbarkeit des Anspruchs
 [...]
D. Endergebnis zum Fall
 [...]

Zur Struktur der verschiedenen Ebenen siehe Verschachtelung[12]

B. Grundsystematik der gutachterlichen Vier-Schritt-Prüfung

Nach Betrachtung und Unterscheidung der vier einzelnen Elemente geht es nun darum, diese systematisch zu verbinden. Ziel ist es, aus der richtigen Verbindung mehrerer Prüfungsschritte einen systematischen Prüfungsablauf zu erzeugen.

---

11 Es handelt sich hier um eine Lösungsskizze zum Beispielfall „CD-Chaos", S. 145. Verschiedene Arbeitstechniken und Vorgehensweisen werden anhand dieses Beispielfalls erörtert. Daher ist zu diesem frühen Zeitpunkt noch nicht notwendig, dass Sie die gesamte Lösung bereits im Detail durchschauen. Hier kommt es zunächst darauf an, das System der (Zwischen-)Ergebnisse als Abschluss entsprechender Prüfungsabschnitte zu erkennen.

12 Vgl. S. 33.

I. Grundsystem einer Vier-Schritt-Prüfung

Für das bessere Verständnis dieses Prüfungsablaufs sollte man den Vier-Schritt zunächst einmal als lineare Prüfungsabfolge betrachten wie in Abbildung 5 dargestellt.

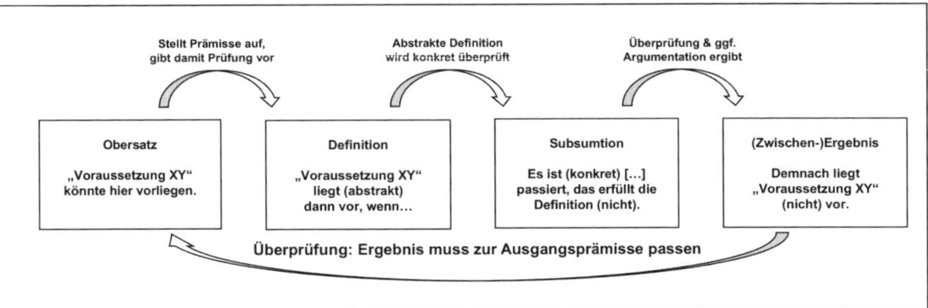

Abb. 5: Gutachterlicher Vier-Schritt als lineare Prüfungsabfolge

Beispiel

Zum besseren Verständnis dieser abstrakten Prüfungssystematik ein konkretes Beispiel, das ich regelmäßig in der Vorlesung „gutachterlich prüfen“ lasse, nämlich die Frage, ob aktuell „schönes Wetter“ herrscht. Stellen Sie sich einen typischen Apriltag zu Beginn des Sommersemesters vor. Zu dieser Zeit – und so ist es dann idealerweise während der ersten Vorlesungen – gibt es oft Tage, an denen Licht, Sonne und blauer Himmel schon einen sehr frühlingshaften bis frühsom merlichen Eindruck machen, oft aber noch recht kühle, manchmal einstellige Temperaturen herrschen. Auf dieser Grundlage lässt sich erarbeiten und mit den Studierenden trefflich diskutieren, ob das denn nun „schönes Wetter“ ist und an welchen Merkmalen sich das überhaupt festmacht. Einige objektive Kriterien sind schnell gefunden, aber am Ende bleibt das Ergebnis doch ein sehr individuelles, weil hier und da eben subjektive Interpretationen der Merkmale schönen Wetters einfließen. Das macht es zu einem konkreten Alltagsbeispiel, anhand dessen sich der Kern juristischer Prüfungsabläufe anschaulich erläutern lässt:

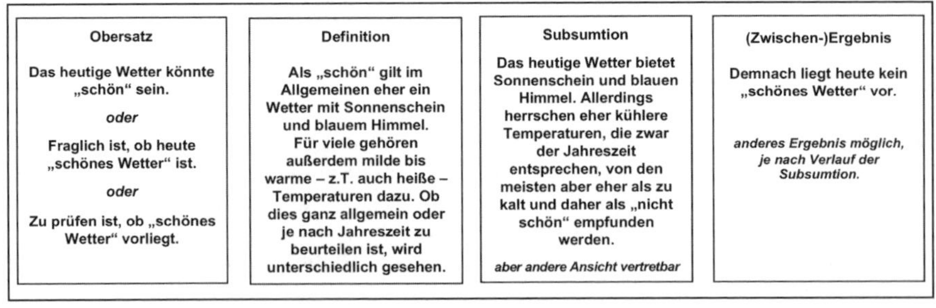

Abb. 6: Alltagsbeispiel zur Veranschaulichung der gutachterlichen Vier-Schritt-Prüfung

II. Vier-Schritt-Prüfung als wiederholender Kreislauf

Diese Darstellung der Abfolge wird dem gesamten juristischen Prüfungsprozess aber noch nicht vollständig gerecht. Denn sie könnte suggerieren, dass man nur einen linearen Durchgang durch eine Reihe von Merkmalen macht und am Ende eine Frage abschließend beantwortet hat. Das reicht nicht. Vielmehr wiederholt sich diese Vier-Schritt-Prüfung mehrfach, und zwar für jedes relevante Prüfungsmerkmal. Das legt nahe, die bislang lineare Prüfungsabfolge eher als einen sich wiederholenden Kreislauf darzustellen wie in Abbildung 7.

Das Stichwort „wiederholend" bezieht sich nicht darauf, dass man den immer wieder gleichen Kreislauf für das gleiche Prüfungsmerkmal wiederholt, Vielmehr geht es darum, dass sich die Struktur der Vier-Schritt-Prüfung wiederholt, angewendet auf weitere zu überprüfende Merkmale. Mit einem feststellenden Ergebnis wird so gleichzeitig die Überleitung geschaffen zum nächsten Prüfungsabschnitt. Das kann ein weiteres Merkmal auf der gleichen Prüfungsebene sein, oder der Wechsel auf eine Unterebene (um z. B. Teilmerkmale zu prüfen), oder der Schritt zurück auf die übergeordnete Ebene.

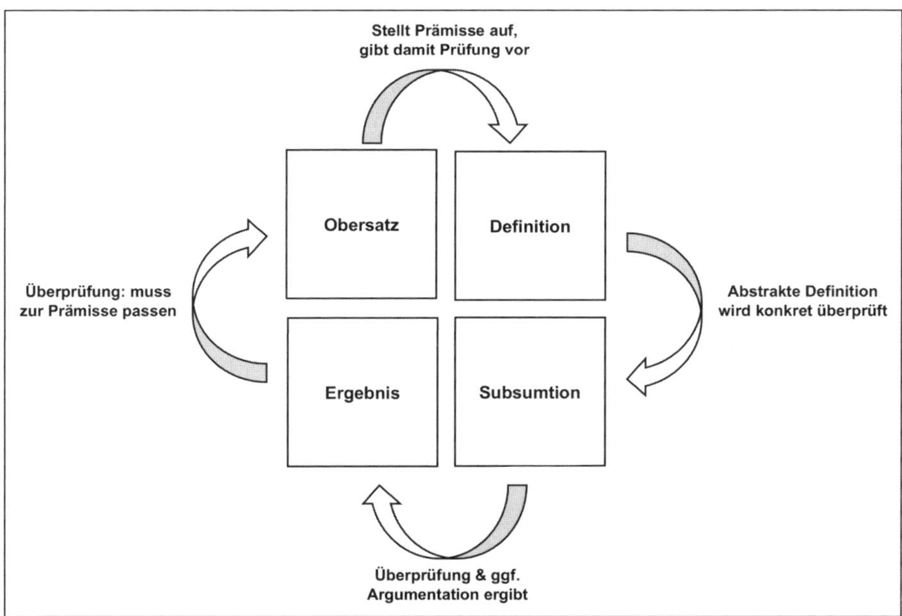

Abb. 7: Gutachterlicher Vier-Schritt als wiederholender Kreislauf

Die Pfeilverbindung vom Ergebnis zurück zum Obersatz stellt nur eine Kontrollüberlegung dar, keinen Neueinstieg in die bereits vorgenommene Prüfung. Die Kontrollüberlegung besteht darin, ob im konkreten Ergebnis, mit dem man nun weiterarbeiten und zum nächsten Prüfungselement übergehen will, auch die im

Obersatz aufgeworfene Frage – und genau diese – beantwortet worden ist. Nur wenn diese abweicht, ist ein erneuter gedanklicher Einstieg und eine Überprüfung geboten, ob man das richtige geprüft hat oder über die Vier-Schritt-Prüfung die Konsistenz der Prüfung abhandengekommen ist. Fällt die Kontrollüberlegung positiv aus, geht man zum nächsten Prüfungsmerkmal über.

C. Der syllogistische Schluss als Grundprinzip

Das Grundprinzip, das hinter dieser schrittweisen Prüfung von Merkmalen steht, ist der „syllogistische Schluss". Hier werden zwei Prämissen (Obersatz und Untersatz) so miteinander verbunden, dass sich daraus eine Konklusion (Schlussfolgerung) ergibt.

Beispiel
Frage: Sind alle Quadrate Vierecke?
Obersatz: Alle Quadrate sind Rechtecke.
Untersatz: Alle Rechtecke sind Vierecke.
Schlussfolgerung: Also sind alle Quadrate auch Vierecke.

In diesem Beispiel werden zwei allgemein bejahende Prämissen verbunden. Die Verbindung erfolgt über einen gemeinsamen Mittelbegriff, hier „Rechtecke". Daraus entsteht eine allgemein bejahende Schlussfolgerung.

Wird eine nur teilweise bejahende Prämisse verwendet, so muss dies beim Umfang der Gültigkeit der Schlussfolgerung berücksichtigt werden.

Beispiel
Frage: Sind alle Vierecke auch Quadrate?
Obersatz: Alle Rechtecke sind Vierecke.
Untersatz: Einige Rechtecke sind Quadrate.
Schlussfolgerung: Also sind nicht alle, sondern nur einige Vierecke auch Quadrate.

Wieder ist „Rechtecke" der verbindende Mittelbegriff. Im Untersatz kann hier zu diesem Begriff aber nur eine teilweise Bejahung herangezogen werden. Deshalb kann in dieser Konstellation auch die Schlussfolgerung nur zu einer teilweisen Bejahung führen. Der Rückschluss ist in dieser eingeschränkten Form aber korrekt.

Grundsätzlich unterscheidet man vier Arten von Prämissen:

- allgemein bejahend
- allgemein verneinend
- teilweise bejahend
- teilweise verneinend

Allein durch diese Arten sind die Kombinationsvarianten von Prämissen vielfältig. Zur Verdeutlichung des Grundprinzips sollen uns hier an dieser Stelle diese Beispielvarianten aber zunächst genügen.[13]

Ein ganz entscheidendes Element, um einen syllogistischen Schluss aus zwei Prämissen ziehen zu können, ist der Einsatz eines zulässigen, verbindenden Mittelbegriffs. Hier liegt eine häufige Fehlerquelle für den logischen Schluss.

Beispiel

Obersatz: Zu jeder Mutter gehört ein Kind.
Untersatz: Zu jeder Mutter gehört eine Schraube.
Schlussfolgerung: Jedes Kind ist eine Schraube...

Diese Schlussfolgerung kann offensichtlich nicht richtig sein, auch wenn Ober- und Untersatz hier sprachtechnisch korrekt verbunden wurden. Der Fehler besteht aber darin, dass hier überhaupt versucht wird, beide zu verbinden. Denn es kommt nur ein vermeintlich verbindender Mittelbegriff zum Einsatz. Tatsächlich wird hier der Begriff „Mutter" in Ober- und Untersatz aber in zwei unterschiedlichen Bedeutungen verwendet. Damit kann dieser Begriff keine logische Verbindung zwischen den Prämissen herstellen, da es kein gemeinsamer Mittelbegriff ist. Somit kann aus diesem Konstrukt auch kein zulässiger syllogistischer Schluss gezogen werden. Auf den Gutachtenstil bezogen bedeutet dies vor allem: Wird eine falsche Definition herangezogen, kann das aus der Subsumtion gewonnene Ergebnis nicht richtig sein. Ist die Definition unvollständig oder uneindeutig, so ist die Gefahr eines falschen Ergebnisses jedenfalls sehr hoch.

Der in drei Schritten unterteilte syllogistische Schluss liegt also dem Gutachtenstil zugrunde, der seinerseits in vier Schritten geprüft wird. In der Gegenüberstellung der einzelnen Elemente sieht das wie folgt aus:

Gutachtenstil (Vier-Schritt-Prüfung)	*Syllogismus (Drei-Schritt-Prüfung)*
Obersatz	
Definition	Obersatz
Subsumtion	Untersatz
Ergebnis	Konklusion (Schlussfolgerung)

13 Vgl. auch *Hildebrand*, Juristischer Gutachtenstil, S. 5 ff.; eine weitergehende Darstellung mit weiteren vertiefenden Nachweisen findet sich bei: *Rüßmann*, Syllogistik des Aristoteles.

Begrifflich ist also wichtig, zu trennen und zu unterscheiden:

Den Begriff des „Obersatzes“ gibt es sowohl im Syllogismus, als auch im Gutachtenstil, aber mit unterschiedlicher Bedeutung. Dem „Obersatz“ des Syllogismus entspricht die „Definition“ des Gutachtenstils. Der „Untersatz“ des Syllogismus ist im Gutachtenstil die „Subsumtion“.

Die Vier-Schritt-Prüfung ist die gedankliche und textliche Struktur der gutachterlichen Prüfung. Darin steckt als inhaltliche Grundlage die Folgerungslogik des syllogistischen Schlusses. Im Rahmen der juristischen Arbeitstechnik geht es zunächst einmal darum, das System für die Prüfungsstruktur gedanklich zu entwickeln. Dazu bietet es sich an, die Schritte einzeln zu betrachten, die es gedanklich zu durchlaufen gilt. Das bildet die Vier-Schritt-Prüfung ab.

Solange ein solcher Prüfungsabschnitt gutachterlich zutreffend und in einem angemessenen Umfang als Text dargestellt ist, würde man ihm idealerweise am Ende gar nicht ansehen, ob Sie ihn gedanklich in drei oder vier Teilschritte zerlegt haben.

Kapitel 2: Struktur einer Verschachtelung des Gutachtenstils

Nun liegt es auf der Hand, dass juristische Fälle – von allzu simplen Einstiegsübungsfällen mal abgesehen – eher nicht mit nur einer Vier-Schritt-Prüfung im o.g. Sinne abgeschlossen sind. Vielmehr ist diese Vorgehensweise – zumindest gedanklich – auf jedes relevante Merkmal anzuwenden. Für welche dies dann auch ausformuliert werden muss und wie ausführlich dies zu geschehen hat, ist eine Frage der Schwerpunktsetzung.[14]

Beispiel

Auch hier zur Einführung in die Gestaltungsstruktur eines „verschachtelten Gutachtens“ ein illustrierendes Beispiel:
Betrachten Sie die Herangehensweise an eine gutachterliche juristische Lösung zu einem Fall oder einem gestellten Problem wie das Herstellen einer Mixtur an einer Apothekerkommode, also einer Kommode mit zahlreichen unterschiedlich großen Schubladen auf mehreren Ebenen.
Um die passende Mixtur/Lösung erzeugen zu können, müssen Sie zunächst einmal ungefähr wissen, in welchen Schubfächern sich in etwa was befindet. Bei einigen kennen Sie den Inhalt relativ genau und greifen gezielt darauf zurück. Bei anderen Bestandteilen, die Sie benötigen, wissen Sie ungefähr den Bereich der Fächer, in denen Sie nachschauen sollten, müssen aber erst noch einmal genauer herausfinden, welches Fach Sie brauchen. Dann und wann öffnen Sie auch einmal ein falsches Fach und stellen beim genaueren Hinsehen fest, dass Sie diesen Inhalt doch nicht gebrauchen können. Und bei wieder anderen Fächern sind so vielfältige Detailinhalte vorhanden, dass Sie auch innerhalb der Schublade noch einmal etwas genauer hinsehen müssen, um die richtigen Bestandteile zu ermitteln und dann nur bestimmte Teilelemente verwenden.
Eine optimal wirksame Mixtur (→ eine gutachterliche Lösung) erhalten Sie dadurch, dass Sie wissen, was Sie dazu benötigen, wo Sie es finden und wie Sie es zusammenführen.
Sie benötigen also aus den verschiedenen Ebenen die jeweils brauchbaren „Zutaten“. Diese müssen Sie dann in richtiger Dosierung (→ Schwerpunktsetzung), in einer zulässigen Reihenfolge (→ Prüfungssystematik) und mit den richtigen Verarbeitungstechniken (→ angewandte Arbeitstechniken) zusammenführen. Und natürlich können Sie sich aus den Schubladen auch nur dann die benötigten „Zutaten“ entnehmen, wenn Sie zuvor welche hineingepackt haben (→ vorhandene Rechtskenntnisse).

14 Dazu dann mehr im Abschnitt zur Schwerpunktsetzung, vgl. S. 116.

Diese Mehrebenen-Struktur findet sich in der juristischen Arbeitstechnik wieder. Sie entspricht der gutachterlichen Denkweise bei der Lösungserarbeitung und dem Aufbau der Lösungsdarstellung.

Denn man muss auch noch dazu denken, dass diese wiederholten Merkmalsprüfungen nicht gleichrangig hintereinander auf der gleichen Ebene stattfinden. Denn man prüft in aller Regel nicht nur eine Mehrzahl von gleichrangigen Merkmalen auf einer Ebene. Vielmehr besteht ein Prüfungspunkt häufig aus mehreren Unterpunkten. Dann kann nicht gleich in einem Schritt das größere Merkmal direkt subsumiert werden. Das übergeordnete Merkmal lässt sich nur dadurch vollständig überprüfen, dass man das Vorliegen der einzelnen Untermerkmale überprüft.

Beispiel
Setzt man hierzu das bildliche Beispiel der Apothekerkommode fort, so wäre das die geöffnete Schublade (→ Subsumtion unter ein Merkmal), in der sich mehrere Unterfächer finden (→ Teilmerkmale), die zunächst näher untersucht werden müssen, bevor klar ist, ob man aus der größeren Schublade etwas gebrauchen und weiterverwenden kann.

Hierfür wird im Sinne der juristischen Lösungstechnik eine untergeordnete Prüfungsebene eröffnet, auf der zunächst die Untermerkmale ihrerseits jeweils im Vier-Schritt überprüft werden. Zusammengefasst ergeben diese Teilmerkmale dann eine Aussage zum übergeordneten Merkmal. Dadurch liegen die Wiederholungen des oben dargestellten Kreislaufs[15] nicht alle auf einer Ebene, sondern verschachteln sich zum Teil ineinander und erstrecken sich über verschiedene Unterebenen.

Die wichtigsten Verbindungspunkte, die Vier-Schritt-Prüfungen auf einer Unterebene erfordern, sind vor allem die Definition und die Subsumtion des übergeordneten Prüfungspunktes.

A. Untergliederung bei der Definition

So bestehen viele Merkmalsdefinitionen aus mehreren Teilmerkmalen. Die Definition kann dann also erst vollständig subsumiert werden, wenn auch die Teilmerkmale – auf einer untergeordneten Ebene – eingeführt worden sind. Das zeigt sich am besten anhand eines Beispielfalls, wie er typisch ist für die Anfangsphase des Studiums.

15 Vgl. S. 30.

Beispielfall 1 – „Verkaufsgespräche" Variante a)

A sagt zu dem befreundeten B: „Ich möchte mein Auto verkaufen, für 5.000,- EUR gehört es Dir." Der B erklärt: „Für 5.000,- EUR ist das ein gutes Geschäft, das geht in Ordnung."

Hat B damit gegen A einen Anspruch auf Übereignung des Autos?

Vorüberlegungen zu Variante a)

Im Zivilrecht werden Sie im ersten Semester häufig das Zustandekommen eines wirksamen Vertrages überprüfen, so auch in diesem Beispielfall. Dazu benötigen Sie eine Definition des Hauptmerkmals „Vertrag". Diese kann z. B. lauten: „Ein Vertrag kommt zustande durch zwei korrespondierende Willenserklärungen, die mit Bezug aufeinander abgegeben werden."

Sie müssen anhand dieser Definition also grundsätzlich auf mindestens zwei Erklärungen aus dem Fall eingehen und deren Inhalte prüfen. Sofern sich die Informationen des Falles dazu eignen, könnten Sie diese gleich gemeinsam subsumieren. Das ist meistens dann der Fall, wenn z. B. ausdrücklich angegeben ist „A und B einigen sich über den Kauf eines PKW zum Preis von 5.000,– EUR." Die Fallinformationen gehen nicht näher auf Details der einzelnen wechselseitigen Erklärungen ein. Stattdessen liegen Informationen dergestalt vor, dass es Willenserklärungen beider Personen gab, die – relativ leicht zu überblicken – zu einer Einigung mit eindeutigem Inhalt geführt haben, also übereinstimmten. Vergleichbar liegt der Fall hier: Zwar sind zwei separate Erklärungen genannt, diese sind auf einen kurzen Blick aber inhaltlich übereinstimmend und beziehen sich aufeinander.[16]

Während bei übersichtlichen Merkmalen also mehrere Teilmerkmale in einer gemeinsamen Subsumtion auf einer Ebene stattfinden können, geben andere Fallkonstellationen Anlass, das Eingehen auf die Inhalte der Erklärungen zu trennen, ggf. auch eine Untergliederungsebene zu eröffnen, um die Merkmale getrennt zu prüfen.

Beispielfall 1 – „Verkaufsgespräche" Variante b)

A sagt zu dem befreundeten B: „Ich möchte mein Auto verkaufen, für 5.000,- EUR gehört es Dir." Der B erklärt: „Also 4.000,- EUR ist mir der Wagen wert, dafür würde ich ihn nehmen."

Hat B damit gegen A einen Anspruch auf Übereignung des Autos?

16 Den daraus folgenden systematischen Lösungsaufbau finden Sie als Lösungsskizze im Anhang, vgl. S. 145.

Vorüberlegungen zu Variante b)
Hier sind die Fallinformationen nicht ganz so eindeutig wie in Variante a) auf diese Definition anzuwenden. Es liegt keine auf den ersten Blick vollständige Einigung vor, weil die Erklärungen nicht vollständig inhaltlich übereinstimmen. Dann kann es erforderlich sein, die zwei Willenserklärungen genauer zu betrachten, d. h. vor allem, sie zu differenzieren und detailliertere Definitionen für die einzelnen Untermerkmale zu liefern, denn eine vollständige Übereinstimmung erscheint hier problematischer als in der ersten Konstellation. Deshalb muss man hier die Definition des „Vertrages" weiter ausdifferenzieren und um weitergehende Definitionen für Angebot und Annahme als Unterpunkte ergänzen. Im gutachterlichen Prüfungsaufbau würde man dazu eine Untergliederungsebene einfügen.

Die arbeitstechnische Vorgehensweise verläuft hier also gedanklich folgendermaßen:

- Sie leiten die Prüfung des Hauptmerkmals (im Beispiel „Vertrag") mit einem Obersatz (OBS) ein und liefern für dieses eine Definition (DEF). Dabei stellen Sie fest, dass diese Definition sich in zwei Untermerkmale aufteilen lässt („Angebot" und „Annahme").
- Sie eröffnen eine Untergliederungsebene, auf der Sie zunächst die beiden Untermerkmale jeweils einer Vier-Schritt-Prüfung unterziehen, d. h., nach der Definition „Vertrag" wird quasi die Vier-Schritt-Prüfung auf dieser Ebene gedanklich pausiert und Sie beginnen neue Vier-Schritt-Prüfungen für die beiden Untermerkmale „Angebot" und „Annahme".
- Die Subsumtionen und Ergebnisse dieser Untermerkmalsprüfungen fließen dann in die Subsumtion des Hauptmerkmals ein und führen damit auf die übergeordnete Ebene zurück.
- Dort wird mit der Subsumtion zu „Vertrag" die zwischenzeitlich „pausierte" Prüfung des Hauptmerkmals fortgesetzt. Sofern dort keine weiteren Elemente zu prüfen sind, ist die Subsumtion auf dieser Ebene dann vollständig und geht in die Feststellung des Ergebnisses über.

Im grafischen Überblick sieht dieses Vorgehen etwa so aus wie in Abbildung 8.

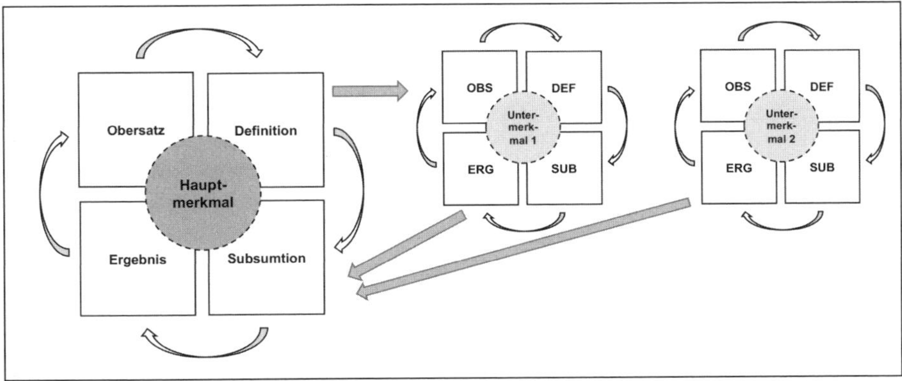

Abb. 8: Eröffnung einer Untergliederungsebene bei der Definition

In diesem Überblick wäre auf den Beispielfall bezogen also der „Kaufvertrag" das Hauptmerkmal. Und dieses teilt sich auf in die Untermerkmale „Angebot" und „Annahme". Erst nachdem diese Untermerkmale genauer definiert und im Einzelnen geprüft sind, lässt sich eine Feststellung – also eine abschließende Subsumtion mit Ergebnis – für das Hauptmerkmal treffen.[17]

B. Untergliederung bei der Subsumtion

Eine weitere Stelle der Hauptmerkmalsprüfung, an dem zunächst auf einer Unterebene eine Teilprüfung vorgenommen werden muss, befindet sich in der Subsumtion des Hauptmerkmals. So kann es z. B. vorkommen, dass die Ausführungen zur Subsumtion an eine Stelle kommen, die eine Abgrenzung zu einem ähnlichen, aber anderen Merkmal erfordert. Hierzu muss in die Subsumtion also eine Prüfung auf einer Untereben eingeschoben werden, bevor die Subsumtion der oberen Ebene mit den Erkenntnissen der eingeschobenen Prüfungsebene fortgesetzt werden kann.

17 Den daraus folgenden systematischen Lösungsaufbau finden Sie als Lösungsskizze im Anhang, vgl. S. 146.

Beispielfall 1 – „Verkaufsgespräche" Variante c)

A hängt an einem schwarzen Brett in der Universität einen Aushang auf, um sein Auto zu verkaufen: „PKW [nähere Beschreibung] zu verkaufen, Preis: 5.000,- EUR."
C liest diesen Aushang, ruft daraufhin beim A an und erklärt: „Ich habe den Aushang zum Verkauf des Wagens gelesen. Für 5.000,- EUR ist das ein gutes Geschäft, den nehme ich."
Hat C damit gegen A einen Anspruch auf Übereignung des Autos?

Vorüberlegungen zu Variante c)

Um diesen Fall und das Beispiel ohne Vorkenntnisse im Zivilrecht richtig einordnen zu können, müssen wir zunächst betrachten, was der rechtliche Kernpunkt des Falles ist:
Wie bereits bei **1a** und **1b** geht es auch in Fall **1c** um die Frage, ob es zwischen A und B aufgrund der abgegebenen Erklärungen (juristisch genauer „Willenserklärungen") zu einem wirksamen Vertragsschluss gekommen ist. Voraussetzung dafür wäre also auch hier, dass zwei übereinstimmende Willenserklärungen vorliegen, die mit Bezug aufeinander abgegeben werden. Das Gesetz unterteilt diese beiden Erklärungen in ein Angebot und eine diesbezügliche Annahme. Um eine Erklärung als Angebot und Annahme einstufen zu können, die einen Vertragsschluss zur Folge haben, müssen beide bestimmte Voraussetzungen erfüllen. Deshalb werden – jedenfalls wenn die Voraussetzungen nicht ganz offensichtlich erfüllt sind – in einer gutachterlichen Prüfung, die beiden Erklärungen aufgeteilt und getrennt auf ihre jeweils erforderliche Voraussetzung geprüft. Wenn Sie die Konstellation von Fall **1a** und Fall 1c an dieser Stelle vergleichen, erkennen Sie, dass Fall 1c einen „kleinen Schlenker" auf dem Weg zum Vertragsschluss enthält. Dieser Schlenker (eine kleine Abwandlung im tatsächlichen Geschehen) besteht darin, dass in Fall 1c der A und der C ihre Erklärungen nicht im direkten Gespräch austauschen (so wie A und B im Fall 1a), sondern dass hier zusätzlich der Aushang des A ins Spiel kommt, auf den der C reagiert hat. Daher ist als Erstes zu prüfen, ob der Aushang rechtlich überhaupt ein Angebot darstellt, welches der C dann durch seinen Anruf angenommen haben könnte.

Um den Aushang aber auf alle Voraussetzungen für ein Angebot zu überprüfen, ist also eine weitere Anpassung des Prüfungsaufbaus, ggf. ein eigener Prüfungsabschnitt für diese Frage notwendig. In der Lösungsdarstellung kann dieser eigene Prüfungsabschnitt zu einer Untergliederung führen.

Im grafischen Überblick sieht dieses Vorgehen etwa so aus wie in Abbildung 9.

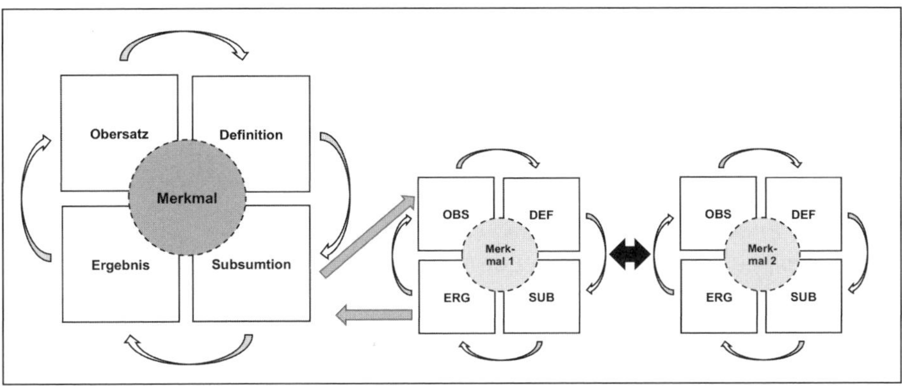

Abb. 9: Eröffnung einer Untergliederungsebene bei der Subsumtion

Bezogen auf den Beispielfall wäre hier also wieder der Kaufvertrag das Merkmal, das geprüft wird. Und innerhalb dieser Prüfung, genauer in der Subsumtion des Merkmals 1 „Angebot", erfolgt eine Abgrenzung zu einem ähnlichen Merkmal 2 „invitatio ad offerendum", das aber eben nicht vollständig die Definition eines Angebots erfüllt. Diese Abgrenzung kann die Begründung liefern, warum Merkmal 1 vorliegt, oder aber, warum Merkmal 1 gerade nicht vorliegt und die Prüfung sich in Richtung Merkmal 2 verlagern muss. Zunächst sind also auf einer Unterebene die Teilmerkmale 1 und 2 zu prüfen bzw. voneinander abzugrenzen, bevor das Ergebnis dieser Prüfung sozusagen wieder auf die obere Ebene zurückgeholt wird und in die Subsumtion des Merkmals „Kaufvertrag" einfließt.[18]

Ein solches Zwischenergebnis kann also auf einer Untergliederungsebene entstehen und dient dann dazu, mit einer Teilfeststellung die Prüfung der oberen Ebene fortzusetzen. Hier dient es dazu, sozusagen die Prüfung von der Untergliederungsebene wieder auf die nächsthöhere Ebene zu holen.

Ein Zwischenergebnis, das einen Prüfungsabschnitt auf der oberen Ebene abschließt, kann außerdem noch eine andere Funktion erfüllen. Als zusammengefasstes Ergebnis des zurückliegenden Prüfungsabschnitts liefert es zugleich auch den Ansatzpunkt für die weitere Prüfung. Hierin ist also häufig auch die Funktion enthalten, die logische Überleitung in den nächsten Prüfungsabschnitt herzustellen. So werden systematische Zusammenhänge der Prüfungsabschnitte erzeugt. Ein sauber hergeleitetes und wohl formuliertes (Teil-)Ergebnis dient also sowohl zur sprachlichen wie auch zur logischen Stringenz des gesamten Lösungsansatzes.

18 Den daraus folgenden systematischen Lösungsaufbau finden Sie als Lösungsskizze im Anhang, vgl. S. 147.

Beispielfall 2 „Vereinskasse"
In einem kleinen Sportverein findet das alljährliche Sportfest statt, bei dem es üblich ist, dass durch den Verkauf von Speisen und Getränken an die Besucher Geld für die Vereinskasse eingenommen wird. Dem Besucher S gelingt es, in einem unbeobachteten Moment einen 50-EUR-Schein aus der Kasse am Getränkestand zu nehmen, diesen unbemerkt einzustecken und damit das Sportgelände zu verlassen.
Da am Ende des Sportfestes keine Banken mehr geöffnet haben, gehört es üblicherweise zu den Aufgaben des Kassenwarts K, die Einnahmen am Ende des Tages zunächst mit nach Hause zu nehmen und am nächsten Tag bei der Bank auf das Vereinskonto einzuzahlen. In diesem Jahr aber hat der K andere Pläne. Er zahlt das Geld nicht wie vorgesehen auf das Konto des Vereins ein, sondern bucht und bezahlt damit eine Urlaubsreise für sich.
Prüfen Sie die Strafbarkeit des S und des K!

Zunächst einmal ist wichtig, dass es sich hier insgesamt schon nicht mehr um einen Anfängerfall des ersten Semesters handelt. Jedenfalls die Details der vorkommenden Strafdelikte, werden im Detail erst in weiteren Semestern behandelt werden. Gleichwohl eignet sich die Fallkonstellation, um einige erste systematische Grundüberlegungen der Fallprüfung herzuleiten.

Man kann in diesem Übungsfall auch ohne Detailkenntnisse im Strafrecht zumindest auf die Eingangsidee kommen, dass hier zunächst einmal der Besucher S einen Diebstahl begangen haben könnte.

Beim Diebstahl gemäß § 242 StGB geht es darum, dass eine Person einer anderen etwas „wegnimmt". Zwar kann man sich auch unter diesem Begriff in seiner Alltagsbedeutung etwas vorstellen. Und bei einer Fallgestaltung, die mit Alltagsvorstellungen zu erfassen ist, könnte man auch diese Vorstellung in eine Definition umwandeln, mit der sich arbeiten ließe. Beim möglichen Diebstahl des S kann das auch hier durchaus ausreichend sein.

Die juristische Definition muss aber auch in Fallkonstellationen anwendbar und zielführend sein, die mit der Alltagsvorstellung des „Wegnehmens" bereits nicht mehr vollständig oder nicht mehr eindeutig zu erfassen sind. Das erkennt man schon bei der Frage nach der Strafbarkeit des K im obigen Fall. Die Frage, ob auch dieses Verhalten einen Diebstahl gemäß § 242 StGB darstellt, steht und fällt mit der Frage, ob auch das Verhalten des K als eine „Wegnahme" zu betrachten ist. Das erscheint nicht ganz trivial.

Die juristische Standard-Definition einer „Wegnahme" im Rahmen des § 242 StGB lautet:

„der Bruch fremden und die Begründung neuen, nicht notwendigerweise tätereigenen Gewahrsams."[19]

19 Vgl. statt vieler z. B. *Wessels/Hillenkamp/Schuhr*, § 2, Rn. 82.

Versucht man diese fachliche Spezialwissen nun auf das Verhalten des K anzuwenden, stellen sich eine Reihe von Folgefragen, die sich nicht mehr ohne weiteres mit Alltagswissen beantworten lassen, z. B.:

- Ist auch das Verhalten des K eine Wegnahme im Sinne des Diebstahls gemäß § 242 StGB?
- Welches Teilelement des Verhaltens genau wäre dann eigentlich der Bruch des Gewahrsams bzw. in welchem Moment, zu welchem Zeitpunkt durch welche Handlung geschieht der Gewahrsamsbruch?
- Begründet der K dann neuen Gewahrsam? Wann, wodurch?
- Wessen Gewahrsam bricht er? Ist es überhaupt fremder Gewahrsam? Übt der K nicht selbst den Gewahrsam über den Kasseninhalt für den Verein aus? Ab wann ggf. nicht mehr?

Abgesehen davon, dass diese Fragen sich nicht so leicht mit Alltagsverständnis lösen lassen, erfordert die professionelle Herangehensweise eine systematische Prüfung aller relevanten Punkte. Herauszuarbeiten, welche Punkte relevant sind, ist bereits Teil dieser systematischen Prüfung.

Kürzen wir das Ganze hier an dieser Stelle zunächst ab: Was der S im Fall macht, ist eine typische Wegnahme und damit ein Diebstahl. Was der K hingegen macht, ist kein Gewahrsamsbruch im Sinne des § 242 StGB, damit keine Wegnahme und somit im Ergebnis auch kein Diebstahl!

Die Vorgehensweise des K ist aber nicht straflos, es fällt nur eben nicht unter Diebstahl gemäß § 242 StGB. In Betracht kommt für den K stattdessen eine Strafbarkeit wegen Untreue gemäß § 266 StGB.

Und genau hier greift die eingangs beschriebene Überleitungsfunktion des Zwischenergebnisses. Die Überleitung vom einen in den anderen Prüfungsabschnitt bei gleichzeitiger Abgrenzung zweier Delikte würde grob strukturiert also etwa so aussehen, dass im ersten Teil zunächst die Strafbarkeit des S wegen Diebstahls untersucht wird. Im Verhalten des S liegt eine Wegnahme, so dass diese Prüfung (mit der Feststellung einiger weiterer erforderlicher Merkmale) zu einer Bejahung der Strafbarkeit des S wegen Diebstahls führt.

Im nächsten Teil wird dann die Strafbarkeit des K geprüft. Wegen der vorangegangenen Überprüfung des S liegt es nahe, auch bei K zunächst die Frage nach einem Diebstahl zu stellen. In der Subsumtion laufen dann die o.g. Fragen auf, die bei systematischer Überprüfung im Ergebnis zu einer Ablehnung der „Wegnahme" und damit eines Diebstahls für K führen. Dann wird aber direkt die Prüfung einer Untreue gemäß § 266 StGB angeschlossen.[20]

---

20 Der hier beschriebene Text ist (noch) nicht der genaue – und schon gar nicht der vollständige – gutachterliche Aufbau, der zu einer Falllösung gehört. Hier werden zunächst nur zentrale Problempunkte und die dahinterstehende gedankliche Herangehensweise erörtert. Den aus diesen Vorüberlegungen resultierenden gutachterlichen Aufbau einer Lösungsskizze zum Fall 2 finden Sie im Anhang, vgl. S. 148.

Um das Verhältnis der Delikte und die Abgrenzung zum Diebstahl in einem Gutachten elegant darzustellen und um zu demonstrieren, dass man verstanden hat, wo die Trennlinie verläuft, kann es sich also anbieten, die Prüfung des Diebstahls bei K gerade nicht komplett wegzulassen, obwohl man nach einer gedanklichen Vorprüfung zu dem Schluss gelangt, dass der K im Ergebnis keinen Diebstahl begangen hat. Im Sinne der gutachterlichen Prüfung nimmt man ganz bewusst die Prüfung eines Diebstahls auf, die absehbar abgelehnt werden wird. Es geht aber darum, in der Darstellung an der richtigen Stelle den Zusammenhang und Unterschied der verschiedenen Delikte präsentieren zu können, die Gründe für die Ablehnung einer Strafbarkeit wegen Diebstahls darzustellen und damit auf die Untreue umzuschwenken.[21]

21 Dieser Aufbauüberlegung liegt nicht nur der logische Aufbau eines Gutachtens zugrunde, sondern zum Teil auch klausurtaktische Überlegungen innerhalb des Gutachtens, vgl. dazu S. 119.

Kapitel 3: Vergleich und Abgrenzung zum Urteilsstil

Der Einstieg in die gedankliche Vorgehensweise und die Formulierung im Gutachtenstil fällt Studienanfängern nicht leicht. Zum Teil wird sie anfangs als unnatürliche und übertrieben formalistische Form der sprachlichen Darstellung wahrgenommen. Das passiert vor allem dann, wenn in simplen Übungsfällen Teilergebnisse oder sogar das Endergebnis der Prüfung relativ offensichtlich sind. Das liegt größtenteils daran, dass der Urteilsstil in Abgrenzung zum Gutachtenstil die Darstellungsform wäre, die näher am allgemeinen Sprachgebrauch liegt. Außerdem stellt ein Urteil das wohl bekannteste Ergebnis juristischer Arbeit dar. Deshalb stellt sich für Studienanfänger typischerweise die Frage, warum man juristische Fälle also im – nicht leicht zu erlernenden – Gutachtenstil prüft und eben nicht gleich im Urteilsstil, der doch dem allgemeinen Sprachgebrauch näher liegt und auch einem typischen Ziel juristischer Arbeit entspricht.

A. Gutachten als vorbereitende Grundlage des Urteils

Das liegt kurz gesagt daran, dass Richter, bevor sie ein Urteil abfassen, dessen Lösung und Inhalt zunächst erarbeitet haben müssen. Diese Erarbeitung nehmen auch Richter – zumindest gedanklich – im Gutachtenstil vor. Dem Urteil als Endergebnis sieht man das rein sprachlich nicht mehr an, aber es durchläuft vorbereitend diesen Arbeitsschritt.

Ein Urteil beschränkt sich nur noch auf die Fragen, die im Ergebnis Auswirkungen auf die Entscheidung haben und auf deren Begründung. Dazu muss aber in einem vorgelagerten Arbeitsschritt geklärt und festgestellt werden, welche Fragen für das Urteil entscheidend sind. Die gutachterliche Vorgehensweise stellt sicher, dass zunächst alle möglicherweise relevanten Rechtsfragen aufgeworfen und näher geprüft werden. Erst wenn diese Prüfung und Fokussierung auf die entscheidenden Aspekte stattgefunden hat, lässt sich ein Urteil überhaupt abfassen. Im Normalfall gilt für das Verhältnis von Gutachten und Urteil: Es wird gutachterlich ein größerer Kreis juristisch klärungsbedürftiger Fragen und Probleme bearbeitet, als dann letztendlich für das Urteil übrigbleibt.

Das bedeutet gleichzeitig: Ein Urteil kann immer nur so gut und richtig sein, wie das zugrundeliegende – zumindest gedanklich vollständig durchlaufene – Gutachten.

Somit wird es nicht nur zu einer sprachlichen Fehlerquelle, wenn man zu schnell auf den Urteilsstil umschwenkt und gutachterliche Betrachtungen außer Acht lässt. Vielmehr kann es passieren, dass die in den Urteilsstil aufgenommenen Teile zwar für sich genommen korrekt bearbeitet, aber unvollständig sind. Das liegt wie zuvor erläutert eben genau daran, dass ein Gutachten alle Rechtsaspekte erörtert, die MÖGLICHERWEISE Auswirkungen auf das Ergebnis haben. Dadurch wird erst feststellt, was am Ende TATSÄCHLICH Auswirkungen auf das Ergebnis hat und was nicht. Nur diese rechtlichen Aspekte, die sich auf die Entscheidung auswirken, finden dann Eingang in das Urteil. Das Urteil beschränkt deshalb die Darstellung von vornherein nur noch auf diese relevanten Rechtsaspekte.

Tipp
Es geht bei der gutachterlichen Prüfung nicht darum, die Erörterungen nur auf die Prüfung solcher Aspekte zu beschränken, die komplett zum Ziel führen, also etwa im Zivilrecht nur solche Ansprüche zu prüfen und im Strafrecht nur solche Strafbarkeiten zu prüfen, die bejaht werden.
Hauptziel ist vielmehr nach allen Seiten strukturiert zu prüfen, für die der Fall Anhaltspunkte liefert und deshalb eine Prüfung nahelegt. Die gutachterliche Arbeitsweise findet daher also idealerweise zuerst in Ihrem Kopf statt. Wohlausgewählte Teile der gutachterlichen Überlegungen gehen dann auch in die schriftliche gutachterliche Darstellung ein. Besonderes Augenmerk liegt dabei auf „ausgewählte" Teile. Welche das sind, wie man sie findet und filtert, hängt von einer Reihe weiterer Faktoren ab, die Eingang in den gutachterlichen Denkprozess finden.[22]

B. Inhaltliche Unterscheidung

Deshalb ist es notwendig und wichtig, zunächst einen sauberen Gutachtenstil zu erlernen. Dafür wiederum muss man die Unterschiede kennen, um die Darstellungsvarianten separat zu beherrschen und mit der Zeit dann idealerweise kombinieren zu können. Das aber setzt zunächst voraus, die Trennlinie zwischen beiden genau zu kennen.

Der Hauptunterschied kommt schon in der Stellung des Ergebnisses in den beiden Darstellungsvarianten zum Ausdruck. Der Urteilsstil beginnt mit einem festgestellten Ergebnis und liefert dann die Begründung nach, auf die sich das Ergebnis stützt. Der Gutachtenstil wirft ein mögliches aber noch nicht bekanntes Ergebnis zunächst als Möglichkeit auf und prüft dann schrittweise bis zur begründeten Feststellung, ob das ins Auge gefasste Ergebnis tatsächlich zutrifft oder nicht.

---

22 Vgl. dazu das folgende Kapitel, S. 45.

Das bedeutet für das Verhältnis von Gutachten- und Urteilsstil und die Reihenfolge der Arbeitsweise aber eben: Die gutachterliche Prüfung fasst ein bis dahin nur mögliches Ergebnis ins Auge, kennt es aber noch nicht sicher. Für die Urteilsdarstellung hingegen muss das Ergebnis bereits feststehen und „nur noch" begründet werden. Schon daraus ergibt sich die logische Reihenfolge, nach der dem Urteil die gutachterliche Prüfung vorausgeht, denn das Gutachten liefert das Ergebnis, mit dem das Urteil beginnt.

Der Gutachtenstil arbeitet also deduktiv, er entwickelt sich von einer These über eine inhaltliche Auseinandersetzung (Begründung) hin zum Ergebnis. Der Urteilsstil hingegen beginnt die Darstellung mit einem festgestellten Ergebnis (woher?) und liefert dann erst die Begründung dafür nach. Um dazu in der Lage zu sein, müssen Feststellung und Begründung in einem eigenen Arbeitsschritt erst einmal erzeugt worden sein. Dieser Arbeitsschritt ist die gutachterliche Prüfung, die das argumentativ haltbare und logisch reproduzierbare Ergebnis überhaupt erst erarbeitet und findet. Deshalb steht der Gutachtenstil am Anfang und im Zentrum juristischer Bearbeitungen.

Nun gibt es Teilergebnisse als Elemente einer größeren Gesamtprüfung, die recht deutlich auf der Hand liegen und zu ihrer Feststellung keiner seitenlangen Ausführungen, Argumente und Diskussionen bedürfen. Für solche Elemente kann es auch übertrieben wirken, einen zu formalistischen Aufbau zu wählen, der dezidiert alle vier Teilschritte des Gutachtenstils durchläuft, bevor ein mehr oder weniger auf den ersten Blick eindeutiges Ergebnis festgestellt wird. An solchen Stellen greift man bewusst auf den sogenannten Feststellungsstil zurück, der dem Urteilsstil näher liegt.

Dazwischen angesiedelt ist eine Variante, die ich als „verkürzten Gutachtenstil" bezeichne. Wie der Name vermuten lässt, liegt diese Darstellungsvariante näher am Gutachtenstil, benötigt aber nicht die volle ausführliche Vier-Schritt-Prüfung in allen Einzelheiten. Sie bietet sich an, wenn zwar eine (kurze) Begründung notwendig ist, die sich aber z. B. auf eine einfache begriffliche Verbindung beschränkt und deshalb weder aufwändig noch ausführlich ausfallen muss.

In der Wahl eines dieser Darstellungsstile für einzelne Punkte und ihrer insgesamt angemessenen Kombination bezogen auf die Gesamtprüfung kommt eine Schwerpunktsetzung[23] zum Ausdruck. Diese Schwerpunktsetzung ist ein wesentliches Qualitätsmerkmal einer Fallbearbeitung und damit auch ein wesentliches Bewertungsmerkmal.

---

23 Vgl. S. 116.

Tipp

Merken Sie sich also als Faustregel:

- Abschnitte, die Begründungen enthalten, werden nicht im Urteilsstil dargestellt!
- Ist ein Prüfungsabschnitt – besonders eine Subsumtion – begründungsbedürftig, so ist der Gutachtenstil zu verwenden.
- Merkmale, die der Vollständigkeit halber zwar ausdrücklich geprüft werden müssen, deren Vorliegen aber ohne Begründungsaufwand festzustellen ist, sollten im Feststellungsstil bearbeitet werden.
- Ist die Begründungsbedürftigkeit nicht groß genug für eine ausführliche gutachterliche Darstellung, aber auch nicht klein genug für den knappen Feststellungsstil, kann sich ein verkürzter Gutachtenstil anbieten.

C. Sprachliche Unterscheidungen

Für den Anfang der juristischen Ausbildung bietet es sich an, bei der Unterscheidung von Gutachtenstil und Urteilsstil vor allem auf sprachliche Aspekte zu achten.

Missachtet man die o.g. Faustregel und liefert Begründungen im Urteilsstil ab, erkennt man das häufig an der Verwendung von Nebensätzen, die mit „weil", „da", „denn" und vergleichbaren Einleitungen beginnen. Diese Satzkonstruktion erzeugt den Prototyp des Urteilsstils, nämlich ein vorangestelltes Ergebnis als Kern des Hauptsatzes, dessen Begründung dann im kausalen Nebensatz nachgeliefert wird. Dabei handelt es sich um eine typische Satzkonstruktion im alltäglichen Sprachgebrauch.

Um anfangs den Gutachtenstil sauber zu erlernen, ist zu empfehlen, zunächst deutliche Abgrenzungen zum Urteilsstil vorzunehmen. Damit vermeidet man das ungewollte Abrutschen in den Urteilsstil, der dem allgemeinen Sprachempfinden näher ist.

Im Urteilsstil werden also rückblickend begründende Begriffe verwendet. In der sprachlichen Darstellung eines sauberen Gutachtenstils kommen überleitende Wörter wie „somit", „damit", „demnach", „daher", „demzufolge", „mithin" zum Einsatz. Man kann das auch ohne juristische Detailkenntnisse bereits anhand von begründeten Alltagsfeststellungen üben.

Beispiel

Das Wetter ist heute schön, weil die Sonne scheint. (Urteilsstil)
Es scheint heute die Sonne, daher ist schönes Wetter. (Gutachtenstil)

Tipp

Versuchen Sie anfangs in gutachterlichen Prüfungsabläufen Nebensatzkonstruktionen mit „weil“, „da“, „denn“ u. ä. zu vermeiden, damit vermeiden Sie auch ungewollten Urteilsstil.

Setzen Sie auf überleitende Begriffe zwischen den einzelnen Gedanken und Teilprüfungsschritten wie „somit“, „damit“, „demnach“ usw. Damit wird es Ihnen leichter fallen, den ungewohnten Gutachtenstil zunächst fehlerfrei zu erlernen.

Im weiteren Verlauf Ihres Studiums werden Sie letztendlich beide Stile miteinander kombinieren, genauer: für verschiedene Stellen der Prüfung mal den einen mal den anderen Darstellungsstil verwenden (müssen). Dieser gezielte kombinierte Einsatz beider sprachlichen Darstellungsformen ist ein zentrales Element einer gutachterlichen Bearbeitung, mit dem Sie Schwerpunktsetzungen innerhalb Ihrer Darstellung vornehmen.[24]

24 Vgl. S. 51.

Kapitel 4: Grundvoraussetzungen der Anwendung des Gutachtenstils

Zu den besonderen Anforderungen einer gelungenen gutachterlichen Prüfung zählen aber nicht nur die bisher beschriebenen systematischen Darstellungselemente.

Dazu gehören weiter bestimmte übergeordnete Grundfertigkeiten, die in den Gutachtenstil und seine saubere Ausgestaltung einfließen. Auf den ersten Blick wirken diese Eigenschaften juristischer Arbeit recht abstrakt. Ihre Auswirkungen sind aber sehr konkret und daher äußerst wichtig. Nur lassen sie sich kaum schematisch erlernen und anwenden. Dieses Kapitel versucht, sie möglichst konkret und beispielhaft darzustellen.

A. Differenzierungsfähigkeit entwickeln

Bei der Differenzierungsfähigkeit handelt es sich um eine Kompetenz, die für die gutachterliche Prüfung und die juristische Arbeit insgesamt von elementarer Bedeutung ist, da sie sich insbesondere beim Gutachtenstil auswirkt.

I. Bedeutung der Differenzierung

Es geht um die Fähigkeit differenzierter Betrachtung bzw. differenziertem Vorgehen. Dabei geht es um mehr als nur den Hinweis, genau hinzusehen. Kurz gesagt, ist damit die Fähigkeit und die Bereitschaft gemeint, Dinge nicht vorschnell in einen Topf zu werfen, sondern eine systematische und schrittweise Erarbeitung aller relevanten Elemente vorzunehmen. Nur so ist das Ergebnis nachvollziehbar und jederzeit reproduzierbar, mit gleichem Resultat. Gleiche Fälle mit exakt gleichen Voraussetzungen gelangen so zu gleichen Ergebnissen. Differenzierungsfähigkeit in der juristischen Prüfung bedeutet dann aber auch, Ergebnisse zu akzeptieren, die auf den ersten Blick vielleicht nicht wünschenswert sind. Denn sie werden gerade nicht von der Zufriedenheit mit dem Ergebnis her gedacht, sondern sind das Resultat einer differenzierten, schrittweisen, alle relevanten Elemente berücksichtigenden Prüfung. Juristische Laien denken verständlicherweise oft stark vom Ergebnis her, wollen schnell zum Ziel und zur Beantwortung der Frage kommen.[25]

Dies ist häufig zu beobachten vor allem bei Ergebnissen juristischer Vorgänge, die in der öffentlichen Wahrnehmung stehen. In der öffentlichen Meinung wird

---

25 Vgl. dazu die einleitende Darstellung, S. 12.

häufig stark vom Ergebnis her gedacht und beeinflusst. Dieses Ergebnis kann zwar mehrheitlich unerfreulich, aber im Beurteilungsprozess mitunter unausweichlich sein. Genau dieser Beurteilungsprozess, wird als zwingender, da rechtsstaatlicher Weg aber oft nicht wahrgenommen oder gar nicht erst betrachtet, wenn das Ergebnis als solches abgelehnt wird. Im Lauf eines rechtsstaatlichen Verfahrens ist aber auch ein im Ergebnis vielleicht unerwünschter oder unbefriedigender Ausgang hinzunehmen. Es darf nicht verdrängt werden von einer rein vom Ergebnis her gedachten Mehrheitsmeinung, vielleicht auch nur vermeintlichen Mehrheitsmeinung. Dahinter steht z. B. das höher zu bewertende Gut eines rechtsstaatlichen Verfahrens.

II. Differenzierung verstehen als Ausprägung rechtsstaatlichen Handelns

Diese Art der reproduzierbaren Ergebnisfindung ist eine der Ausprägungen eines Rechtsstaates und dafür kann nur eine differenzierte Vorgehensweise sorgen. Bei der Änderung bestehender oder der Schaffung neuer Vorschriften sind gesellschaftliche Entwicklungen und Veränderungen zu berücksichtigen. Das aber ist primäre Aufgabe des Gesetzgebers. Die Justiz hingegen ist grundsätzlich an geltendes Recht und Gesetz gebunden, dafür zuständig, es anzuwenden und ihm so zur Geltung zu verhelfen. Auch hier werden z. B. durch „lebensnahe Auslegung" von Vorschriften gesellschaftliche Entwicklungen durchaus berücksichtigt. Aber der Wortlaut der geltenden Vorschrift ist die äußerste Grenze der Auslegung durch den Rechtsanwender. Er darf nicht durch eine Ergebnisorientierung unzulässig ausgedehnt werden. Eine solche Erweiterung oder Veränderung – soweit gewollt und sinnvoll – wäre allein Aufgabe der gesetzgebenden Gewalt und auch hier im Rahmen eines rechtsstaatlichen (Gesetzgebungs-)Verfahrens durchzuführen.

Diese getrennte Zuständigkeit innerhalb der Gewaltenteilung kann nur mit einer ausreichenden Abstraktionsfähigkeit und der Fähigkeit zur Differenzierung beim Rechtsanwender funktionieren.

III. Differenzierung verstehen anhand der Alltagserfahrung

Je stärker sich die Fähigkeiten hierzu bei Ihnen ausbilden, desto mehr werden Sie feststellen, dass gerade dieser Punkt oft eine professionell-juristische Sichtweise von der juristischen Laienbeurteilung unterscheidet.

Um den Weg zu einer abschließenden Lösung zu beschleunigen, ist man als Laie häufig geneigt, einzelne Punkte zu überspringen, oder verschiedene Einzelpunkte grob zusammenzufassen. Auch Punkte auszublenden, deren nähere Betrachtung dem gewünschten oder vorzeitig in den Blick genommenen Ergebnis entgegenstehen könnte, kann dabei vorkommen. Das führt zu einer Vorgehensweise, die als „alles in einen Topf werfen" bekannt ist.

Hierdurch entsteht eine zu sehr vom Ergebnis her gedachte Entscheidung, der es dann aber an nachvollziehbarer Herleitung und argumentativer Begründung fehlt. So darf der professionell-juristische Rechtsanwender nicht vorgehen. Zu verhindern ist das mit gutachterlicher Vorgehensweise. Was äußerlich für Laien wie „Erbsenzählerei“ anmutet, ist der Versuch, eine systematische und vollständige Überprüfung aller – vielleicht auch nur möglicherweise – relevanten Aspekte zu garantieren.

Nicht zuletzt deshalb gilt als typische einleitende Standardantwort von Juristen auf gefühlt alle Fragen „Das kommt darauf an…“, zumeist gefolgt von Rückfragen zu weiteren Details der Frage oder des geschilderten Falls. Diese Nachfragen sind häufig deshalb erforderlich, weil der Jurist mit dem schrittweisen Abprüfen verschiedener Voraussetzungen seine differenzierte systematische Vorgehensweise anwendet. Dafür fehlen in der ersten Fallschilderung des juristischen Laien oft wichtige – nicht selten die eigentlich entscheidenden – Informationen. Das liegt an der dargestellten, systematischen und mitunter komplexen Verbindung von juristischem Lesen, Denken, Schreiben auf dem Weg zu einer Lösung.[26] Diese wird mit der Zeit für den juristischen Profi zu einer verinnerlichten Denk- und Vorgehensweise, kann von Laien aber nicht als selbstverständlich erwartet werden. Nur mit Kenntnis der entscheidenden und vollständigen Informationen jedoch kann überhaupt eine abschließende Beurteilung und damit Beantwortung der Frage erfolgen.

Während das zu Zeiten Ihrer Ausbildung noch etwas ist, das Sie im Familien- und Freundeskreis eher mit einem Schmunzeln erleben werden, wird diese Erkenntnis im späteren Beruf umso wichtiger für Sie sein. Insbesondere in der anwaltlichen Tätigkeit benötigen Sie einerseits eine differenzierende Betrachtungsweise. Andererseits sollten Sie sich auch der Unterschiede der typischen Laienbeurteilung bewusst sein. Denn ein Großteil Ihrer Mandanten wird eher diesen etwas anderen Blick auf die Sache werfen. Das gilt umso mehr, da der Mandant von den Auswirkungen regelmäßig persönlich betroffen ist. Diese Abweichungen werden Sie dem Mandanten adäquat erklären müssen. Dafür kann es hilfreich sein, sich in dessen Sichtweise hineindenken zu können anstatt ihm einfach nur die eigene Profisicht „überzustülpen“.

B. Problembewusstsein entwickeln

Eine weitere wichtige juristische Kernkompetenz, stellt **„Problembewusstsein“** dar. Dabei handelt es sich um eine sehr vielschichtige Anforderung, die unterschiedlichste Ausprägungen hat. Allein deshalb ist Problembewusstsein keine simple Arbeitstechnik, die sich kurzfristig erlernen und schematisch anwenden lässt. Vielmehr entsteht und erweitert sich diese Fähigkeit mit zunehmender Übung, Erfahrung und Routine.

---

26 Vgl. S. 12.

I. Probleme erkennen und die richtigen Fragen stellen

Schon bei der Auswahl der schriftlich zu prüfenden Merkmale spielt Problembewusstsein eine entscheidende Rolle. Der Ansatz einer gutachterlichen Prüfung sieht vor, dass Sie sich mit den Merkmalen auseinandersetzen, die rechtlich relevant sind und für die es tatsächliche Anhaltspunkte im konkreten Fall gibt. Es gilt, eine Art professionelles Gespür zu entwickeln, wo relevante Fragestellungen stecken und wie sie entstehen bzw. wie man sie geschickt aufwirft.

Beim Problembewusstsein geht es also auf den ersten Blick zunächst einmal darum, zu erkennen, wo die entscheidenden Probleme eines Falls bzw. einer spezifischen Frage liegen. Es geht nicht darum, Probleme weitgehend zu vermeiden oder gar zu umgehen, um sich mit ihnen nicht befassen zu müssen. Andererseits müssen Problemfragen auch nicht künstlich herbeikonstruiert oder kleinere Fragen zu großen Problemkomplexen aufgebauscht werden, nur um ein bestimmtes Wissen präsentieren zu können. Die Kunst liegt wie so oft im goldenen Mittelweg:

- relevante Probleme erkennen,
  d. h., solche Problemfragen herausfiltern, für die der Fall Anhaltspunkte liefert und die dann auch für die Entscheidung des Falles relevant sind;
- die Problemfrage sauber aufwerfen,
  d. h., eine sprachlich präzise Darstellung der entscheidenden Frage formulieren.
  Hierbei gilt besonders: nicht die Komplexität der Sprache, z. B. durch allzu verklausulierte Formulierungen steht im Vordergrund, sondern eine sprachlich klare und präzise Herausarbeitung der entscheidenden Problemfrage;
- sich mit den notwendigen Problemen adäquat befassen,
  d. h., eine Darstellung der möglichen Herangehensweise/n an die Beantwortung liefern;
- sie einer mindestens vertretbaren Lösung zuführen,
  d. h. eine argumentative Auseinandersetzung, die nachvollziehbar darstellt, warum eine bestimmte Antwort auf die Fragestellung vorzugswürdig erscheint.

II. Zusammenhang „Problem – Lösung" richtig einschätzen

Der Begriff „vertretbare Lösung" hat hier ganz besondere Bedeutung. Ähnlich wie aus der Schulzeit vielleicht in der Mathematik bekannt, geht es nicht um DIE einzig richtige Lösung, sondern vielmehr um den gut oder unzureichend begründeten Weg zur dargestellten Lösung.

Natürlich gilt es, solche „falschen" Lösungsansätze zu vermeiden, die deshalb falsch sind, weil sie sich auf eine nicht haltbare oder gar keine Begründung stützen. Aber mit den typischen Vorstellungen der Kategorien von „richtig" und „falsch" gilt es, beim Umgang mit juristischen Fragestellungen zurückhaltend zu sein. Oft gibt es für ein zu lösendes Problem oder eine zu beantwortende Frage NICHT DIE EINE richtige Lösung, sondern mit entsprechender Begründung mehrere nachvollziehbare Lösungsansätze. Dann müssen die Gründe, aus denen Sie sich für einen bestimmten Ansatz entschieden haben, überzeugend dargestellt sein. Nachvollziehbar begründen kann man aber nur dann, wenn man die Fragestellung an sich und die Argumente innerhalb der Fragestellung verstanden und selbst nachvollzogen hat. Es geht also darum, verstandene Argumente formulieren und adäquat darstellen zu können, statt nur fremde Argumente nachzuerzählen.

III. Problembewusstsein entwickeln mit Perspektivwechseln

Anfänglich beginnt das Problembewusstsein mit der Fähigkeit, in einem gestellten Fall zu erkennen, auf welche Fragen oder Probleme bestimmte Fallinformationen oder Fallgestaltungen hindeuten. Ganz praktisch hilft oft auch der Perspektivwechsel, bei dem man sich selbst fragt: Was beabsichtigt ein Klausurersteller, wenn er diese oder jene Information in den Falltext aufnimmt?

Beispiel

Nehmen wir z. B. an, in einem Zivilrechtsfall geht es u. a. um die Frage, ob ein Vertrag wirksam geschlossen wurde. An den Vertragsverhandlungen sind ein Jugendlicher im Alter von 16 Jahren sowie ein Kind im Alter von 6 Jahren beteiligt. Dann werden diese Informationen zuverlässig an mindestens einer Stelle der Prüfung eine Rolle spielen. Das kann z. B. die direkte Frage sein, ob eine minderjährige Person selbst einen wirksamen Vertrag (für sich) abschließen konnte. Oder es wirft die Frage auf, ob eine minderjährige Person wirksam einen Vertrag (für jemand anderen) auf den Weg bringen konnte. So könnte eine Person als Stellvertreter oder als Bote für jemand anderen tätig geworden sein.

Im Ergebnis könnte der 16-Jährige (obwohl „in der Geschäftsfähigkeit beschränkt“, vgl. § 106 BGB) sowohl als Bote wie auch als Stellvertreter auftreten. Ein sechsjähriges Kind ist allerdings geschäftsunfähig („wer nicht das siebente Lebensjahr vollendet hat“, vgl. § 104 Nr. 1 BGB). Eine Stellvertretung durch das Kind ist damit rechtlich nicht möglich. Es müsste dafür eine eigene Erklärung abgeben, diese wäre aber nichtig (vgl. § 105 Abs. 1 BGB). Als Bote allerdings kann auch ein Kind unter sieben Jahren eingesetzt werden, denn bei der Botenschaft wird nur eine fremde Erklärung übermittelt, keine eigene abgegeben. Mit solchen und ähnlichen Überlegungen anhand bestimmter Fallinformationen kristallisieren sich zu prüfende Fragen heraus und man findet z. B. Prüfungsabschnitte, in denen Abgrenzungen ähnlicher Merkmale geprüft werden müssen.[27]

---

27 Eine Darstellung dieser Problemfrage und Ansätze zur Lösung sind z. B. im Übungsfall CD-Chaos enthalten, vgl. dazu S. 142.

Für das Studium ist diese Perspektive ein guter Ansatz zur Entwicklung von Problembewusstsein. Natürlich geht das in der späteren Berufsausübung bei realen Fällen nicht mehr in gleicher Art, denn diese hat niemand bewusst „konstruiert". Dann fehlt der Fallersteller als typischer „Produzent" des Falles, mit dem man in einen imaginären Dialog eintreten kann („Was wird aufgrund dieser gelieferten Informationen von mir erwartet?").

Aber hat man in der Ausbildung über diesen Weg erst einmal ein Verständnis entwickelt und dieses im Lauf des Studiums und der juristischen Arbeit aufgebaut, sprechen bestimmte Informationen irgendwann für sich und das weiterentwickelte Problembewusstsein braucht nicht mehr zwingend den Dialogpartner. Vielmehr gibt dann die Fallgestaltung an sich den Anlass für Überlegungen zu typischen Fragen und Problemkonstellationen, die bearbeitet werden müssen.

Tipp
Fragen Sie sich also bei der Ermittlung von zu prüfenden Fragen und Problemen vor allem: Welche Erörterungen sind in den Informationen des Sachverhalts angelegt?
Ergänzen Sie diese Fragestellung ggf. um die Perspektive:
Welche Erörterungen will der Fallersteller mit bestimmten Informationen auslösen?

IV. Problembewusstsein im Anwendungszusammenhang

Bezieht man die Frage nach Problembewusstsein konkret auf Prüfungsleistungen, lässt sich festhalten:

- In einer Klausur benötigen Sie Problembewusstsein, um zu erkennen, welches die in einem Sachverhalt steckenden relevanten Fragen sind und wie diese im Sinne der Schwerpunktsetzung[28] im Verhältnis zueinander zu gewichten sind.
- In einer Hausarbeit benötigen Sie Problembewusstsein im gleichen Sinne und mit der zusätzlichen Anforderung, dass dies auch der Ansatzpunkt für weitergehende Recherchen ist.
- In einem Seminar benötigen Sie Problembewusstsein im gleichen Sinne, um die Seminararbeit schreiben zu können, und mit der zusätzlichen Anforderung, einen aus der Aufgabenstellung entstehenden Vortrag zusammenstellen zu können, der gerade nicht einfach die gesamte Arbeit nacherzählt.
- In einer mündlichen Prüfung benötigen Sie Problembewusstsein, um besprochene Fragen oder Fälle gedankenschnell auf mögliche relevante Lösungsansätze zu untersuchen und dabei eher abseitige Erörterungen zu vermeiden. Außerdem sind Sie hier eben nicht allein mit Ihrer Klausur, sondern finden

28 Vgl. dazu den direkt folgenden Abschnitt, S. 51.

sich in einem Fachgespräch wieder, in dem sich Weiterentwicklungen schnell ergeben können, sei es durch Ansätze anderer Prüflinge einerseits oder durch Nachfragen bzw. Abwandlungen durch Prüfer andererseits. Beides muss schnell und konzentriert umgesetzt werden, damit Sie jederzeit auf der Höhe der Prüfung sind und eigene Beiträge einbringen können.

- Im Berufsleben benötigen Sie Problembewusstsein, um Möglichkeiten für Ihre Mandantschaft einzuschätzen, Vorgehensweisen zu planen, gleichzeitig Risiken abzuschätzen und all das plausibel erläutern zu können usw.

Die Liste ließe sich fortsetzen, zusammenfassend soll sie verdeutlichen: Problembewusstsein brauchen Sie in allen zeitlichen Stadien und allen inhaltlichen Bereichen der juristischen Ausbildung und Berufsausübung. Nun ist das zunächst ein abstrakter Begriff, der aber sehr konkrete Auswirkungen hat. Sie werden keine Vorlesung zu Problembewusstsein besuchen und an keinem Seminar dazu teilnehmen können. Der Erwerb dieser Kompetenz kann nicht schematisch erfolgen, er geschieht quasi parallel zur Erarbeitung verschiedener Studieninhalte und weiterer Arbeitstechniken. Er geschieht aber nicht von selbst. Damit sich Ihr Problembewusstsein an verschiedenen Stellen und Elementen Ihres Lernprozesses mitentwickelt, ist Reflexion darüber entscheidend. Dabei wiederum hilft der Austausch mit Mitstudierenden, die im gleichen Lernprozess stecken oder diesen kürzlich durchlaufen haben (z. B. Tutoren/Mentoren).

Um Problembewusstsein im erforderlichen Maß zu entwickeln, bedarf es der eigenen Anwendung, der Übung, des Trainings.

Beispiel

Stellen Sie sich das Problembewusstsein für die juristische Tätigkeit etwa so vor wie das Balancegefühl beim Radfahren. Sie können noch so viel Theoretisches über die Balance gehört und gelesen haben. Ob Sie es wirklich gelernt haben, wissen Sie erst, wenn Sie es selbst machen. Solange sie es nicht in einem konkreten Anwendungszusammenhang ausprobieren, können Sie nur schwer beurteilen, wie weit sie hierbei wirklich sind. Das Üben, die Testfahrten beim Radfahren, um ein Balancegefühl zu entwickeln, sind übertragen auf das Problembewusstsein im juristischen Studium die Falllösungs- bzw. Klausurpraxis.

Tipp

Betrachten Sie das Problembewusstsein (und auch die Fähigkeit zu Differenzierung und Schwerpunktsetzung) nicht als einen nach bestimmten Kriterien abspulbaren Katalog kleinteiliger Aufgaben. Lassen Sie sich stattdessen darauf ein, dass es in der juristischen Arbeit verschiedene Fähigkeiten und Fertigkeiten gibt, die zwar konkrete Anwendungsbezüge haben, sich aber nicht schematisch erlernen lassen. Es braucht dafür Zeit und vor allem regelmäßige Übung.

C. Schwerpunktsetzung entwickeln und darstellen

In engem Zusammenhang mit dem Problembewusstsein steht in einer gutachterlichen Prüfung die Schwerpunktsetzung.

Beispiel

Wenn das Problembewusstsein beim Radfahren so etwas wie das Balancegefühl ist, dann dürfte die Schwerpunktsetzung wohl so etwas wie das Lenken und Gegenlenken sein, um die Balance zu halten.

Nachvollziehbare und erkennbare Schwerpunkte in der Darstellung sind wichtige Faktoren des Gutachtens. Sie zeigt, ob ein Bearbeiter verstanden hat, was die wesentlichen Punkte des Falls sind und ob er in der Lage ist, diese in der Darstellung zum Ausdruck zu bringen.[29]

I. Vorbedingung: Problembewusstsein

Schwerpunkte in dieser Form richtig setzen zu können setzt Problembewusstsein voraus. Denn eine angemessene Gewichtung der relevanten Probleme kann nur erfolgen, wenn alle relevanten Probleme erkannt und bearbeitet wurden. Wer bestimmte Probleme einer gutachterlichen Prüfung übersieht, kann diese nicht im Verhältnis zu anderen Problemen angemessen gewichten.

Auch ein nur unzureichendes Herausarbeiten der konkreten Probleme kann zu diesem Missverhältnis führen. Wenn Problemkonstellationen nicht ausreichend durchdacht oder nicht präzise genug formuliert werden, gerät schnell auch ihre Gewichtung im Verhältnis zu anderen Problemen in Schieflage. Schwerpunktsetzung baut also maßgeblich auf dem Problembewusstsein auf.

II. Ansatz: Ausführlichkeit einzelner Prüfungspunkte

Ein erstes Element zur angemessenen Schwerpunktsetzung kann die Ausführlichkeit sein, mit der einzelne Punkte dargestellt werden. Prüfungspunkte, die wichtige zu klärende Fragen betreffen und als maßgeblich für die Entscheidung des Falles eingeordnet werden, sind ausführlicher darzustellen.

---

29 Auch hier gilt wie an vielen Stellen: Es handelt sich um eine umfassende und erst über längere Zeit zu entwickelnde Fähigkeit juristischen Arbeitens. Sie lässt sich weder schematisch erlernen noch vermitteln. Zu Beginn eines Studiums fehlt es naturgemäß noch an umfassenden juristischen Studieninhalten, an denen man hier ansetzen könnte. Deshalb kann der Abschnitt hier nur einen ersten Einstieg und Überblick über Anforderungen der Schwerpunktsetzung liefern. Als Basiswissen für den weiteren Verlauf Ihrer Ausbildung sollen Ihnen diese Einstiegsinformationen den Ausgangspunkt liefern, um den Ansatz der Schwerpunktsetzung zu verstehen und darauf aufbauen zu können.

Andere Punkte, die zur Vollständigkeit erforderlich sind, aber nach den Informationen des Falles wenig bis gar nicht problematisch erscheinen, werden knapper, kompakter dargestellt bis hin zu einer bloßen kurzen Feststellung ihres Vorliegens, also ohne den eigentlichen gutachterlichen Vier-Schritt.

III. Ansatz: Gewichtung innerhalb der gutachterlichen Prüfung

Die Elemente einer gutachterlichen Prüfung unterscheiden sich sowohl hinsichtlich der reinen Länge der Bearbeitung als auch der inhaltlichen Intensität in der Darstellung. Das Hauptaugenmerk liegt auf der rechtlichen Bedeutung der jeweiligen Aspekte für den Lösungsansatz. Diese sollte sich schon in der Länge der entsprechenden Passagen widerspiegeln. Aber nicht nur die reine Textmenge dient als Unterscheidungsmerkmal, auch die qualitative Intensität ist von Bedeutung.

So geht es vor allem darum, wichtige Punkte auch durch besonders sorgfältige Herleitungen, durch umfassendere Argumentationen und eine insgesamt detaillierte Darstellung hervorzuheben. Das sollte sich von solchen Punkten absetzen, die eher zur Vollständigkeit eines Abschnitts dienen, aber weder problematisch erscheinen noch für das Ergebnis ganz entscheidendes Gewicht haben. Es geht also darum, durch die Art der Darstellung verschiedene Gewichtungen zu verdeutlichen. Dabei bleibt der ganz ausführliche und kleinschrittige Gutachtenstil den echten Schwerpunkten oder komplexeren Problemen des Falles vorbehalten. Am anderen Ende der Darstellungsskala steht die bloße Feststellung, dass ein Punkt vorliegt oder eben nicht. Unwichtige Punkte, denen jedenfalls für die konkrete Fallgestaltung keine Bedeutung zukommt, können ganz weggelassen werden.

Dazwischen gibt es verschiedene Abstufungen. Diese werden vor allem durch das unterschiedliche Maß an Detailtiefe in der inhaltlichen wie sprachlichen Darstellung bestimmt. Dafür braucht es eine gewisse Routine, die sich erst im Laufe der Zeit und mit zunehmender Übung einstellt.

Tipp

Als Leitfragen für unterschiedliche Gewichtungen können dienen:

- Welche Sachverhaltsinformationen deuten auf die Erwartung einer breiteren Auseinandersetzung mit den jeweiligen Aspekten hin (konkrete Ansätze zur Prüfung bestimmter Fragen oder Problemkonstellationen)?
- Wie wichtig ist der jeweilige Aspekt für den konkreten Lösungsweg (wichtige Weichenstellung oder nur ein Punkt von vielen)?
- Wie eindeutig ist der Punkt darstellbar, vor allem subsumierbar (klares Vorliegen der Merkmale oder größerer Begründungsaufwand)?
- Wie umstritten ist der jeweilige Aspekt in der Anwendung (einhellige Meinung oder widerstreitende Ansichten)?

IV. Ansatz: Gliederung als Element einer Schwerpunktsetzung

Neben der Ausführlichkeit, mit der einzelne Prüfungspunkte bearbeitet werden, ist außerdem die Gliederung ein weiterer wichtiger Indikator der Schwerpunktsetzung. Wenn Sie z. B. eine Untergliederung eines Prüfungsabschnitts oder einzelner Merkmale vornehmen, so deutet das darauf hin, dass Sie diesem Abschnitt eine größere Bedeutung beimessen, da sie ihn stärker in Einzelaspekte untergliedern und diese folglich einzeln darstellen wollen. Weniger problematische Punkte werden insgesamt kürzer dargestellt und müssen weniger detailliert in Unterebenen aufgesplittet werden.

Komplexe Prüfungsabschnitte hingegen brauchen mehr Binnenstruktur, also ggf. mehr Ebenen, mehr einzeln ausdifferenzierte Prüfungspunkte, mehr Detaildarstellung, mehr argumentative Herleitung anstelle bloßer Feststellungen. All das führt zu mehr Untergliederung, also in der Ausarbeitung zu mehr Überschriften, mehr Unterabschnitten. Auch der souveräne Umgang mit diesen Instrumenten verdeutlicht wesentlich die eigene Schwerpunktsetzung. Ihre Bearbeitung sollte vor allem in diesem Punkt selbsterklärend sein und die von Ihnen gesetzten bzw. erkannten Schwerpunkte erkennen lassen. Sie sollten niemals etwas schreiben müssen wie „und hier liegt ein Schwerpunkt dieser Klausur" o. Ä. Die Verdeutlichung erfolgt vielmehr durch Ihren Lösungsaufbau, die Bildung von Abschnitten und Unterabschnitten, die Wahl der gutachterlichen Ausführlichkeit der jeweiligen Teile im Verhältnis zueinander.

Insbesondere in einer Hausarbeit, in der Sie der eigentlichen Ausarbeitung eine Gliederungsübersicht voranstellen,[30] kommt deshalb eine weitere Schwerpunktsetzungsfunktion zum Ausdruck. Sie zeigen durch die gegliederte Übersicht in kompakter Form, wie aus Ihrer Sicht die Elemente Ihrer Arbeit zu gewichten sind. Das erkennt ein Leser am Detailgrad der Untergliederung verschiedener Teile der Arbeit, an den Überschriften und daran, wie viel Raum Sie der Ausarbeitung der einzelnen Teile gegeben haben anhand der Seitenzahlen. Deshalb ist eine Gliederung mehr als ein bloßes Inhaltsverzeichnis Ihrer Arbeit. Bei Nutzung entsprechender Funktionen lässt sich ein solches Verzeichnis vom Textverarbeitungsprogramm automatisch erstellen. Lassen Sie sich dadurch aber nicht über die Wichtigkeit und Bedeutung dieses Verzeichnisses täuschen. Die entscheidenden Arbeitsschritte dazu gehen Sie zuvor bei der Wahl der Gliederungsebenen und der Formulierung der Überschriften während der Detailausarbeitung. Die Erzeugung des Verzeichnisses selbst geschieht dann zwar automatisch, aber eben auf der Grundlage der von Ihnen zuvor erarbeiteten Struktur, dargestellt vor allem durch Überschriften, Abschnittsgliederungen und unterschiedlich ausführliche Darstellungen.

30 Vgl. dazu S. 130.

Das Gliederungsverzeichnis wird nur in Hausarbeiten verwendet und ist nicht Bestandteil von Klausuren. Auch in einer Klausur sollten Sie gleichwohl aussagekräftige Überschriften zur Gliederung und Übersichtlichkeit Ihrer Lösungsansätze verwenden, aber nicht so intensiv und ausführlich, wie bei einer Hausarbeit. Dort sollte man den anderen Zeitumfang der Bearbeitung auch dazu nutzen, wohlformulierte Überschriften zu erarbeiten. Dies geschieht nicht zuletzt mit Blick darauf, dass die Gliederung dem Leser den ersten Eindruck der Arbeit inklusive der Schwerpunkte liefert.

Tipp
Lernen Sie mit Untergliederungen und aussagekräftigen Überschriften als Gestaltungselement zu arbeiten. Das gilt für Hausarbeiten noch intensiver, aber auch für Klausuren. Hierin liegt für beide Textarten ein wesentliches Instrument der Schwerpunktsetzung, die von ihnen als angehende Juristen gefordert wird.

V. Ansatz: Quellenauswertung als Schwerpunktsetzung in Hausarbeiten

Während in Klausuren nur der Gesetzestext als Hilfsmittel zur Verfügung steht, arbeiten Sie in Hausarbeiten mit Quellen und weiterführender Literatur[31] über den bloßen Gesetzestext hinaus. Auch hierin liegt ein Instrument, um die Schwerpunktsetzung zu verdeutlichen.

Intensität und Umfang des Einsatzes von Quellen und Literatur an verschiedenen Stellen der Arbeit sollten die Schwerpunkte widerspiegeln. Je gewichtiger der jeweilige Prüfungspunkt innerhalb der gesamten Bearbeitung ist, desto eingehender sollte dazu recherchiert worden sein. Wobei sich „eingehender“ hier nicht auf die reine Menge der verwendeten Quellen beziehen sollte.[32] Es geht um die Dar-

31 Zur Erläuterung und Unterscheidung der Begriffe „Quellen“ und „Literatur“, vgl. S. 67.

32 Häufig sind Missverständnisse über den Ausdruck der Wissenschaftlichkeit einer Bearbeitung:
Nicht die absolute Zahl der Quellen allein ist ausschlaggebend (erst recht nicht, wenn diese Zahl womöglich künstlich erhöht wird). Vielmehr findet die Wissenschaftlichkeit ihren Ausdruck in der Gewissenhaftigkeit der Recherche und der qualitativen Intensität der inhaltlichen Auseinandersetzung mit den Rechercheergebnissen.
Anders formuliert: wie zahlreich und breit die Quellengrundlagen für ein konkretes Problem oder Thema überhaupt sind, bestimmt, was von Ihnen gefordert ist, um eine ausreichend wissenschaftliche Bearbeitung darzustellen. Sind nur wenige einschlägige Quellen vorhanden, dann genügt eine Bearbeitung auch dann den wissenschaftlichen Anforderungen, wenn sie sich absolut betrachtet nur auf wenige Quellen stützt. Die vorhandenen Erkenntnisquellen sind dann umfassend einbezogen worden. Liegen für das Thema aber zahlreiche und breit aufgestellte Quellengrundlagen vor, von denen nur Bruchteile berücksichtigt wurden, so fällt die Auswertung der möglichen Erkenntnisquellen unzureichend

stellung einer inhaltlich intensiveren Bearbeitung entsprechender Stellen. Die in der Bedeutung für den Fall oder das Thema besonders wichtigen Aspekte werden umfangreicher recherchiert, daher umfangreicher durchgearbeitet und so dann auch ausführlicher dargestellt. Letztendlich handelt es sich hierbei um eine weitere Ausprägung des bereits dargestellten Ansatzes der Ausführlichkeit der Prüfungspunkte, hier aber eben konkreter bezogen auf die Darstellung auf Basis von Quellen und Literatur.[33]

Diese Form der Schwerpunktsetzung kommt auch in der Gestaltung der Quellenangaben durch Fußnoten zum Tragen. Während für wenig problematische Punkte und Standarddefinitionen ein einzelnes Standardwerk als Beleg ausreicht, sollten für entscheidende und argumentativ aufwändigere Stellen auch breiter angelegte Nachweise verwendet werden.[34]

---

aus. Daran ändert es dann auch nichts, dass absolut betrachtet vielleicht sogar die größere Zahl von Quellen einbezogen wurde, als im ersten Beispiel.

33 Vgl. S. 51.

34 Zu den Details der Gestaltung von Quellenangaben durch Fußnoten, vgl. S. 134 , sowie den instruktiven Aufsatz von *Basak*, Wozu sind eigentlich Fußnoten da? ZjS 2018, 568.

Teil 3: Juristische Informationsverarbeitung

Ebenso wie mit „spezifische Form des Lesens & Schreibens“ ließe sich die Globalanforderung eines Jura-Studiums auch mit der Oberkategorie „professioneller Umgang mit Informationen“ beschreiben. Dieser „Umgang mit Informationen“ ließe sich wiederum eine Ebene herunterbrechen und in „Informationsbeschaffung“ und „Informationsverarbeitung“ aufteilen.

Die Rechtswissenschaft ist eine Textwissenschaft. Der professionelle Umgang mit Texten ist also zentral, um in diesem Studienfach erfolgreich zu sein.

Kapitel 1: Erste Arbeitsmittel sinnvoll anschaffen und einsetzen

Bevor wir die Vorgehensweise bei den Arbeitstechniken näher betrachten, sind zunächst einige Hinweise zu den erforderlichen Arbeitsmitteln angebracht. Berücksichtigen Sie hierbei die Aufteilung in die drei zentralen Rechtsgebiete Zivilrecht, Strafrecht und Öffentliches Recht.

A. Gesetzestexte

Gesetzestexte sind DAS zentrale Arbeitsmittel für jede Art der juristischen Arbeit und daher auch für Studienanfänger unentbehrlich. Deshalb sollten passende Gesetzestexte unbedingt zum Beginn des Studiums angeschafft werden, weil sie von den ersten Vorlesungen an zum Einsatz kommen. Von Beginn an werden neue Themen vor allem auf Grundlage von gesetzlichen Vorschriften vermittelt. Diese Themen sollten Sie bereits in der Vorlesung nachvollziehen und nach der Vorlesung nacharbeiten können. Dazu benötigen Sie unbedingt eigene Gesetzestexte, denn auch die Gesetzestexte selbst sollten Sie aktiv bearbeiten.

Verlassen Sie sich deshalb nicht auf die Möglichkeit von Mobilgeräten und der Online-Verfügbarkeit, mit denen Sie gesetzliche Vorschriften einzeln nachschlagen können. Das passt nicht zu den bevorstehenden zentralen Arbeitstechniken. Für die gängigen Gesetze, auf die ihre Vorlesungen aufbauen, sollten Sie sich unbedingt gedruckte Gesetzestexte anschaffen, in denen Sie blättern und Notizen anbringen können. Neben anderen wichtigen Aspekten ist vor allem das Hin- und Herblättern bei Verweisungen eine Arbeitstechnik, für die Sie einen gedruckten Text brauchen. Markierungen, Hervorhebungen, Querverweise und eigene Anmerkungen direkt im Gesetzestext zu notieren ist für das umfassende Erschließen und Erlernen juristischer Zusammenhänge geradezu unverzichtbar. Deshalb wäre der Verzicht auf die Anschaffung gedruckter Gesetze eindeutig am falschen Ende gespart und ist daher nicht anzuraten.

Durchaus anzuraten ist allerdings, zu planen, welche Gesetze Sie benötigen und welche Art von Gesetzestexten Sie deshalb anschaffen sollten. Das kann je nach Studienstandort und dem damit verbundenen unterschiedlichen Studienverlauf in Einzelheiten abweichen. Im ersten Semester eines Jura-Studiengang mit dem Abschluss Erste Prüfung (Staatsexamen) werden Sie in aller Regel Vorlesungen zum BGB Allgemeiner Teil (Zivilrecht), Strafrecht Allgemeiner Teil (Strafrecht) und Staatsrecht/Staatsorganisationsrecht bzw. Grundrechte (Öffentliches Recht) besuchen.

Inhaltlich benötigen Sie für diese drei Standard-Vorlesungen in aller Regel ein Bürgerliches Gesetzbuch (BGB), ein Strafgesetzbuch (StGB) und ein Grundgesetz (GG) mit Bundesverfassungsgerichtsgesetz (BVerfGG).

Tipp: Bücherkauf im Studium – Gesetzestexte
Unerlässlich ist die frühzeitige Anschaffung passender Gesetzestexte für Ihre Vorlesungen, diese sollten Sie möglichst von der ersten Vorlesung an dabei haben: ein BGB für das Zivilrecht, ein StGB für das Strafrecht und ein GG mit BVerfGG für Grundrechte bzw. Staatsorganisationsrecht. In aller Regel sind das die typischen Anfängervorlesungen des ersten Semesters und die dazugehörigen Gesetzestexte, weitere ergeben sich ggf. aus Ihrem individuellen Studienplan.
Es müssen am Anfang nicht gleich umfassende Gesetzessammlungen sein, die passenden o.g. Gesetze in Einzelform genügen für den Start. Die weitergehenden Gesetze in größeren Sammlungen werden erst in den folgenden Semestern nach und nach benötigt. Kaufen Sie diese gleich zu Beginn, sind Ihre Gesetzessammlungen veraltet und müssen aktualisiert werden, bevor Sie die weitergehenden Gesetze zum ersten Mal gebraucht haben.

B. Lehrbücher

Die zweite Kategorie Arbeitsmittel, die Sie ebenfalls in der Anfangsphase Ihres Studiums einsetzen werden, sind Lehrbücher. Sie sind das Arbeitsmittel, um sich einzelne Themen oder Themengebiete erstmalig zu erschließen oder zu vertiefen. Sie eignen sich vor allem zu Beginn des Studiums, um die Vorlesungen nachzuarbeiten oder vorzubereiten. Gleichzeitig können Sie als gezielte Nachschlagewerke zu einzelnen Punkten verwendet werden. In allen Anwendungsvarianten gilt für Lehrbücher, was auch für andere Fachtextsorten gilt: Man liest Sie in aller Regel nicht vollständig von vorn nach hinten wie z. B. Romane, denn sie erzählen keine Geschichten, sondern erörtern strukturell Themen oder Themengebiete. Bei den ersten Lehrbüchern, die Sie zu Beginn des Studiums in thematischer

Hinsicht benötigen, sollten Sie sich – wie bei den Gesetzestexten – ebenfalls einfach nach den Themen ihrer ersten Vorlesungen richten. Diese wiederum orientieren sich in der Regel an den drei Rechtsgebieten, wie bereits für die Gesetzestexte beschrieben. Doch auch bei Lehrbüchern empfiehlt es sich nicht, einfach drauflloszukaufen.

Bei den Gesetzen entscheiden vor allem Art und Umfang der Gesetzessammlung über die Tauglichkeit. Inhaltlich steht ja in allen BGB, gleich aus welcher Sammlung und welchem Verlag, das Gleiche.

Bei Lehrbüchern ist das naturgemäß anders, hier sind die Varianten für ein und dasselbe Thema zahlreich. Sie unterscheiden sich nicht nur in der Qualität – sofern sich das überhaupt objektivieren ließe –, sondern vor allem in vielen Faktoren, die einen sehr individuellen Nutzen begründen. Das bedeutet: Welche Sprachformen, Formulierungen, Strukturen, Textarten, Textlängen, Beispiele, Visualisierungen werden eingesetzt und wie gut und effektiv können Sie persönlich mit dieser Art von Lehrbuch arbeiten? Wegen der Vielzahl der Optionen, die Sie hierbei haben, sollten Sie das vor einer Kaufentscheidung unbedingt durch Testlesen herausfinden.

Tipp: Bücherkauf im Studium – Lehrbücher
Kaufen Sie insbesondere bei Lehrbüchern nicht einfach drauflos und auch nicht einfach die erstbeste Empfehlung, ohne sich das Buch selbst angeschaut zu haben. Das kann schnell ins Geld gehen, auch bei einem für Sie vielleicht geringen Nutzen. Planen Sie sorgfältig, welche Lehrbücher Sie für welches Semester und welche Veranstaltung benötigen und wählen Sie Ihre Anschaffung für ein bestimmtes Themengebiet oder eine bestimmte Vorlesung immer erst durch ein „Testlesen“ aus (s. nächster Tipp).

Von Lehrenden, Tutoren, Mentoren, anderen Studierenden u.a. können und werden Sie unterschiedlichste Ratschläge hierzu bekommen.

Gerade Ihre Lehrenden werden Ihnen aus der Erfahrung heraus gute Tipps, besonders zu Lehrbüchern, geben können. Dabei sollten Sie aber zwei wichtige Aspekte im Auge behalten:

Zum einen, dass effektives und effizientes Lernen etwas sehr Individuelles ist. Was für den einen gut funktioniert, ist für den anderen nicht der optimale Ansatz. Das gilt auch und besonders für unterschiedliche Lehrbücher zum gleichen Thema.

Zum anderen werfen Lehrende naturgemäß mit der Zeit einen etwas anderen Blick auf Lehrbücher als Studierende allgemein und Studienanfänger im Besonderen. Das soll keineswegs bedeuten, dass Kriterien, die Lehrende an Lehrbücher anlegen, falsch wären. Die Kriterien werden nur inzwischen mit anderer Relevanz und Gewichtung gebildet, die vielleicht für Studienanfänger nicht optimal sind. Nicht alle sind vom eigenen juristischen Berufs- oder Ausbildungsstand her in der Lage, sich in den Kenntnis- und Anforderungsstand von Studienanfängern zu 100 % „zurückzudenken". Das ist ein normaler und nachvollziehbarer Teil von Entwicklung und Professionalisierung.

Sie sollten daher Empfehlungen, die sie bekommen, natürlich berücksichtigen, aber sich nicht blind darauf verlassen, sondern diese für sich überprüfen. Holen Sie sich also Tipps und Ratschläge und beziehen diese ein. Aber treffen Sie am Ende Ihre Entscheidung nach Ihren eigenen Kriterien.

Tipp: Testlesen von Lehrbüchern

Für die Ermittlung des für Sie passenden Lehrbuchs empfehle ich Ihnen folgende Vorgehensweise:

Nehmen Sie sich ein Themengebiet vor, dass Sie z. B. in der Vorlesung bereits im Ansatz behandelt haben und nun vertieft bearbeiten möchten. Suchen Sie sich dann einige passende Lehrbücher (z. B. erste Empfehlungen, die Sie schon bekommen haben), in der Fachbibliothek zusammen und lesen Sie dann in all diesen Lehrbüchern jeweils das Kapitel zum gewählten Themengebiet im Vergleich.

Ziel ist es, genau das Lehrbuch herauszufiltern, mit dem Sie ganz individuell am besten arbeiten können. Das kann etwas damit zu tun haben, wie der Aufbau ist, der Satzbau, die Komplexität der Textstruktur, die Häufigkeit von Beispielen, die Art der Beispiele. Ganz gleich, welche Faktoren es sind und welche Maßstäbe Sie anlegen, es müssen die Faktoren und Maßstäbe sein, die Sie zu der Erkenntnis bringen, mit diesem oder jenem Lehrbuch effektiv und effizient arbeiten zu können.

Bevor Sie wissen, wie gut es zu Ihrer individuellen Lern- und Arbeitsweise passt, empfiehlt es sich nicht, in ein Lehrbuch investieren, zu dessen Thematik es zahlreiche andere gibt. Das könnte ein ebenso mühsamer wie teurer Weg des „Trial-and-Error" werden.

Sofern und solange Sie verschiedene Materialien – vor allem Lehrbücher – über mehrere Themen und Kapitel vergleichend testen wollen, empfiehlt es sich, dazu eher auf die Möglichkeiten zurückzugreifen, die Ihnen die Fachbibliotheken bieten.

Kapitel 2: Arbeitstechniken für den Umgang mit dem Falltext/Sachverhalt

Bevor Sie aber mit den o.g. Fachinformationen in die weitere Bearbeitung einer Aufgabe einsteigen, müssen Sie zunächst ermitteln, welche Fachinformationen Sie überhaupt brauchen. Dazu wiederum ist zuerst eine Erarbeitung der relevanten Sachverhaltsinformationen erforderlich. Welche dieser Informationen aber relevant sind, kann wiederum von den rechtlichen Aspekten abhängen. Es geht bei der Verarbeitung also darum, diese beiden Informationsteile zusammenzuführen. Sie müssen deshalb in ein Zusammenspiel – oder noch genauer ein Wechselspiel – von Sachverhaltsinformationen einerseits und juristischen Fachinformationen andererseits einsteigen.

In einer Wissenschaftsdisziplin geht es eben um eine Form der Erarbeitung und Verarbeitung, die mehr ist als einschlägige Informationen nur zu recherchieren, aufzulisten und wiederzugeben. Ein ganz wichtiges Element juristischer Textarbeit ist deshalb die Informationsverarbeitung. Dabei soll diese Zweiteilung ausdrücklich nicht bedeuten, dass diese beiden Punkte „Gewinnung" und „Verarbeitung" so wie hier in der Darstellung strikt getrennt nacheinander und nur einmalig abgearbeitet werden.

Tipp
Bei den folgenden Punkten handelt es sich nicht um formale Gestaltungsregeln der juristischen Aufgabenbearbeitung. Sie müssen diese auch nicht als Teil einer Klausur oder Hausarbeit mit abgeben. In diesem Kapitel geht es vielmehr um Empfehlungen für vorbereitende Arbeitsschritte, die sich in der einen oder anderen Weise bewährt haben. Insbesondere hier gilt es also, diese Ratschläge nachzuvollziehen und für die eigene Arbeitsweise individuell anzupassen, nicht darum, einen Katalog von Formalien abzuarbeiten.

A. Sachverhaltsinformationen verarbeiten

Um einen Sachverhalt in angemessener Zeit gezielt zu erfassen, benötigen Sie eine Lese- und Arbeitstechnik, mit der Sie den Fall als Ganzes komplett erfassen, die relevanten Teilinformationen finden, filtern und diese rechtlichen Kategorien zuordnen.

I. Gesamtüberblick durch erstes Lesen

Gleich der erste Tipp zum erfolgreichen Umgang mit einem Fall-Sachverhalt hat also mit dem „richtigen" Lesen zu tun.[35] Lesen Sie den gesamten Sachverhalt mindestens einmal komplett ohne Markierungen oder Anmerkungen zu machen und ganz besonders ohne dabei gleich abzusetzen, im Gesetz zu blättern und dergleichen. Was in der Theorie als Regel banal und leicht umsetzbar klingt, ist es in der praktischen Umsetzung nicht immer.

Eignen Sie sich unbedingt eine Arbeitstechnik an, bei der Sie sich in der erstmaligen Gesamterfassung des Falltextes nicht unterbrechen lassen. Lesen Sie am Ende dieses ersten Durchgangs besonders aufmerksam und genau die Fallfrage und einen evtl. Bearbeitervermerk der Aufgabe.

Mit dieser zentralen Fragestellung bzw. Aufgabenstellung im Hinterkopf lesen Sie den Fall ein zweites Mal. Frühestens jetzt ist zu empfehlen, sich Markierungen, Notizen oder Ähnliches zu machen. Auch Nachschlagen von Normen, Arbeiten am und mit dem Gesetz sollte frühestens von diesem zweiten Lesedurchgang an stattfinden. Hier findet jetzt die erstmalige Verbindung mit den fachlichen Informationen aus dem Gesetz statt.

Diese empfohlene Vorgehensweise basiert sowohl auf Erfahrungswerten im Umgang mit juristischen Aufgabe als auch auf Erkenntnissen der Lernpsychologie.

Juristische Sachverhalte bestehen meistens aus stark miteinander zusammenhängenden und miteinander verwobenen Teilinformationen. Wechselt man nur eine Teilinformation aus, geht schnell „die Reise in eine ganz andere Richtung". Deshalb ist es so wichtig, sich zunächst einen unverstellten Gesamtüberblick über alle vorhandenen Informationen zu verschaffen. Stürzt man sich bei der erst besten Teilinformation gleich auf einen bestimmten Lösungsansatz und beginnt sofort diesen durch gedankliches „Kramen im Erinnerungswissen" und durch Blättern im Gesetz weiterzuentwickeln, kann es passieren, dass man weitere Informationen gar nicht mehr, oder nicht rechtzeitig zur Kenntnis nimmt. Diese weiteren Informationen könnten aber zur Folge haben, dass sich der Lösungsansatz gleich auf den zweiten Blick wieder erledigt hat, oder sich zumindest in eine andere Richtung entwickelt. So kann es geschehen, dass man sich (zu) lange mit Detailprüfungen in eine bestimmte Richtung aufhält, die in der Gesamtbetrachtung nicht zielführend sind.

II. Arbeiten mit Markierungen und Anmerkungen

Ist man mit diesem ersten Gesamtüberblick in die Bearbeitung gestartet, steht im zweiten Durchgang die Auseinandersetzung auch mit Detailinformationen an.

35 Hier geht es zunächst um die Technik des Lesens des Falles bzw. des Aufgabentextes. Zu verschiedenen Lesetechniken im Umgang mit Fachtexten, vgl. S. 93.

Eine dabei oft diskutierte Frage ist die nach Textmarkierungen. Ich kann nur unbedingt dazu raten, sich ein eigenes System zur Markierung frühzeitig zu erarbeiten. Dabei liegt die Betonung auf dem „eigenen" System. Es gibt die ein oder anderen Tipps aus der Erfahrung heraus, die hilfreich sein können, aber wie, womit und vor allem, wie intensiv mit Markierungen gearbeitet wird, kann jeder nur für sich selbst entscheiden.

Erfahrungsgemäß ist oft eher Zurückhaltung angebracht. Denn was nachvollziehbar kaum hilfreich sein dürfte, ist die nahezu flächendeckende Markierung des gesamten Sachverhalts im Sinne eines „Alles ist wichtig". Das mag zwar sein, hilft als Arbeitsmittel aber kaum weiter.

Verschiedene Arten von Informationen in unterschiedlichen Farben zu markieren, kann wiederum hilfreich sein und auch dazu führen, dass insgesamt mehr Elemente des Textes eine Markierung bekommen. Die Farben machen die Gründe der Markierung sichtbar und unterscheidbar. Doch auch hier kann man über das Ziel hinausschießen. Zu viele Farben, in deren Bedeutung man selbst den Überblick verliert, führen eher zur Verwirrung, das Gegenteil ist mit dieser Arbeitstechnik beabsichtigt.

Allgemein hilfreich sollte in jedem Fall sein, sich zunächst die Informationen hervorzuheben, von denen man schon weiß, dass und wie sie rechtlich relevant sein werden. Denn es sollten auch die Informationen einbezogen werden, die jedenfalls den Eindruck machen, von rechtlicher Bedeutung für die Lösung des Falles zu sein, auch wenn man noch nicht im Detail abschätzen kann, wie sich diese genau darstellt. Letzteres muss dann – Stichwort: Juristisches Denken – z. B. durch Nachschlagen im Gesetz ermittelt werden. In Klausuren muss sich diese Recherche naturgemäß auf das Gesetz beschränken, in der Hausarbeit stehen weitergehende Möglichkeiten zur Verfügung.

Die im Fall handelnden Personen hervorzuheben ist in jedem Fall hilfreich, ggf. auch schon für die Zuordnung zu bestimmten „Lagern", z. B. bei zwei Seiten einer Vertragsstreitigkeit im Zivilrecht.[36]

Letztendlich geht es hierbei um eine Organisationstechnik für die eigene Arbeit. Ziel ist es, ein System zu entwickeln, das dabei hilft, jederzeit auch unter Zeitdruck den Überblick zu behalten, relevante Informationen schnell erfassen und von weniger relevanten unterscheiden zu können. Auch ein System von bestimmten Kürzeln oder besonderen Zeichen zu entwickeln, oder zu übernehmen, kann hierbei hilfreich sein. So verwenden viele ein eingekreistes „P", um „Probleme" zu kennzeichnen, ein eingekreistes „F" mit einem kurzen notierten Stichwort kann für „Frage" stehen, im Sinne eines gutachterlich aufzuwerfenden und argumentativ zu klärenden Prüfungsansatzes. Ein Blitz kann verwendet werden, um einen möglichen Meinungsstreit hervorzuheben usw.

---

36 Diese Informationen lassen sich dann ggf. durch eine Personenskizze weiter aufarbeiten und ergänzen vgl. dazu S. 62.

Welche Zeichen und Kürzel Sie letztendlich verwenden, ist eine Frage der individuellen Vorgehensweise. Aber ratsam ist es, ein eigenes System zu entwickeln. Denn typische Aufgabenstellungen erfordern, dass Sie im Lauf der Bearbeitung den Überblick behalten, gedanklich schnell von der einen zur anderen relevanten Stelle springen und diese in Beziehung setzen können. Dann ist ein gut durchdachtes und antrainiertes System von Markierungen und Kürzeln sehr hilfreich. Zum einen sind damit Gedanken auch schneller notiert als mit ausführlicheren Texten und im Lauf der weiteren Bearbeitung sind gutgemachte Kurzzeichen schneller wieder erfassbar, als längere Texte.

III. Filtern nach Relevanz

Als Arbeitsschritt bietet sich außerdem an, die so hervorgehobenen Fallinformationen nach Relevanz zu filtern. Ob sie das in einer aufwändigeren Form verschriftlichen, oder das ausschließlich gedanklich tun, ist wiederum völlig Ihnen überlassen und abhängig vom Einzelfall. Aber eine gewisse Form der Gewichtung nach unterschiedlicher Relevanz der Informationen ist ratsam. Zum einen, weil Sie damit für sich selbst im weiteren Bearbeitungsvorgang festlegen können, auf welche Aspekte Sie mehr oder weniger Bearbeitungszeit verwenden wollen und müssen. Zum anderen aber auch, weil eine gute Vorfilterung an dieser Stelle maßgeblich für die spätere Schwerpunktsetzung in der Ausarbeitung sein kann und damit die Vorbereitung für ein wesentliches Qualitätsmerkmal ihres gutachterlichen Lösungsansatzes sein wird.

Diesen Schritt muss und sollte man nicht zu formalistisch angehen und nicht zu viel Bearbeitungszeit dafür reservieren. Er ist, gut gemacht, sehr hilfreich, aber letztendlich noch eine Vorbereitung einer Vorbereitung. Denn häufig ergibt sich das Gesamtbild an Relevanz auch erst im Zusammenwirken mit dem nächsten Arbeitsschritt, dem Wechselspiel von tatsächlichen und rechtlichen Informationen.

IV. Zuordnung rechtlicher Kategorien zu den Sachverhaltsinformationen

Besonders für die Frage der Bedeutung tatsächlicher Fallinformationen ist entscheidend, welche rechtlichen Auswirkungen die jeweilige Information hat bzw. haben könnte. Wir befinden uns gedanklich hier noch ganz am Anfang der Prüfung. Deshalb ist die entscheidende Frage, die man sich hier stellt, nicht „Was liegt vor?", sondern vielmehr „Was könnte u. U. vorliegen?" (was dann eben noch näher geprüft werden muss). Im Sinne der juristischen Arbeitstechnik ist es wichtig, zu diesem frühen Zeitpunkt der Prüfung darauf zu achten, dass man nicht vorschnell einzelne Punkte ausblendet, weil man glaubt, zu wissen, wie sie ausgehen. Eine typische Gefahr, eines zu direkt vom Ergebnis her gedachten Herangehens, ist das Übersehen oder vorschnelle „Aussortieren" von Teilinformationen und damit möglichen Lösungsansätzen. Es ist dringend zu empfehlen, sich zu diesem frühen Zeitpunkt der Prüfung eine professionelle Offenheit für die möglicherweise noch kommende Bedeutung einzelner Punkte zu erhalten. Nur so schafft man es, auch in komplexen Fällen allen relevanten Punkten ihren gebührenden Platz einzuräumen. Das ist am Ende Voraussetzung dafür, eine vollständige Bearbeitung abzuliefern und dieser Bearbeitung auch noch eine ausgewogene Schwerpunktsetzung zugrunde gelegt zu haben.

Beispiele

Finden sich in einem strafrechtlichen Sachverhalt Informationen zur inneren Vorstellungswelt des Täters, so deutet dies daraufhin, dass diese im Rahmen des Vorsatzes eine Rolle spielen. Sind die Informationen hierüber zahlreich, detailliert oder sehr umfassend dargestellt, könnte dies daraufhin deuten, dass hier ein gewisser Schwerpunkt des Falles liegen könnte.
Wird in einem zivilrechtlichen Fall das Alter einer handelnden Person mit unter 18 Jahren angegeben, so ist dies ein Hinweis darauf, dass es u. a. um die Geschäftsfähigkeit der Person gehen dürfte.

Tipp

Die zeitliche Abfolge dieser und auch der folgenden vorbereitenden Arbeitsschritte ist nicht zwingend. Vor allem sollten Sie sich bewusst machen, dass diese Schritte nicht einmal linear durchlaufen ausreichen, sondern miteinander im Zusammenhang stehen und sich wechselseitig beeinflussen. So kommen z. B. durch die rechtliche Zuordnung weitere Informationen zum Tragen und erhalten eine neue Relevanz, die zu Anfang noch nicht so deutlich hervortrat.
Daher bietet es sich an, sich die Vorbereitungsschritte wie hier beschrieben zunächst als Einzelschritte zu erarbeiten und sie dann mit zunehmender Routine mehr und mehr in einen größeren Gesamtarbeitsschritt zusammenzufassen. Auch hier sollten Sie mit der Zeit Ihre eigene Arbeitsmethodik finden.

B. Zeittafel

Eine Zeittafel ist ein weiteres mögliches Instrument zur Aufarbeitung und Strukturierung von Sachverhaltsinformationen, das somit der Vorbereitung einer Lösungserarbeitung dient. Sie ist nicht immer notwendig, Sie sollten Sie dann einsetzen, wenn Sie diesen Arbeitsschritt der Fallgestaltung nach für sinnvoll halten.

I. Vielzahl von Datumsangaben

Eine Zeittafel ist dann ratsam, wenn der Falltext eine Vielzahl von Datumsangaben enthält. Das geschieht nicht ohne Grund. Es ist davon auszugehen, dass Datumsangaben auf bestimmte rechtliche Erörterungen hindeuten, die eben mit Zeitpunkten, Zeiträumen oder zeitlichen Abläufen zu tun haben.

Beispiele
Ist zwischen der Entstehung eines Anspruchs (z. B. Vertragsschluss) und der Geltendmachung der daraus resultierenden Ansprüche lange Zeit vergangen, kann das auf die Prüfung einer möglichen Verjährung der Ansprüche hinauslaufen.
Datumsangaben im Zusammenhang mit Anfertigen, Abschicken und Erhalt von Schriftstücken deuten darauf hin, dass Fristen zu berechnen sein dürften, also z. B. ob ein Widerruf rechtzeitig oder eine Kündigung fristgemäß eingegangen und damit wirksam ist.

Setzen Sie dann sinnvollerweise eine Zeittafel so auf, dass Sie die Datumsangaben chronologisch auflisten und mit einer Kurzbezeichnung der dazugehörigen Ereignissen versehen. Ergänzen Sie soweit wie möglich diese Liste auch mit den Ereignissen, denen zwar kein konkretes Datum zugeordnet ist, die sich aber zwischen den Daten einsortieren lassen. So erhalten Sie idealerweise insgesamt eine chronologische Abfolge der Ereignisse.

II. Vielzahl von Fallereignissen

Das führt dann auch zur zweiten Konstellation, die in der Regel eine Zeittafel erfordert. Das ist eine Falldarstellung, die eine Mehrzahl von Einzelereignissen enthält, die im Sachverhalt nicht chronologisch dargestellt sind. Auch ohne taggenaue Datumsangaben kommt es aber häufig auf den chronologischen Ablauf an, also zumindest die relative zeitliche Abfolge der Einzelereignisse zueinander.

Beispiel
Manchmal kann es darauf ankommen, was eine im Fall handelnde Person zu einem bestimmten Zeitpunkt gewusst, oder auch (noch) nicht gewusst hat. Es kann wichtig werden, welches von zwei an verschiedenen Orten passierten Ereignissen zuerst stattgefunden hat. Oft lassen sich Aussagen oder Handlungen innerhalb eines Falles erst durch die Herstellung solcher Verbindungen rechtlich bewerten.[37]

37 Das Beispiel einer Zeittafel anhand eines konkreten Falles finden Sie zum Übungsfall „CD-Chaos" im Anhang, vgl. S. 144.

C. Personenskizze

Eine Personenskizze dient (zusätzlich) der systematischen Erfassung des Sachverhalts und der Vorbereitung einer Lösungsskizze. Wiederum gilt: Ob und wann dieser Arbeitsschritt bei der Bearbeitung einer Klausur oder Hausarbeit eingebaut werden sollte, ist situationsabhängig. Es hat zum einen etwas mit der persönlichen Vorgehensweise bei der Lösung zu tun. Wenn Sie sich Zusammenhänge schon abstrakt anhand des reinen Textes gut erschließen, können Sie auf so manche Personenskizze verzichten. Erschließen Sie sich Zusammenhänge eher durch Übersichten und grafische Darstellungen, sollten Sie häufiger zu einer Personenskizze greifen.

Zum anderen hängt der Sinn und Zweck einer Personenskizze (wie bei der Zeittafel zuvor) immer von der Konstellation des konkreten Falles ab. Eine Personenskizze erscheint grundsätzlich sinnvoll, um einen Fall und die dazugehörigen rechtlichen Beziehungen zu verdeutlichen. Dringend zu empfehlen ist dieser Zwischenschritt vor allem in zwei typischen Situationen der Fallbearbeitung.

I. Anlass: Personenvielfalt

Benennt der Sachverhalt einfach viele verschiedene Personen, die eine Rolle spielen, dann liefert manchmal erst die Personenskizze einen klaren Überblick über die unterschiedlichen Rollen der Personen und damit ihrer Bedeutung für die zu prüfenden rechtlichen Beziehungen. Schon in so mancher nicht ganz trivialen Fallkonstellation von „nur" drei Personen kann bereits eine Skizze zur Strukturierung der rechtlichen Beziehungen notwendig sein. Sobald mehr als drei Personen in einem Fall eine Rolle spielen und z. B. Zuordnungen stattfinden müssen, wer wessen Lager zugerechnet wird, ist eine Personenskizze erfahrungemäß unbedingt zu empfehlen.

II. Anlass: Komplexe Personenbeziehungen

Und zum anderen kann sich eine Personenskizze auch bei einer kleinen Zahl von Personen bereits anbieten. Nämlich dann, wenn zwischen den handelnden Personen relativ komplexe Verbindungen untereinander bestehen oder eine Vielzahl von Verbindungen. Auch hier dient die Skizze vor allem dazu, den Überblick über die verschiedenen Beziehungen und deren Relevanz für die rechtliche Lösung zu behalten. Es gibt keine formalen Gestaltungsvorschriften, auch bei einer Personenskizze handelt es sich um eine Vorarbeit Ihrerseits, die nicht als solches zu Ihrer Lösung gehört, die Sie z. B. als Klausur abgeben würden. Schon deshalb sind Sie in der Gestaltung frei. Empfehlenswert ist – ähnlich wie bei den Markierungen –, dass Sie ein System entwickeln, in dem Sie im Laufe der Zeit eine gewisse Routine erlangen. Dazu sollten Sie z. B. Linien, Symbole u. ä. verwenden oder für sich festlegen, die für Sie eindeutig sind und eine wiedererkennbare Bedeutung haben.

Eine bewährte Unterscheidung besteht z. B. darin, für die zentrale Beziehung der Prüfung, also z. B. den zu prüfenden Anspruch im Zivilrecht, eine hervorgehobene, dickere Linie bzw. einen Pfeil zu verwenden. Dieser Logik folgend sollten bloß ergänzende Beziehungen oder Ereignisse zwischen Personen eine eigene Linienart bekommen. Hier können Sie mit unterschiedlichen Strichstärken, Linienarten (durchgezogen, gestrichelt, doppelt usw.) arbeiten. Persönliche Beziehungen wie Verwandtschaft, Arbeitgeber–Arbeitnehmer, usw. sollten – sofern sie gerade nicht die zentrale zu prüfende Beziehung sind – eine eigene Darstellung wie z. B. eine nur gestrichelte Linie bekommen. Grundsätzlich können Sie Ihre persönliche Struktur auch mit verschiedenen Farben erzeugen. Erfahrungsgemäß bietet sich das eher bei längeren Vorarbeitszeiten wie z. B für Hausarbeiten an, bei denen oft die Fälle auch ohnehin komplexer sein können. Für Klausuren hingegen kann es wegen der begrenzten Zeit sinnvoller sein, ein persönliches System für Personenskizzen zu entwickeln, dass mit verschiedenen Symbolen und Linien auskommt. Wenn diese in einer einzigen Farbe verständlich sind, erspart das einen häufigen Stiftwechsel und damit Zeit.

Verwenden Sie für eine Personenskizze ein eigenes neues Blatt Papier und beginnen Sie mit der zentralen Beziehung als Start mittig auf der Seite. Wenn Sie eine Personenskizze beginnen, haben Sie dafür Gründe, und einer davon ist, dass Sie am Anfang noch nicht wissen können, welche Ereignisse und Beziehungen im Einzelnen Eingang finden werden. Damit wissen Sie aber auch noch nicht, in welche Richtung sich die Skizze am weitesten ausdehnen wird. Fangen Sie schon zu nah zum Rand – oder gar auf der falschen Seite – an, dann können Sie u. U. weitere Ereignisse nicht mehr an der systematisch richtigen Stelle anschließen, weil Ihnen genau dort das Papier ausgeht. Müssen Sie die Ereignisse dann an einer Ersatzstelle platzieren, ist der Kerngedanke der Personenskizze beschädigt.

Eine gut strukturierte Personenskizze als schnell erfassbare Übersicht der Fallinformationen, möglicher Probleme und Prüfungsansätze ist Gold wert. Aber auch sie sollte als Vorarbeit nicht zu viel Zeit in Anspruch nehmen. Deshalb sollte die Erarbeitung eines eigenen Systems an Zeichen und Symbolen, sowie der routinierte Umgang damit unbedingt durch Übung vertieft werden.[38]

38 Um zu verdeutlichen, wie eine typische Personenskizze aus Überlegungen zum Fall entsteht und auch, wie Sie sich in verschiedene Richtungen entwickelt, finden Sie im Anhang die schrittweise Entwicklung einer Personenskizze zum Übungsfall „CD-Chaos“ mit bewährten Darstellungsformen vgl. S. 154.
Für das Verständnis der Entstehung dieser konkreten Beispiel-Personenskizze sollten Sie natürlich sinnvollerweise den Sachverhalt kennen. Falls Sie also den Falltext nicht schon für die vorherigen Abschnitte gelesen haben, sollten Sie das nun zunächst tun, vgl. 151.

Tipp

Unterschätzen Sie auch in vermeintlich einfachen Fällen nicht die Bedeutung der Visualisierung durch eine Personenskizze. Bedenken Sie, dass Ausgangspunkt in der Regel ein Fall**text** ist, dem Sie eine Problem- oder Aufgaben**struktur** entnehmen müssen. Haben Sie diese Struktur des Falles bzw. Problems verstanden, können Sie dies einer Lösung zuführen, die aber wiederum eine **Struktur** benötigt, die Sie erzeugen müssen. Ihr Ziel ist eine Lösungsdarstellung – dann wieder als Text – aus der auch wieder eine **Struktur** erkennbar sein sollte. Die Personenskizze ist dabei das Verständnisinstrument, dass durch Visualisierungen diese Strukturen als Durchgangsstadium der Bearbeitung deutlich werden lässt. Gerade Anfängern dürfte es schwerfallen, aus Fall**texten** direkt ohne solche Zwischenschritte strukturierte Lösungs**texte** zu produzieren.

Wie bedeutsam eine Personenskizze nicht nur für Studienanfänger, sondern als juristische Arbeitsmethode insgesamt ist, erkennt man daran, dass es etablierte Fachbegriffe gibt, die aus der skizzenartigen Darstellung der rechtlichen Problemkonstellation hervorgegangen sind. So gibt es im Bereicherungsrecht[39] (Zivilrecht) z. B. typische Fallkonstellationen unter Beteiligung von drei Personen, die als „Bereicherungsausgleich übers Eck“ bekannt sind und so auch gelehrt werden. Diese Bezeichnung stammt aus der Darstellung der Vorgehensweise, wie sie sich in einer Skizze mit drei Personen im Dreieck angeordnet ergeben würde. Dabei geht es, vereinfacht gesagt, um die Frage, ob ein direkter Ausgleich zwischen zwei Personen auf einer Ebene erfolgt, oder ob zwei Einzelausgleiche unter Einbeziehung der dritten Person stattfinden müssen, so dass nur über diesen „Umweg“ der dritten Person (übers Eck) ein Ausgleich erfolgen kann.[40]

---

39 Siehe dazu §§ 812 ff. BGB.

40 Nicht gerade ein typisches Einsteigerthema für Studienanfänger. Wer trotzdem schon neugierig geworden ist und mehr dazu wissen will, wird fündig z. B. bei: MünchKomm-*Schwab*, § 812, Rn. 67 ff.; Palandt-*Sprau*, § 812, Rn. 67.

Kapitel 3: Informationsgewinnung – Erkenntnisquellen kennen und finden

Unentbehrlich für ein erfolgreiches Jura-Studium sind Kenntnisse der einschlägigen Erkenntnisquellen, ihrer Besonderheiten und vor allem ihres praktischen Einsatzes. Viele Erkenntnisquellen sind in ihrer Struktur und Zielrichtung für Studienanfänger neu und müssen systematisch eingeordnet werden, damit ein effizienter Einsatz dem Studienfortschritt entsprechend möglich ist.

A. Bedeutung elektronischer Medien

Dazu gleich ein wichtiger Hinweis vorab: Internet und EDV können den professionellen Umgang mit diesen Texten unterstützen, aber nicht ersetzen.

Was wie eine Binsenweisheit klingen mag, wird erfahrungsgemäß von Studienanfängern oft zu wenig reflektiert und beachtet. Dahinter steckt keineswegs eine Form von „ewiger Gestrigkeit“ oder der Ablehnung moderner Datenverarbeitung, im Gegenteil. Digitalisierung erleichtert inzwischen viele Aufgaben und hat vor allem typische Recherchestrategien verändert. Trotzdem – oder gerade deswegen – ist es unerlässlich, sich zunächst mit den unterschiedlichen Erkenntnisquellen in ihrer grundlegenden Form vertraut zu machen. Nur mit diesen Kenntnissen lassen sich dann elektronische Hilfsmittel überhaupt effektiv einsetzen. So sind Kenntnisse der Fachtextarten in traditionell analoger Form zwingende Voraussetzung, um den Anforderungen an den professionellen Umgang mit Informationen überhaupt gerecht werden zu können.

Ein wesentlicher Arbeitsort und zugleich ein zentrales Arbeitsmittel ist dabei die (Fach-)Bibliothek. Erfahrungsgemäß machen viele den Fehler, das ihnen zu Anfang unbekannte System einer Fachbibliothek nur oberflächlich zur Kenntnis zu nehmen oder gar ganz zu meiden und sich nicht näher damit auseinanderzusetzen. Häufig geschieht dies offenbar in der Annahme, die technisch-elektronischen Möglichkeiten im Zeitalter von Internet und Datenbanken machten Kenntnisse der Struktur und Systematik einer Fachbibliothek überflüssig und könnten diese vollständig ersetzen. Darüber hinaus setzen Anfänger oft auch darauf, dass die ihnen bereits bekannten Alltags-Suchstrategien auch für die Recherche nach Fachinformationen ausreichen und durch elektronische Möglichkeiten allein zu den gewünschten Ergebnissen führen.

Schon aus den Erfahrungen aus zahlreichen juristischen Schreibberatungen vor allem während laufender Hausarbeiten lässt sich ableiten, dass beide Annahmen falsch sind. Von einer „stiefmütterlichen" Erarbeitung von Bibliothekskompetenzen kann nur dringend abgeraten werden. Investieren Sie bewusst Zeit und Energie in die effektive Nutzung der Fachbibliothek. Spätestens im Zusammenhang mit einer konkret zu bearbeitenden Aufgabe mit Zeitvorgabe (wie z. B. eine Hausarbeit mit einem festen Abgabetermin) rechnet sich die investierte Zeit und Energie. Andernfalls kostet es Sie am falschen Ende viel Zeit und Energie für äußerst bescheidene Ergebnisse.

Es gilt also, diese oben beschriebene verlorene Energie richtigerweise in den Erwerb von Kenntnissen und Fähigkeiten im Umgang mit Bibliothek und Fachliteratur einzusetzen.

Das folgende Illustrationsbeispiel mag einigen etwas pathetisch erscheinen, aber vielleicht kann es Ihnen trotzdem – oder gerade deshalb – verdeutlichen, wie Sie mit dem zentralen Ort Ihrer professionellen Informationsgewinnung umgehen sollten:

Beispiel

Betrachten sie es einmal so:
Bibliotheken mit dem, was in ihnen steckt, sind nicht alle gleich. Aber alle haben das Zeug, ihre beste Freundin oder ihr bester Freund im Studium zu werden. Voraussetzung ist, dass man sich richtig kennenlernt und gut behandelt. Dann kommt viel zurück, auch im Umfeld der Bibliothek gibt es quasi noch weitere „Freunde", zum Teil bringen die wiederum noch jemanden mit, so dass Sie immer mehr kennenlernen, darunter dann auch „technische Freundschaften" mit EDV-Fachleuten, Datenbank-Fachleuten etc. So entsteht mit der Zeit ein Netzwerk, ein ganzer „Freundeskreis", auf dessen Unterstützung Sie bauen und auf unterschiedliche Weise zurückgreifen können.
So wie man sich heute nicht mehr zwingend persönlich begegnen muss, um sich kurzfristig auszutauschen, verhält es sich im Grunde auch mit Ihrem „Freundeskreis Bibliothek". Man trifft sich *möglichst regelmäßig*, weil man bestimmte Dinge nur persönlich und vor Ort vernünftig austauschen kann. Manchmal kommuniziert man aber auch nur online und erhält schon darüber wertvolle Tipps und Unterstützung, aber man ist immer in irgendeiner Form in Verbindung und bekommt so jederzeit wertvolle Unterstützung aus diesem „Freundeskreis".
Genau dieses Netzwerk *hätte sich aber nie in dieser Form aufbauen lassen, wenn* Sie nicht zu Anfang zunächst einmal „beste Freunde" mit der Bibliothek geworden wären und sich grundlegend kennengelernt hätten. Sicherlich hätte sich der ein oder andere technische Freund auch so treffen lassen und zu einzelnen technischen Recherchefragen helfen können. Doch ohne die Unterstützung der besten Freundin Bibliothek wäre das Recherche- und Unterstützungspotenzial bei Weitem nicht das gleiche.

> Eine jederzeitige Unterstützung auf dem möglichen hohen Niveau des ganzen „Freundeskreises“ wäre ohne ein intensives Kennenlernen, ohne regelmäßigen Austausch und ohne die einigermaßen regelmäßige Begegnung mit der Bibliothek undenkbar.

Sie sollten sich also selbstkritisch die Fragen stellen:

Wie vollständig kann eine Liste an Erkenntnisquellen quantitativ überhaupt werden, wenn man diese vorranging technisch generiert, ohne gelernt zu haben, worauf es dabei wirklich ankommt?

Wie qualitativ brauchbar wäre dann eine solche Liste, die nur anhand technischer Kriterien zustande kommt, ohne dass Sie gelernt haben, die Quellen adäquat beurteilen zu können?

Tipp

Lernen Sie das System Hochschulbibliothek bzw. Fachbibliothek kennen. Denn wissenschaftliches Arbeiten ist nicht allein das Arbeiten mit wissenschaftlichen Inhalten. Die Art der Bearbeitung dieser Inhalte ist ebenfalls wissenschaftlich. Es sind demnach also die Arbeitsmittel wissenschaftlich anzuwenden und auch das kann und muss man erlernen. Der Umgang mit den Möglichkeiten einer Hochschulbibliothek gehört zwingend dazu.

Setzen Sie sich mit den Arten von Erkenntnisquellen und ihrer Recherche in einer grundlegenden, also zunächst eher „traditionellen Weise“ auseinander. Erst mit einem gewissen Grundverständnis hiervon können dann auch technische Möglichkeiten überhaupt optimal genutzt werden. Dann können diese den Umgang sehr unterstützen und erleichtern, aber eben nicht ersetzen.

Setzen Sie nicht zu früh und zu intensiv nur darauf, dass „das Internet das schon alles leisten wird“. So bleibt die echte Auseinandersetzung mit den notwendigen Fachtexten und der Arbeitsmethodik zu oberflächlich und ein tieferes Verständnis der Materie bleibt so (zu) lange Zeit verschlossen.

Aber dieses Buch verfolgt keinesfalls die Absicht, Ihnen mit der Beschreibung typischer Anfängerfehler Angst zu machen. Vielmehr sollen Sie diese Tipps vor diesen Anfängerfehlern bewahren und Sie stattdessen systematisch an die Arbeitstechniken heranführen, die für eine erfolgversprechende Vorgehensweise und ein erfolgreiches Studium hilfreich sind.

B. Grundbegriffe der Textarbeit

Zum Einstieg in diese dringend empfohlene, eigenständige und intensive Befassung mit Quellen, Literatur und Bibliothek im Ganzen als Arbeitsmittel gehören zunächst einige Begriffsklärungen.

I. Die Begriffe „Quellen“ und „Literatur“

So sollte man sich zunächst einen Unterschied zwischen „Quellen“ und „Literatur“ klarmachen. Schwierig macht es die Sache, dass diese Unterscheidung in der Rechtswissenschaft nicht immer trennscharf erfolgt. Zum Teil wird hier „Quelle“ eher als Oberbegriff eingesetzt,[41] und dann unterhalb dieser Ebene verschiedene Unterscheidungen (Literatur/Rechtsprechung, Primärquelle/Sekundärquelle etc.) vorgenommen. Dies lässt sich jedenfalls beobachten in den meisten Rechtsgebieten abseits der Grundlagenfächer, wie z. B. der Rechtsgeschichte.

Für ein besseres Verständnis im Umgang mit Quellen in der Rechtswissenschaft ist es trotzdem sinnvoll, sich einmal die Unterscheidung klarzumachen, wie sie in geisteswissenschaftlichen Fächern wie z. B. der Geschichtswissenschaft üblich ist:

Beispiel

In der Geschichtswissenschaft unterscheidet man – strenger, als es häufig in der Rechtswissenschaft üblich ist – zwischen Quellen und Literatur. Dabei sind „Quellen“ als die eigentlichen Ursprünge zu verstehen, auf die eine wissenschaftliche Aussage oder Schlussfolgerung gestützt wird, also z. B. archäologische Fundstücke, historische Originaldokumente usw.
Mit Literatur hingegen wird das bezeichnet, was sich als wissenschaftlicher Text auf eine Quelle bezieht und diese z. B. auswertet, interpretiert, historisch einordnet usw.

Kurz gesagt also ist eine Quelle das Original, der Ursprung, der direkte Bezug, vor allem der Ausgangstext. Literatur hingegen ist etwas, das über eine Quelle schreibt. Auf beide Kategorien kann sich durch Verweise/Zitierungen wissenschaftlich bezogen werden. Wie sich diese Unterscheidung dann ggf. bei der Art der Zitierung auswirkt, wird später noch ausführlicher behandelt.[42]

II. Der Begriff „Textsorten“

Nachdem wir nun schon eine Präzisierung aus dem Bereich der Geschichtswissenschaft vorgenommen haben, sollte man noch eine weitere aus der Sprachwis-

41 So auch bewusst hier im Kapitel zur juristischen Hausarbeit, vgl. S. 127.
42 Vgl. S. 134.

senschaft nachlegen, um im Rahmen von Arbeitstechniken für juristisches Lesen und Schreiben gut gerüstet zu sein.

Die Linguistik unterscheidet sog. „Textsorten". Diese Begrifflichkeit ist in der Rechtswissenschaft nicht sehr geläufig, die dahinterstehende Differenzierung allerdings schon, so dass es sinnvoll erscheint, den Hintergrund zu kennen. Denn die richtige Kategorisierung der „Textsorte" hilft in der Rechtswissenschaft vor allem in drei Funktionen weiter:

- Textsorten (er)kennen, um überhaupt die richtigen zu finden (Informationsgewinnung: Recherche)
- Textsorten (er)kennen, um sie richtig auswerten zu können (Informationsgewinnung und –verarbeitung: Lesekompetenz)
- Textsorten (er)kennen, um sie korrekt zitieren zu können (Informationsverarbeitung: Quellenangabe in Hausarbeiten/Seminararbeiten)

Die „Textsorten" dienen in der Sprachwissenschaft dazu, eine Kategorisierung vorzunehmen. Je nach Heranziehung der Kriterien können diese Kategorisierungen unterschiedlich ausfallen. So lassen sich bestimmte Textsorten schon auf der Ebene von Alltagswissen unterscheiden.

Beispiel

Wenn sie z. B. einen Text vor sich haben, der mit den Worten „Im Namen des Volkes" beginnt, dann erkennen auch juristische Laien, dass es sich um eine Gerichtsentscheidung handelt.

Beginnt ein Text hingegen mit „Man nehme: ...", so hat man ein Rezept vor sich.

Diese Art Kategorisierung kann man bereits mit Alltagswissen vornehmen, da es sich um „traditionelle Textsorten" handelt. Eine nächste Unterteilung bei den Rezepten in Kochrezepte und Backrezepte ließe sich ebenfalls bis zu einem gewissen Grad mit Alltagswissen bewältigen.

Schwieriger wird bei Gerichtsentscheidungen allerdings schon die Frage, was eigentlich ein Gerichtsurteil von einem Gerichtsbeschluss unterscheidet. Für diese Kriterien wird professionelles Spezialwissen benötigt, daher fällt Laien eine Kategorisierung auf dieser Ebene schon schwerer. Angehende Profis sollten diese aber irgendwann beherrschen. Auch das würde durchaus im Wege des „Learning by doing" irgendwie funktionieren, aber eben doch wenig genau und noch weniger effizient.

Eine Ihrer Aufgaben im Studium im Hinblick auf Arbeitstechniken wird es also sein, insbesondere Fachquellen/Fachliteratur (Textsorten) anhand bestimmter fachlicher Kriterien kategorisieren zu können. Das ist keine Aufgabe, die in dieser Form direkt abgefragt oder abgeprüft wird, aber eine wichtige Kompetenz, die man als Jurist benötigt. Sie ist wichtig, weil aus der Unterscheidung verschiedene

Vorgehensweisen abzuleiten sind: Für welche Aufgabe verwende ich welche Textsorten? Wofür eignen sich bestimmte Textsorten dabei überhaupt oder eher nicht? Welche (unterschiedlichen) Informationen liefern sie? Wie gewinne ich diese Informationen am besten, oder wie arbeite ich effizient mit ihnen?

Selbst wenn also in der Rechtswissenschaft der Begriff „Textsorte" eher selten so dezidiert verwendet wird, so ist doch die dahinter stehende Kategorisierung ein wichtiges Element juristischer Textarbeit.

Welche Textsorte man selbst produzieren soll, ist für Studierende in der Regel durch eine Aufgabenstellung vorgegeben. Die am häufigsten erwartete Textsorte im Jurastudium ist eine gutachterliche Bearbeitung zu einem Sachverhalt. Deshalb ist der Gutachtenstil von so zentraler Bedeutung. Gutachterliche Lösungen lassen sich wiederum unterschiedlich gestalten und stellen dementsprechend unterschiedliche Anforderungen an die Verfasser. So kommen als Unterkategorien z. B. Übungsfälle/Kurzfälle, Klausuren, Hausarbeiten, Seminararbeiten in Betracht. Diese unterscheiden sich nicht allein in Umfang und Darstellungsweise, also im Arbeitsergebnis. Schon bei der Herangehensweise, also den Arbeitstechniken, ist die Unterscheidung bedeutsam.

C. Fachtextarten („Textsorten") im Jurastudium

Es liegt also nahe, sich möglichst früh im Jurastudium mit den typischen fachbezogenen Textsorten[43] auseinanderzusetzen, weil die genaue Vorgehensweise, also die Arbeitstechnik bei der Informationsgewinnung und Informationsverarbeitung deutlich von ihnen abhängen kann. Nicht alle diese Textsorten sind in Zielrichtung, Aufbau und Struktur gleich auf den ersten Blick selbsterklärend. Deshalb gilt das zwangsläufig auch für die Frage, unter welchen Voraussetzungen, wofür und wie sie idealerweise zu verwenden sind.

I. Rechtsvorschriften

Es mag auffallen und vielleicht wundern Sie sich auch darüber, dass diese erste Kategorie nicht mit „Gesetze", sondern mit dem vielleicht weniger eingängigen Begriff „Rechtsvorschriften" bezeichnet ist. Hintergrund ist eine erste wichtige Kategorisierung und Unterscheidung im Rahmen dieser Textsortenbestimmung. „Gesetz" ist nur eine Unterkategorie von „Rechtsvorschriften". Wenn auch „Gesetz" wohl die größte, häufigste und wichtigste Unterkategorie sein dürfte, so sind für das Jurastudium Kenntnisse des gesamten Normengefüges von „Rechtsvorschriften" erforderlich. Schon die Unterscheidung von anderen Unterkategorien und ihr Verhältnis zueinander ist ein wichtiger Teil juristischer Arbeit. Was hier

---

43 Zur Begrifflichkeit „Textsorte" vgl. *Linke/Nussbaumer/Portmann-Tselikas*, S. 472.

noch sehr abstrakt klingen mag, wird durch ein konkretes Beispiel vielleicht deutlicher:

Beispiel

Stellen sie sich einen Anwalt vor, der für einen Mandanten ein geplantes größeres Bauprojekt rechtlich betreut. Der Mandant hat sich im Vorfeld schon einmal selbst schlaugemacht, welche Art Vorschriften relevant sein könnten. Dabei ist er auf ein Baugesetzbuch (BauGB) und eine Bauordnung (BauO) gestoßen. Außerdem hat er verschiedene weitere Bauordnungen einzelner Bundesländer und eine sog. Musterbauordnung entdeckt. Darüber hinaus hat ihn jemand informiert, dass es für den Bereich, in dem sein geplantes Gebäude stehen soll, sowohl einen Flächennutzungsplan als auch einen Bebauungsplan gibt. Und einen Bauplan von seinem Architekten hat er ebenfalls dabei. Nun will er wissen, was denn da nun alles geprüft und beachtet werden muss, um eine Baugenehmigung von der zuständigen Behörde zu bekommen. Und die hat ihm auf Nachfrage schon einmal mitgeteilt, dass zusätzlich noch eine Reihe von Verordnungen gilt, die berücksichtigt werden müssen.

Um all dies nun sauber aufzulösen, sind Kenntnisse des Normengefüges gefragt. Diese können und sollen hier nicht vollständig in allen Einzelheiten dargestellt werden, das wird vor allem in den Veranstaltungen der verschiedenen Rechtsgebiete thematisiert. Machen Sie sich frühzeitig mit den verschiedenen Arten rechtlicher Vorschriften vertraut. Dazu gehört zwangsläufig ihr Verhältnis zueinander, die Normenhierarchie ist dabei von besonderer Bedeutung.[44]

Für die juristischen Arbeitstechniken geht es hier zunächst darum, eine reflektierte Vorstellung davon zu entwickeln, welche Arten von Zusammenhängen und Systematiken im Jurastudium eine Rolle spielen und deshalb nach und nach erarbeitet werden müssen.

Deshalb keine Panik wegen des hier bewusst etwas überfrachteten und vielleicht verwirrenden Beispiels. Die Grundlagen des Baurechts spielen erst im fortgeschrittenen Teil des Studiums eine größere Rolle. Wenn es soweit ist, werden Sie die Strukturen leichter erkennen und ordnen können, als das jetzt verständlicherweise noch der Fall ist.

Rechtsvorschriften und allen voran Gesetze sind das zentrale Arbeitsmittel eines jeden Juristen, daher auch der oft zu hörende Satz: „Der Blick ins Gesetz erleichtert die Rechtsfindung." Was auf den ersten Blick wie eine ironische Binsenweisheit klingt, hat auf den zweiten einen ernst gemeinten Hintergrund: Nicht selten verrennen sich Juristen bei Erörterungen in der Tiefe des erlernten Wissens, in Theorien und argumentativen Herleitungen. Das versperrt durchaus mal den Blick dafür, dass etwas, das man aufwändig herzuleiten versucht, eigentlich vom

44 Vgl. S. 83.

Gesetzgeber geregelt ist und dass der Blick in die einschlägigen Vorschriften und ihre Anwendung genügen würde, um die Frage zu beantworten. Um die Anschaffung von Gesetzestexten werden Sie also nicht umhinkommen.

Für den professionellen Umgang sind vor allem Kenntnisse über die Struktur und Systematik rechtlicher Vorschriften erforderlich.[45] Außerdem muss die methodische Auslegung von Vorschriften beherrscht werden.[46]

Tipp

Arbeiten Sie so viel wie möglich MIT und so eng wie möglich AM Gesetz. Das heißt auch, dass sie immer zuerst und soweit wie möglich mit dem Gesetz auf die Suche nach einer Lösung gehen sollten, bevor Sie in der tiefen Wissens- und Theorienkiste kramen. Die richtige Mischung macht's, aber die Anwendung des Gesetzes hat Vorrang.

In der Phase des Erlernens juristischer Zusammenhänge anhand von Gesetzen, arbeiten Sie intensiv mit dem Gesetzestext, also bearbeiten Sie den Text. Erschließen Sie sich gesetzliche Zusammenhänge, indem Sie Markierungen vornehmen, sich Randbemerkungen machen, Querverbindungen notieren usw. Diese intensive Textarbeit ist wichtig für das Verständnis der systematischen Zusammenhänge gesetzlicher Vorschriften.

II. Monographie

Eine Monographie liegt in aller Regel als (gebundenes) Buch vor. Die Vorsilbe „Mono" in Monographie bedeutet gerade nicht – wie von Studienanfängern oft angenommen wird –, dass es sich um nur einen einzelnen Autor handeln muss. Monographien können durchaus auch von einer Autorengruppe verfasst worden sein. Das „Mono" bezieht sich vielmehr auf das Thema, nicht den Autor. Man kann Monographie etwa mit „Einzelschrift" übersetzen und es bedeutet, dass ein in sich geschlossenes Thema oder ein geschlossener Themenkomplex in dem Werk bearbeitet wird. Wie eng oder weit gefasst der Themenkomplex ist, kann sehr unterschiedlich ausfallen, entscheidend für die „Einzelschrift" ist der Bezug auf ein zusammenhängendes, in sich geschlossenes Themengebiet.

„Monographie" bezeichnet als Textsorte eine Kategorie. Darunter fallen verschiedene Textarten als Unterkategorien. Dazu zählen typischerweise Lehrbücher, Arbeitsbücher usw. und vor allem auch Dissertationen. Gerade die Eigenart einer Dissertation, also einer Doktorarbeit, kann verdeutlichen, was hinter dem Begriff „Monographie" im Kern steckt. Hier wird eine umfassende wissenschaftliche Abhandlung zu einem bestimmten Thema in einem geschlossenen Gesamttext

---

45 Vgl. S. 83.
46 Vgl. S. 89.

verfasst. Die Themen können sehr weit oder eng gefasst sein, die Arbeiten sehr verschieden im Umfang. Entscheidend ist aber, dass es sich jeweils um ein klar umrissenes Themengebiet handelt, das bearbeitet wird.

Einsatz und Bedeutung von Monographien insgesamt sind über das Studium verteilt zahlreich, fallen aber je nach Studienphase und je nach Unterkategorie unterschiedlich aus. Studienanfänger im ersten Semester werden sich weniger mit Doktorarbeiten z. B. über „Die forderungsentkleidete Hypothek im Lichte des Kreditsicherungsrechts bei öffentlich geförderten Maßnahmen im sozialen Wohnungsbau“[47] befassen (müssen). Stattdessen sind Lehrbücher z. B. zu „Staatsorganisationsrecht“, „Bürgerliches Recht, Allgemeiner Teil“ und „Strafrecht, Allgemeiner Teil“ für den Anfang einschlägiger. Aber auch mit Dissertationen werden Studierende immer wieder zu tun haben, vor allem dann, wenn diese im Rahmen von Hausarbeiten thematisch relevant sind und zu Rate gezogen und zitiert werden können.

III. Kommentar

Der Kommentar ist wohl die fachspezifischste und damit für Anfänger neueste Form der Fachliteratur, mit der Sie sich zu gegebener Zeit aber umso intensiver befassen sollten.

Wie der Name vermuten lässt, wird hier etwas kommentiert, und zwar in aller Regel ein Gesetz. Dabei geht es nicht etwa um eine oberflächliche Beurteilung des Gesetzes als gut oder schlecht, sondern um eine weitergehende inhaltliche Auseinandersetzung mit den Vorschriften. Es werden weitergehende und vertiefende Erläuterungen zum eigentlichen Gesetzestext einzelner Vorschriften gegeben. So werden z. B. die im Gesetzestext verwendeten Begriffe, ihr Inhalt und ihre Bedeutung konkretisiert, Voraussetzungen einer Norm beschrieben und systematisiert, das Zusammenspiel und die Wechselbeziehungen mit anderen Vorschriften näher erläutert (Gesetzessystematik) usw.

1. Funktion für die Arbeitstechnik

Der Kommentar ist damit als eine vertiefte Erläuterung des jeweiligen Themas und Inhalts einer Vorschrift zu verstehen, mit einer ganzen Reihe nützlicher Zusatzinformationen. In arbeitstechnischer Hinsicht verwenden Sie einen Kommentar daher in aller Regel wie eine Art Nachschlagewerk, meistens gezielt zu einzelnen Paragraphen oder auch nur bestimmten Begriffen daraus. Auch spezielle Fallkonstellationen können insbesondere mit Kommentaren gezielt bearbeitet werden. So wird der Kommentar u. a. zu einer Art Anwendungserläuterung.

Nicht zuletzt liefert der Kommentar eine Übersicht und Auswertung der einschlägigen Rechtsprechung zu den entsprechenden Vorschriften und Themen.

---

47 Auch wenn es die in diesem Titel enthaltenen Einzelthematiken tatsächlich gibt, ist er hier in dieser Kombination als Phantasietitel insgesamt frei erfunden.

Kommentarautoren haben sich in aller Regel sehr eingehend und umfassend mit der einschlägigen Rechtsprechung zum jeweiligen Thema oder Abschnitt befasst und geben diese Erkenntnisse breiter Recherche in kompakter Form wieder, inklusive weiterführender Verweise. Sie nehmen Ihnen damit eine Menge Recherche-Vorarbeit ab, die vor allem im Rahmen von Hausarbeiten Gold wert sein kann.

Die meisten Kommentare beziehen sich in der Regel auf ein einzelnes Gesetz wie das BGB oder das StGB oder das GG usw. Es gibt teilweise aber auch Kommentare zu einem Themenbereich. Ein solcher könnte sich dann sinnvollerweise aber gar nicht nur auf ein einzelnes Gesetz beschränken, sondern muss verschiedene zum Themengebiet gehörende Gesetze und ihr Zusammenspiel unter die Lupe nehmen.

Beispiel

Ein entsprechendes Werk zum Thema „Bau- und Wohnungsrecht in Bayern" kommt mit Kommentierungen eines einzelnen Gesetzes nicht aus. Denn bei diesem Thema müssen Vorschriften des Baugesetzbuches (Bundesrecht) ebenso beachtet werden, wie bayrische Landesvorschriften der Bauordnung und der Baunutzungsverordnung.

Deshalb enthält das Werk mit dem o.g. Titel auch eine „Sammlung der in Bayern geltenden bundes- und landesrechtlichen Vorschriften und Kommentierungen zum Baugesetzbuch (ein Bundesgesetz), zur Bayerischen Bauordnung und zur Baunutzungsverordnung".[48]

Dieses konkrete Beispiel-Werk ist zudem noch mehrbändig und in Loseblattform veröffentlicht.

2. Funktion der Abschnitte „Vorbemerkung"

Ein Kommentar erfüllt zusätzlich noch eine wichtige Überblicksfunktion, die über ein bloß punktuelles Nachschlagewerk deutlich hinausgeht. Diese wird von Studienanfängern oft unterschätzt. Das sind Einleitungstexte in Kommentaren, die einem thematischen Abschnitt des kommentierten Gesetzes vorangestellt werden, bevor im Folgenden die Paragraphen im Einzelnen kommentiert werden. Diese Einleitungen tragen Überschriften wie z. B. „Vorbemerkung zu §§ 823 ff. BGB" oder auch einfach nur „vor §§ 823 ff. BGB".

Als Anfänger tendiert man leicht dazu, den Sinn dieser „Vorbemerkungen" häufig mit dem eines „Vorworts" zu verwechseln und deshalb darin keine besonders relevanten inhaltlichen Informationen zu vermuten. Das wäre falsch. Tatsächlich handelt es sich hierbei zumeist um eine zusammenfassende Darstellung der relevanten Aspekte des jeweiligen Gesetzesabschnitts, zu dem dann die Detailkommentierungen der einzelnen Paragraphen folgen. In so manchen Kom-

48 *Baumgartner (Begr.)*, Das Bau- und Wohnungsrecht in Bayern, Loseblattausgabe, Stand: 258. EL 2019.

mentaren erreichen diese Vorbemerkungen daher zum Teil durchaus den Wert eines „kompakten Kurzlehrbuchs“ zum jeweiligen Themenabschnitt. Es werden dort grundlegende Begriffe, die für den gesamten Paragraphenabschnitt wichtig sind, erörtert. Übergreifende Strukturen werden aufgezeigt, Zusammenhänge von Abschnitten oder einzelnen Paragraphen erläutert, Systematiken in einem größeren Zusammenhang dargestellt, als es innerhalb der einzelnen Paragraphen-Kommentierung möglich und sinnvoll wäre. Diese Abschnitte können also für einen ersten systematischen Überblick über den entsprechenden Paragraphenabschnitt sehr wertvoll sein.

Darüber hinaus wird als Teil einer solchen Vorbemerkung – oder direkt vorangehend – häufig auch eine Liste einschlägiger Literatur zum Thema mitgeliefert, die für den Abschnitt im Kommentar verwendet wurde. Als Studierende erhalten Sie so quasi eine Vorrecherche für eine vertiefte Befassung mit einzelnen Teilen zu der entsprechenden Thematik.

3. Bedeutung des Kommentarumfangs für die Arbeitstechnik

Besonders die Kommentare als juristische Fachwerke gibt es in zum Teil sehr unterschiedlich umfangreichen Ausführungen. Während manche Kommentare eher als kurze kompakte Darstellung verfasst sind, sind andere deutlich ausführlicher, eher im Stil eines umfassenden Nachschlagewerkes angelegt.

So gibt es zum einen Kommentare als einzelnes Buch bzw. Band, zum anderen sind ausführliche Kommentare auch mehrbändig.[49] Aber auch innerhalb der einbändigen Kommentare gibt es noch einmal unterschiedlich ausführliche Exemplare, auch dort könnte man also ggf. noch einmal differenzieren.

Diese unterschiedliche Ausführlichkeit ist relevant vor allem für die eigene Recherchestrategie. Das gilt vor allem für die Frage, ob man mit einem kompakteren einbändigen Kommentar in eine Recherche einsteigt, oder ob der ausführlichere, mehrbändige als direkter Einstieg sinnvoller ist. Aus arbeitstechnischer Sicht erscheint es empfehlenswert, dies vor allem davon abhängig zu machen, wie konkret oder zugespitzt die zu recherchierende Fragestellung ist und wie sehr schon allgemeine Zusammenhänge bekannt oder bereits recherchiert sind.

Ist also die eigene Fragestellung noch relativ offen, dürfte ein einbändiger, kompakter Kommentar zunächst den notwendigen Überblick oder ersten Einstieg in die Thematik liefern. Dieser Einstieg ließe sich dann im nächsten Schritt mit einem mehrbändigen Kommentar gezielter vertiefen.

Ist aufgrund von Hintergrundwissen oder bereits erfolgter Recherche die grundsätzliche Einordnung bereits bekannt und die noch offene Frage relativ konkret oder auch schon sehr zugespitzt, kann der direkte Einstieg mit dem ausführlicheren Kommentar zielführender sein. Denn dieser liefert im Zweifel auf-

---

49 So z. B. *Oetker u.a. (Hrsg.)*, Münchener Kommentar zum Bürgerlichen Gesetzbuch, 8. Auflage 2018.

grund seines Umfangs eine größere Detailtiefe und die konkrete Einzelfrage lässt sich damit auch ausführlicher beantworten.

Tipp
Um sich einen eigenen Eindruck von dieser unterschiedlich umfangreichen Anlage der Gesetzeskommentare zu machen, empfehle ich Erstsemestern regelmäßig einen Besuch der Fachbibliothek mit folgender Vorgehensweise. Überlegen Sie sich zuvor einen Paragraphen z. B. des BGB oder des StGB, den Sie z. B. aus der Vorlesung bereits grob kennen, zu dem Sie sich vertiefend informieren möchten.
Tragen Sie dann in der Bibliothek dort einmal drei unterschiedlich umfangreiche Kommentare zusammen, für das BGB könnten das z. B. sein: Jauernig, Palandt und den Münchener Kommentar (der Letztgenannte ist mehrbändig, dabei müssen Sie also auf den richtigen Band zu Ihrem Paragraphen achten).
Möchten Sie sich mit einer Thematik aus dem Strafrecht befassen, wären z. B. die StGB-Kommentare Fischer, Schönke/Schröder und Leipziger Kommentar (auch hier wäre der Letztgenannte mehrbändig) eine Möglichkeit, sich diesen Eindruck zu verschaffen.
Erarbeiten Sie sich nun zum fraglichen Paragraphen einen Überblick und einige tiefergehende Detailkenntnisse mit diesen verschiedenen Kommentaren. Sie werden dabei wichtige Erkenntnisse zum unterschiedlichen Umfang von Kommentaren gewinnen, die Ihnen spätestens bei Recherchen zu Ihrer ersten Hausarbeit helfen werden.

IV. Loseblattsammlung

„Loseblattsammlung" bezeichnet weniger eine eigene inhaltliche Textsorte, als mehr eine Aufbau- und Gestaltungsvariante, also die Form des gedruckten Werkes. Diese Form ist ein Ordner, ein Hefter, ein Ringbuch o. Ä. mit eingehefteten und damit austauschbaren Loseblattseiten.

Dennoch gehört sie – hauptsächlich aus zwei Gründen – hierher. Zum einen haben die Gestaltungsbesonderheiten jedenfalls Auswirkungen auf den inhaltlichen Umgang mit einem solchen Werk. Und zum anderen ist die besondere Gestaltung wichtig für die Frage, was bei der korrekten Zitierung aus einem solchen Werk zu beachten ist.[50]

In der Form einer Loseblattsammlung erscheinen vor allem zwei der zuvor beschriebenen Textsorten, die Gesetzes-/Vorschriftensammlung und der Kommentar. Der Zweck der Ausführung solcher Werke als Sammlung loser und damit

50 Vgl. S. 134.

austauschbarer Seiten besteht darin, die Aktualisierung, Ergänzung und Überarbeitung auf andere Weise sicherzustellen, als durch immer wieder neue gedruckte und gebundene Buchauflagen. Vielmehr ist durch die einfache Austauschbarkeit einzelner Seiten eine fortlaufende Aktualisierung möglich. Diese kann durchaus auch für weniger oder kleinere Details durchgeführt werden und somit u. U. in kürzeren Abständen, als es für eine neue gedruckte Buchauflage inhaltlich sinnvoll und aus Verlagssicht wirtschaftlich wäre.

Ein Vorteil dieser Gestaltung für die Arbeitstechnik und Herangehensweise ist es, mit einem Werk arbeiten zu können, das sich laufend auf aktuellem Stand befindet. Somit stellen sich keine der typischen Fragen, die sich bei Büchern stellen, wenn die aktuellste Auflage gerade nicht verfügbar ist.[51]

Loseblattwerke existieren ebenfalls in sehr unterschiedlichem Umfang. Auch hier gibt es einbändige und mehrbändige Ausgaben. Wobei „mehrbändig" in diesem Zusammenhang eben „mehrere Ringordner" bedeutet. Hier kommen Besonderheiten der Gestaltungsform „Loseblatt" zum Tragen, diese wirken sich aber erst bei der Zitierung,[52] noch nicht bei der inhaltlichen Arbeitsweise aus.

V. Aufsatz

Mit Aufsätzen sind hier vorrangig juristische Fachaufsätze, in der Regel aus Fachzeitschriften, gemeint, keine Artikel aus allgemeinen Presseerzeugnissen wie Tages- oder Wochenzeitungen.[53]

Art, Umfang und Gestaltung sind vielfältig. Gerade in juristischen Recherchen sind sie eine häufig zu findende Quelle. Aber ihre Vielfalt erfordert eine besonders kluge Recherchestrategie und die Fähigkeit durch selektives Lesen[54] eine schnelle Eingrenzung der thematischen Relevanz vorzunehmen. Fachaufsätze können thematisch sehr stark zugespitzt ein Spezialthema behandeln, oder als Überblicksaufsatz einen breiten Themenabriss liefern. Eine Bestimmung der Zielgruppe eines Fachaufsatzes kann für den Umgang damit wichtige Anhaltspunkte liefern. So gibt es Aufsätze in Ausbildungszeitschriften, die sich speziell an Studierende oder Referendare richten und an ein ausbildungsrelevantes Thema heranführen wollen. Andererseits gibt es Fachaufsätze, die ein Forschungsthema vertiefend weiterentwickeln. Das heißt aber nicht, dass Sie sich als Studierende nur mit Fachaufsätzen zu befassen haben, die ausdrücklich an Sie als Zielgruppe adressiert sind, ganz im Gegenteil. Hier gilt wieder der Gedanke, dass Sie Rechts*wissenschaft*, nicht nur Rechts*kunde* studieren. Die Auseinandersetzung mit Forschungsthemen, Fachdiskussionen und Meinungsstreitigkeiten, die Gegenstand

51 Zum Problem der Nichtverfügbarkeit aktueller Auflagen, vgl. S. 143.

52 Hier ist zusätzlich zur Besonderheit der Angabe des Nachlieferungsstandes anstelle von Auflage und Erscheinungsjahr noch eine Bandangabe erforderlich.

53 Zur Verwendung nichtjuristischer Werke, vgl. S. 82.

54 Vgl. S. 93.

von Fachaufsätzen sind, zählen immer wieder zu Ihren Aufgaben. Damit gehören alle Arten von Fachaufsätzen zum Repertoire Ihrer Arbeitsmittel, aber alles zu seiner Zeit und an der richtigen Stelle.

Machen Sie sich im Rahmen von Recherchen klar, wofür Sie konkret eine Quelle recherchieren, wenn Sie auf thematisch einschlägige Aufsätze stoßen. Bearbeiten Sie aktuell einen thematischen Schwerpunkt in der Hausarbeit zu einer ganz konkreten Frage, dann ist auch und gerade ein wissenschaftlich vertiefender Fachaufsatz hierfür relevant. Wollen Sie sich andererseits zunächst einen ersten systematischen Überblick über ein neu zu lernendes Themengebiet erarbeiten, wäre der gleiche Aufsatz weniger geeignet.

VI. Sammelwerk

Sammelwerke zeichnen sich ebenfalls durch eine besondere Aufbau- und Gestaltungskomponente aus, ähnlich wie bei der Loseblattsammlung. Allerdings handelt es sich – wie zuvor dargestellt – bei der Loseblattsammlung nicht um eine inhaltlich eigenständige Textsorte. Das ist beim Sammelwerk anders. Hier kombiniert sich ein gestalterischer mit einem inhaltlichen Aspekt. Das Sammelwerk grenzt sich vor allem von einer Monographie ab. Gesammelt werden hier verschiedene Einzelbeiträge meist in Form von Aufsätzen, die dann aber unter einem gemeinsamen Oberthema zusammengefasst werden und gemeinsam in Buchform erscheinen.

Eine recht häufige Variante von Sammelwerken, mit denen Studierende im Rahmen von Hausarbeiten zu tun haben, sind sogenannte Festschriften. Hierbei handelt es sich ebenfalls um eine spezifische Fachtextart, die von Anfängern aufgrund der Bezeichnung leicht falsch eingeordnet und so in ihrer Bedeutung unterschätzt werden kann.

Bei der Festschrift handelt es sich also um eine bestimmte Form eines Sammelwerks, eine Sammlung wissenschaftliche Beiträge, die unter einem gemeinsamen Oberthema stehen, aber in sich abgeschlossene Einzelbeiträge enthalten, z. B. in Form von Fachaufsätzen. Die Bezeichnung „Festschrift" rührt daher, dass diese Werke typischerweise anlässlich eines Jubiläums (so z. B. die Pensionierung bzw. Emeritierung oder ein runder Geburtstag) eines Wissenschaftlers zu dessen Ehren entstehen. So finden sich z. B. oft die Mitglieder einer „akademischen Familie" zusammen, also die Rechtswissenschaftler, die vom Jubilar betreut und als eine Art akademischen Mentorings promoviert und/oder habilitiert wurden. Zu seinen Ehren wählen sie als gemeinsames Oberthema eines der Spezialgebiete des Jubilars aus und verfassen eine Sammlung von Fachbeiträgen (Aufsätzen) dazu. Das so entstandene Sammelwerk erscheint dann häufig als Druckwerk eines Verlags und wird somit veröffentlicht. Damit kann man es sich als Sammlung von Fachaufsätzen vorstellen. In dieser Form dient eine solche Fachtextsammlung auch als Zitierquelle. Das sollte man für den Umgang und den Einsatz von Sammelwerken wissen, um ihre Bedeutung – vor allem von Festschriften – nicht zu unterschätzen.

Für den Einsatz von Sammelwerken gilt im Wesentlichen das zuvor zum Fachaufsatz Gesagte. Der Unterschied liegt eher im spezifischen inhaltlichen Themenzuschnitt. Besonderheiten des Zitierens aus einem Sammelwerk greifen wir später erneut auf.[55]

VII. Gerichtsentscheidungen

Gerichtsentscheidungen werden in unterschiedlichen Quellenarten und in unterschiedlicher Weise veröffentlicht. Für die unerlässliche Arbeit mit Gerichtsentscheidungen und zur Vorbereitung des korrekten Zitierens sollen hier diese beiden Unterscheidungen betrachtet werden.

1. Entscheidungsart

Zunächst ist eine grundsätzliche Unterscheidung verschiedener Entscheidungsarten vorzunehmen. Detailliertere Abgrenzungen werden im jeweiligen Prozessrecht geregelt. Für die Arbeitstechnik soll hier eine erste grobe Darstellung der Begriffe und die Erkenntnis genügen, dass Gerichtsentscheidungen in unterschiedlichen Formen vorliegen.

a) Urteil

Die gängigste und allgemein bekannte Entscheidungsform eines Gerichts ist typischerweise das Urteil. Ein Urteil ist eine gerichtliche Entscheidung, die ein gerichtliches Verfahren (bzw. eine Instanz) abschließt. Mit dem Urteil wird ganz und umfassend über einen Klageantrag entschieden. Es ergeht in der Regel auf eine (prozessual vorgeschriebene) mündliche Verhandlung.

b) Beschluss

Ein Beschluss ist eine gerichtliche Entscheidung, die über einzelne Verfahrensfragen oder -abschnitte entscheidet. In dieser Form hat der Beschluss also noch keine instanz-abschließende Wirkung.[56] Es gibt aber auch Beschlüsse, die ein Verfahren abschließen, dann ohne eine (zwingend vorgeschriebene) mündliche Verhandlung.

c) Verfügung

Verfügungen als Gerichtsentscheidungen sind für die Arbeitstechnik, besonders für die Zitierung als Quellenangabe die wohl am wenigsten relevante Kategorie. Denn Verfügungen durch Gerichte stellen in der Regel einen internen Verfah-

---

55 Vgl. S. 140.

56 Der Vollständigkeit halber – aber erst im fortgeschrittenen Verlauf des Studiums relevant – sei an dieser Stelle darauf hingewiesen, dass bestimmte Beschlüsse auch als abschließende Entscheidungen ergehen können, z. B. in besonderen Verfahren wie der sogenannten freiwilligen Gerichtsbarkeit nach dem FGG.

rensablauf oder eine Arbeitsanweisung an untergeordnete Bereiche wie z.B. die Geschäftsstellen dar.[57]

Tipp
Zusammenfassend ist für die Arbeitstechnik zunächst die grobe Unterscheidung ausreichend, dass sowohl Urteile als auch Beschlüsse Gerichtsentscheidungen sind, die als Quellen eine Rolle spielen können, gerichtliche Verfügungen eher weniger.[58]

2. Veröffentlichungsart

Gerichtsentscheidungen werden auf unterschiedliche Weise veröffentlicht. In arbeitsmethodischer Hinsicht ist das vor allem für zwei Fragen relevant. Zum einen für die Frage, wie und wo man nach Entscheidungen recherchiert und zum anderen, in welchem Verhältnis die Veröffentlichungsvarianten vor allem in Bezug auf die Zitierung stehen.

a) Amtliche Entscheidungssammlungen

So gibt es zum einen die sog. amtlichen Entscheidungssammlungen, vor allem von den obersten Bundesgerichten, also dem Bundesgerichtshof (BGH), dem Bundesverwaltungsgericht (BVerwG), dem Bundesverfassungsgericht (BVerfG) sowie weiteren obersten Bundesgerichten der Spezialgerichtsbarkeiten.

In Quellenangaben erkennt man die abgekürzte amtliche Entscheidungssammlung durch ein „E“. So heißt also die amtliche Sammlung des Bundesverfassungsgerichts abgekürzt „BVerfGE“, die des Bundesverwaltungsgerichts „BVerwGE“. Beim Bundesgerichtshof wird nicht ein „E“ angehängt, weil hier noch die Unterscheidung des Bundesgerichtshofs in Zivilsachen einerseits und des Bundesgerichtshofs in Strafsachen andererseits berücksichtigt werden muss. So werden diese amtlichen Sammlungen abgekürzt als „BGHZ“ bzw. „BGHSt“ bezeichnet. All diese Kürzel bedeuten also jeweils einen Verweis auf eine Gerichtsentscheidung, die in der amtlichen Sammlung des jeweiligen Gerichts abgedruckt ist. Die Entscheidungsbände haben fortlaufende Nummern.

Auch eine gemeinsame amtliche Entscheidungssammlung der Oberlandesgerichte gibt es, diese wird bezeichnet mit der Kurzangabe „OLG-E“.

Entscheidungen der unteren Instanzgerichte (Amtsgerichte, Landgerichte, Verwaltungsgerichte, Arbeitsgerichte, Sozialgerichte, Finanzgerichte) findet man

---

57 Auch hier sollte im weiteren Verlauf des Studiums beachtet werden, dass der Begriff „Verfügung“ in mehreren rechtlichen Zusammenhängen mit unterschiedlichen Bedeutungen verwendet wird.

58 Aber auch hier muss als weitere Besonderheit die „einstweilige Verfügung“ im Zivilrecht angemerkt werden.

eher in Fachzeitschriften. Das bedeutet aber keineswegs, dass diese für juristische Bearbeitungen außer Acht gelassen werden können, wenn sie thematisch einschlägig sind. Als Argumentations- und Auslegungsquelle ist diese Rechtsprechung ein regelmäßiges Arbeitsmittel.

b) Abdruck in Fachzeitschriften

Außer in den amtlichen Entscheidungssammlungen finden sich Gerichtsentscheidungen in juristischen Fachzeitschriften. Im Laufe der Zeit werden Sie feststellen, dass es eine Vielzahl von Fachzeitschriften gibt, die sich mit Recht im Allgemeinen, also einem Querschnitt verschiedener Rechtsgebiete befassen. Es gibt aber ebenso eine große Zahl von Fachzeitschriften, die sich spezialisiert einem bestimmten Rechtsgebiet oder einem Bereich des Rechts zuwenden.

c) Veröffentlichung in Fachdatenbanken

Vor allem die Spezialisierung, Ausdifferenzierung und die Neuentstehung von Rechtsgebieten und -bereichen hat zur Folge, dass die Gesamtmenge an recherchierbaren Quellen, Entscheidungen, Texten stetig ansteigt. Das gilt besonders für die Rechtsprechung. Gerade da sind die Möglichkeiten der Digitalisierung für die gezielte Suche ein praktisches Hilfsmittel, wenn man es richtig einzusetzen weiß. Dazu zählen Fachdatenbanken, in denen sich – nicht nur – Rechtsprechung mit der richtigen Suchstrategie sehr gezielt recherchieren lässt. Die Veröffentlichung von Rechtsprechung in dieser Form hat mehrere Vorteile.

Zunächst erleichtern Fachdatenbanken generell die gezielte Recherche und Auffindbarkeit über Suchparameter durch die Digitalisierung erheblich.

Zusätzlich enthalten einige Datenbanken nicht nur die Angabe, wo Sie eine Gerichtsentscheidung abgedruckt finden können, sondern häufig[59] das Urteil selbst vollständig oder teilweise.[60]

Nun hat aber bei Quellenangaben noch immer das gedruckte Werk grundsätzlich Vorrang. So könnte es passieren, dass Sie zwar die gesamte Entscheidung bereits online abrufen und inhaltlich bearbeiten konnten, dann für eine korrekte Zitierung daraus aber doch noch dem gedruckten Werk nachgehen müssen, um die Zitatstelle ausreichend konkret zu fassen.[61] Da schaffen Datenbanken oft Ab-

---

59 Gerade bei Fachdatenbanken hängen die Möglichkeiten jeweils von den an ihrem Studienstandort verfügbaren Lizenzen der Fachbibliotheken ab. Informieren Sie sich daher frühzeitig über Ihre Zugriffsmöglichkeiten.

60 Zum Veröffentlichungsumfang vgl. den nächsten Abschnitt, S. 79.

61 Der grundsätzliche Vorrang der gedruckten Quelle gehört noch immer soweit zum Standard, dass Sie sich im Zweifel daran halten sollten. Zwar sind auch in der Rechtswissenschaft die Zitierkonventionen in der Diskussion und einem allmählichen Wandel ausgesetzt. Noch aber ist der Vorrang der gedruckten Quelle gegenüber der digitalen – jedenfalls für studentische Arbeiten – nicht so gelockert, dass man ruhigen Gewissens den Verzicht auf diese Vorrangregel empfehlen kann.

hilfe. Denn Rechtsprechung, die ursprünglich als gedruckte Entscheidung in einer amtlichen Sammlung und/oder in Fachzeitschriften veröffentlicht wurde, wird in Fachdatenbanken inzwischen häufig so verfügbar gemacht, dass das elektronische Dokument auch die Seitenangaben der gedruckten Veröffentlichung beinhaltet.[62] Das versetzt Sie in die Lage, mit dem elektronischen Dokument so zu arbeiten und vor allem daraus zu zitieren, als hätten Sie mit dem gedruckten Werk gearbeitet. Wollen Sie eine konkrete Stelle daraus zitieren, können Sie dem so gestalteten elektronischen Dokument entnehmen, auf welcher Seite (oder in welcher Randnummer) der Druckversion sich die konkrete Zitatstelle befindet.

Noch ein weiteres typisches Recherche-Problem wird inzwischen durch Datenbanken verringert. Nicht selten wird die gleiche Entscheidung in mehreren Fachzeitschriften parallel veröffentlicht, auch die gleichzeitige Veröffentlichung in der amtlichen Sammlung einerseits und in diversen Fachzeitschriften andererseits kommt häufig vor. So kann es passieren, dass Sie über die üblichen Recherchewege auf vermeintlich mehrere einschlägige Urteile stoßen, die inhaltlich zu Ihrer Recherche-Aufgabe passen. Oft stellt man dann bei der intensiveren Bearbeitung fest, dass man mehrere Male das gleiche Urteil recherchiert hat, nur in verschiedenen Quellen wie z. B. unterschiedlichen Fachzeitschriften. Über Fachdatenbanken lässt sich das schnell klären, weil in der Regel als ein Teil der Digitalisierung die Information „Parallelfundstellen" aufgenommen wird. Dadurch erhalten Sie eine Liste aller Veröffentlichungen, anhand derer Sie schneller feststellen können, ob Sie ein Urteil bereits gefunden haben, oder ob das aktuell entdeckte wirklich neu ist.

Tipp

Erkundigen Sie sich nach den Möglichkeiten Ihres Studienstandorts besonders im Hinblick auf Recherche. Nehmen Sie Informationsangebote und Schulungen wahr.

Gerade in Bezug auf Rechtsprechung kann der kundige Umgang mit elektronischen Datenbanken sehr hilfreich sein und die Arbeitseffizienz steigern. Das aber erfordert, vorab einmal Zeit in das Erlernen dieses Umgangs zu investieren. Diese Zeitinvestition zahlt sich über das Studium hinweg in jedem Fall aus.

3. Veröffentlichungsumfang

Besonders für Studienanfänger ist oft der Veröffentlichungsumfang ein Problem und macht so manche Recherche im Nachhinein zu einer frustrierenden Erfahrung. Deshalb sollten Sie frühzeitig wissen, was diesen Umfang der Veröffentlichung unterscheidet und dies bei gleich bei Ihren ersten Recherchen berücksichtigen können.

62 Vgl. dazu das Beispiel auf S. 102.

a) Leitsatz

Für Gerichtsentscheidungen werden in der Veröffentlichung Leitsätze formuliert. Das sind die zentralen Kernaussagen der Entscheidung, derentwegen sie ergangen ist. Dies kann je nach Entscheidung ein einzelner Leitsatz sein oder mehrere Leitsätze umfassen, die dann meist nummeriert sind.

Die Leitsätze können vom Gericht selbst verfasst sein, oder von der Veröffentlichungsstelle hinzugefügt worden sein (sog. redaktioneller Leitsatz, der z. B. vom Betreiber der Datenbank ergänzt wird). Die Veröffentlichung der Entscheidung kann sich – gerade in Datenbanken – oft in diesem Leitsatz oder den Leitsätzen erschöpfen. Das bedeutet, eine vollständige Urteilsbegründung ist (an dieser Stelle) gar nicht mit veröffentlicht. Gerade, wenn Sie eine Auswahl mehrerer Parallelfundstellen vor sich haben, lohnt ein Blick auf die jeweiligen Klammerzusätze der einzelnen Veröffentlichungsangabe. Ist hier nur „Leitsatz" angegeben, ist auch nur dieser abgedruckt.

b) Volltext

Während Sie also die Leitsätze veröffentlichter Entscheidungen immer erhalten, benötigen Sie bei der Recherche z. B. für Ihre Hausarbeit in aller Regel eine Volltextveröffentlichung. Denn selten genügen Ihnen für diese Zwecke schon die Leitsätze. Dort ist dann zwar in der Regel die zentrale rechtliche Kernaussage des Urteils genannt, aber eben auch nur diese Kernaussage, nicht die Urteilsbegründung im Einzelnen. Sind Sie auf diese angewiesen, was der Regelfall sein dürfte, sollten Sie Fundstellen bevorzugen, die mit „Volltext" oder mit „Leitsatz und Gründe" gekennzeichnet sind.

4. Auffinden der richtigen Veröffentlichung – Vermeidung von „Mehrfachtreffern"

Um arbeitsökonomisch an die benötigte Variante einer Entscheidung zu gelangen, bieten elektronischen Datenbanken ein Instrument, dass Sie frühzeitig kennen lernen sollten. Die Rede ist von den Fundstellennachweisen oder Querverweisen. Der Name variiert je nach Datenbank und Gestaltung der Trefferseite. Die Funktion ist aber immer die gleiche, nämlich die Angabe, wo und in welchem Umfang das gleiche Urteil noch veröffentlicht bzw. abgedruckt ist.

Oft findet sich eine Vielzahl von Veröffentlichungen des gleichen Urteils. Wie wir in den vorherigen Abschnitten gesehen haben, gibt es bei Art und Umfang der Veröffentlichung aber Unterschiede bzw. Varianten. Das kann in der Bearbeitung praktisch dazu führen, dass Sie bei der Recherche auf mehrere ähnlich einschlägige Urteile stoßen, die sich alle mit der Frage beschäftigen. Stellen Sie sich vor, Sie finden den ersten Treffer in einer amtlichen Entscheidungssammlung, den zweiten in einer Fachzeitschrift und den dritten in einer elektronischen Fachdatenbank. Bei genauerer Lektüre stellen Sie allmählich fest, dass Sie diese Begründung so doch schon in einem „anderen" Urteil gelesen haben. Und wieder ein weiteres klingt wie die Kurzfassung des ersten oder zweiten Urteils. Die Lösung ist simpel. Es ist in allen drei Fällen dasselbe Urteil, nur entdeckt in drei unterschiedlichen Quellen. Das passiert häufiger, als Sie das jetzt vielleicht annehmen.

Bis Ihnen nämlich dämmert, dass es vielleicht das gleiche Urteil sein könnte, haben Sie auf normalem Wege vermutlich schon deutliche Mehrarbeit bei Recherche, Durcharbeitung und Nachvollziehen der Urteilsgründe aufgewendet. Um das zu vermeiden, gibt es im Wesentlichen zwei Arbeitstechniken.

Zum einen sollten Sie Urteile für sich in der internen Recherche immer mit dem Aktenzeichen identifizieren, denn nur das ist eindeutig. Ob ein Urteil aus einer Zeitschrift inhaltlich identisch ist mit einem weiteren Treffer in einer anderen Zeitschrift, können Sie anhand der Textinhalte erst relativ spät feststellen und in der Regel gar nicht durch Äußerlichkeiten. Denn der Umfang des Abdrucks in den beiden Zeitschriften kann unterschiedlich sein. Das Aktenzeichen aber verrät Ihnen, ob es wirklich verschiedene Urteile sind, oder immer dasselbe.

Die zweite Arbeitstechnik ist der gezielte Blick in die Fundstellennachweise bzw. Querverweise in elektronischen Datenbanken. Haben Sie ein Urteil dort aufgerufen, gibt es je nach Gestaltung des Seitenaufbaus an einer Stelle eine Auflistung aller Fundstellen, in denen das gleiche Urteil noch zu finden ist. Außerdem ist hier oft ergänzend angegeben, in welchem Umfang die Veröffentlichung stattgefunden hat. Üblich sind hier – wie im vorherigen Abschnitt beschrieben – z. B. Angaben wie „Nur Leitsatz“ oder „Leitsatz und Gründe“. Vor allem dann, wenn Sie bisher als ersten Treffer nur die Leitsätze zur Verfügung haben, können Sie hieran schnell sehen, welche Parallelveröffentlichung sich zu recherchieren lohnt, weil dort auch die Entscheidungsgründe abgedruckt sind.

VIII. Entscheidungsanmerkung

In Entscheidungsanmerkungen[63] setzen sich Autoren mit einer Gerichtsentscheidung inhaltlich auseinander. Sie erläutern, nehmen Stellung, kritisieren, argumentieren mit den oder gegen die Ausführungen des Gerichts. Bei der Bestimmung der Textsorte sollte man zwei Unterarten differenzieren. Besonders für die spätere Zitierung ist diese frühzeitige Unterscheidung sinnvoll.

Als eigenständige Variante ist die Anmerkung wie ein Fachaufsatz angelegt. Das heißt, sie wird als eigenständiger Text veröffentlicht, in der Regel mit eigenem Titel und mit der Bezugnahme auf die Entscheidung als eine Art Untertitel. Diese Variante wird wie ein Fachaufsatz behandelt, dem als inhaltlicher Aufhänger eine Gerichtsentscheidung zugrunde liegt. Für die inhaltliche Verwendung gelten keine Besonderheiten gegenüber thematisch eigenständigen Fachaufsätzen. Le-

---

63 Die begriffliche Bezeichnung variiert je nach Veröffentlichungsmedium. Auch „Urteilsanmerkung“ sowie „Entscheidungsbesprechung“ oder „Urteilsbesprechung“ kommen als Begriff zur Anwendung. Unabhängig von diesen Begrifflichkeiten stellt dies aber eine gemeinsame Textsorte dar. Entscheidend für die Zuordnung ist dabei der Ansatz einer inhaltlichen Auseinandersetzung mit einer gerichtlichen Entscheidung und ihrer Begründung.

diglich bei der Zitierung sollte die Bezugnahme auf die Entscheidung wie ein Untertitel aufgenommen werden.

Als unselbständige Variante wird die Anmerkung direkt mit der abgedruckten Entscheidung veröffentlicht. Dies geschieht entweder als Ergänzungstext angehängt an die Entscheidung, oder teilweise auch in der Form, dass die Anmerkung mit den Urteilsinhalten in eine gemeinsame Darstellung einfließt. Dann wird z. B. die Gerichtsentscheidung innerhalb dieser Anmerkung zunächst in wesentlichen Zügen inhaltlich wiedergegeben und sodann zu den inhaltlichen Ausführungen und Begründungen des Gerichts Stellung genommen.

Der Unterschied zur selbständigen Variante besteht vor allem darin, dass die unselbständige keinen eigenen Titel hat. Die Bezugnahme zur Entscheidung, die in der selbständigen Variante nur als Untertitel fungiert, wird dann zum Titel der Anmerkung. Das ist deshalb notwendig, da die Anmerkung – wenn Sie in Fußnoten als Beleg verwendet wird – ins Literaturverzeichnis aufzunehmen ist, die Gerichtsentscheidung selbst aber nur in Fußnoten, nicht aber im Literaturverzeichnis aufgeführt wird.[64]

Inhaltlich ist genaues Augenmerk vor allem bei der o.g. kombinierten Darstellung geboten. Da sich hier Entscheidungsgründe des Gerichts und Gedanken des Anmerkungsautors in einem Text verbinden, muss besonders auf die differenzierte Zuordnung geachtet werden, also von wem jeweils ein Gedanke stammt, der zitiert wird.[65]

IX. Internetquellen

Wie schon der Begriff nahelegt, geht es hier nicht um eine eigene inhaltliche Kategorie, sondern vielmehr um Ort und Form der Quelle. Diese aber hat Besonderheiten und Auswirkungen auf die inhaltliche Verwendung.

Grundsätzlich kommen Internetquellen dann als zitierfähige Quellen in Betracht, wenn es sich um originäre Quellen handelt, die also nur online existieren.[66] Das macht die Abgrenzung deutlich. Sie sollten eben nicht nur als Ersatz für eine eigentlich als Druckwerk existierende Quelle herangezogen werden. Gibt es die Informationen in einer gedruckten Quelle, so sollte diese Vorrang vor ihrem nur elektronischen Abbild haben.[67]

---

64 Vgl. dazu S. 139.

65 Denn für die korrekte Zitierung ist maßgeblich, dass der zitierte Gedanke dem richtigen Autor/Urheber zugeordnet wird, vgl. dazu S. 129.

66 Als Anschauungsbeispiele, die gerade für Studienanfänger interessant sein könnten, seien hier die „Zeitschrift für das Juristische Studium" (www.zjs-online.com) und die „Legal Tribune Online" (www.lto.de) genannt.

67 So jedenfalls die lange Zeit einschlägige Grundregel. Mit zunehmender Entwicklung und Etablierung vor allem der elektronischen Fachdatenbanken findet aber ein Wandel in der Anerkennung der Onlinequellen statt. Vor der Verwendung von Internetquellen anstelle

Diese Regel erfährt arbeitstechnisch gewisse Durchbrechungen, nicht als inhaltliche Regel selbst, sondern in der praktischen Herangehensweise. Mittlerweile stellen zahlreiche Fachdatenbanken juristische Fachquellen, z. B. Gerichtsentscheidungen, in einer Form zur Verfügung, die als Ersatz der Druckversion so gestaltet sind, dass sich mit ihnen arbeiten lässt, als hätte man die Druckversion verwendet.

Beispiel

Verschiedene Fachdatenbanken stellen Gerichtsurteile inzwischen oft so dar, dass Internetdokumente zwar HTML-Fließtext sind, dort aber regelmäßige Zeilenunterbrechungen in Form von Zahlen eingefügt sind. Auf den ersten Blick wirkt es, als seien diese Zahlen eher willkürlich irgendwo mitten in den Text der Urteilsbegründung gesetzt. Das Gegenteil ist der Fall. Die Zahlen bezeichnen die Seitenzahlen aus der amtlichen Entscheidungssammlung oder der (gedruckten) Zeitschrift, in der das Urteil als Druckversion veröffentlicht ist. Die Position ist deshalb z. T. mitten im Satz, weil genau hier der Text auf die nächste Seite wechselt. So können Sie anhand des elektronischen Dokuments genau nachvollziehen, welcher Teil des Satzes noch auf der vorherigen und welcher auf der nächsten Seite steht. Diese Form der Digitalisierung von gedruckten Quellen versetzt Sie in die Lage, anhand des elektronischen Dokuments so zitieren zu können, als hätten Sie die gedruckten Quelle in Händen gehalten.

Ein Anwendungsfall für die Zitierung aus einer Internetquelle liegt auch dann vor, wenn es zur Fundstelle zwar eine grundlegende Druckversion gibt, die Onlinefundstelle aber zusätzliche Informationen enthält die gar nicht, oder jedenfalls so nicht in der gedruckten Version enthalten sind. Es sollte also auf Eigenarten oder Besonderheiten der Internetquelle ankommen.

X. Materialien

Materialien sind ebenfalls eine besondere juristische Textsorte. Sie dokumentieren die Entstehungsgeschichte und vor allem die Beweggründe des Gesetzgebers und werden insbesondere zur Auslegung von Gesetzen herangezogen. Diese gibt es in den Archiven der Gesetzgebungsorgane, also als amtliche Dokumente.[68] Hieraus lassen sich zum einen Entstehungsgeschichte und historische Entwicklung von Gesetzen entnehmen. Außerdem lassen sich vor allem für die Auslegung von Gesetzen Anhaltspunkte für die Beweggründe des Gesetzgebers ermitteln.

---

von gedruckten Veröffentlichungen, empfehle ich deshalb eine genaue Erkundigung über deren Zulässigkeit bei Ihren Institutionen und Lehrenden.

68 Dazu gehören u. a. die Drucksachen des Bundestages (BT-Drs.), in denen z. B. Protokolle der Gesetzesberatungen veröffentlicht sind.

Ein Beispiel für amtliche Dokumente zu den Beweggründen für das BGB sind die Motive zum Bürgerlichen Gesetzbuch.[69] Während es sich hierbei um die amtlichen Dokumente des Gesetzgebungsorgans handelt, sind die Beweggründe des Gesetzgebers zum Teil auch als selbstständig herausgegebene Sammlungen veröffentlicht, vergleichbar mit Monographien. Als Beispiel hierfür ist die Sammlung von Mugdan[70] zu nennen.

D. Nichtjuristische Werke

Selbstverständlich können und sollen auch Werke außerhalb der juristischen Fachquellen zur Bearbeitung herangezogen werden und sind grundsätzlich zitierfähig.[71]

Für die Verwendung nichtjuristischer Werke – insbesondere für die Verwendung bei einer Seminar- oder Hausarbeit – stellt sich zunächst die Frage nach der generellen Qualität und Seriosität der Quelle. Doch selbst, wenn diese unproblematisch erscheint, sollten einige Einschränkungen oder zumindest Vorüberlegungen stattfinden, bevor zu unbedarft auf allgemeine Quellen zurückgegriffen wird. Der inhaltliche Bezug und Rahmen sind dabei entscheidend. Quellenart und Informationsart, die belegt werden soll, sollten qualitativ zueinander passen. Handelt es sich um juristische Fachinformationen, benötigen Sie auch eine juristische Fachquelle als Beleg. Geht es um Fachinformationen einer anderen Wissenschaftsdisziplin, sollte anerkannte wissenschaftliche Fachliteratur des jeweiligen Fachs verwendet werden. Wollen Sie sich auf allgemeinpolitische Zusammenhänge beziehen, kann hierfür auch ein Artikel aus einer (seriösen) Tageszeitung geeignet sein.

Tipp

Beachten Sie für die Auswahl passender Quellen grundsätzlich:
Je fachlicher und fachbezogener die Information ist, die Sie belegen wollen, desto fachlicher und fachbezogener sollte auch die Quelle dazu sein.[72]

69 Motive zu dem Entwurfe eines Bürgerlichen Gesetzbuches für das Deutsche Reich, 1888.

70 *Mugdan, Benno*, Die gesammten Materialien zum Bürgerlichen Gesetzbuch für das Deutsche Reich, 1899.

71 Zu den Kriterien der Zitierfähigkeit allgemein vgl. S. 129.

72 Für den Anfang sollte man darauf achten, dass hierbei einfach kein Missverhältnis entsteht. Wer z. B. Definitionen über die vertraglichen Rechte von Mietern aus den Sichtweisen einer populären Tageszeitung mit vier großen Buchstaben herleiten will, wählt eine Quelle, die nicht zur Qualität der Information passt.

Kapitel 4: Informationsverarbeitung – Umgang mit Erkenntnisquellen

Zusätzlich zu den Sachverhaltsinformationen müssen auch die einschlägigen juristischen Fachinformationen herausgearbeitet werden. Um überhaupt Ansatzpunkte für relevante rechtliche Überlegungen finden zu können, ist im ersten Schritt eine möglichst weitgehende Herausarbeitung der tatsächlichen Fallinformationen wie oben beschrieben notwendig. Hat man darüber erste Fachinformationsquellen erschlossen, müssen diese ausgewertet werden. Auch bei diesem Schritt sind verschiedene typische und zentrale Arbeitstechniken und -methoden anzuwenden.

A. Gesetzessystematik & Regelungstechnik

Rechtliche Normen sind die wichtigsten und vorrangigen Erkenntnisquellen juristischer Arbeit. Sprachliche und fachsprachliche Formulierungen und deren juristische Bedeutung erkennen, auswerten und anwenden können, ist deshalb die zentrale Kompetenz juristischer Arbeitstechnik. Schon bei der Informationsgewinnung wurde dies in den Fokus gerückt. Und es gilt ebenso für die Auswertung vor allem rechtlicher Vorschriften. Hier gilt es, die systematischen Grundprinzipien und Regelungstechniken zu verstehen und anzuwenden.

I. Normenhierachie

Nach dem sogenannten „Stufenaufbau der Rechtsordnung“[73] stehen die verschiedenen Gruppen rechtlicher Vorschriften in einem hierarchischen Verhältnis (Abb. 10).

73 *Röhl/Röhl*, S. 307 unter Hinweis auf *Merkl*, Band I/1, 1993, S. 227 und *Kelsen/Jestaedt*, S. 228 ff.

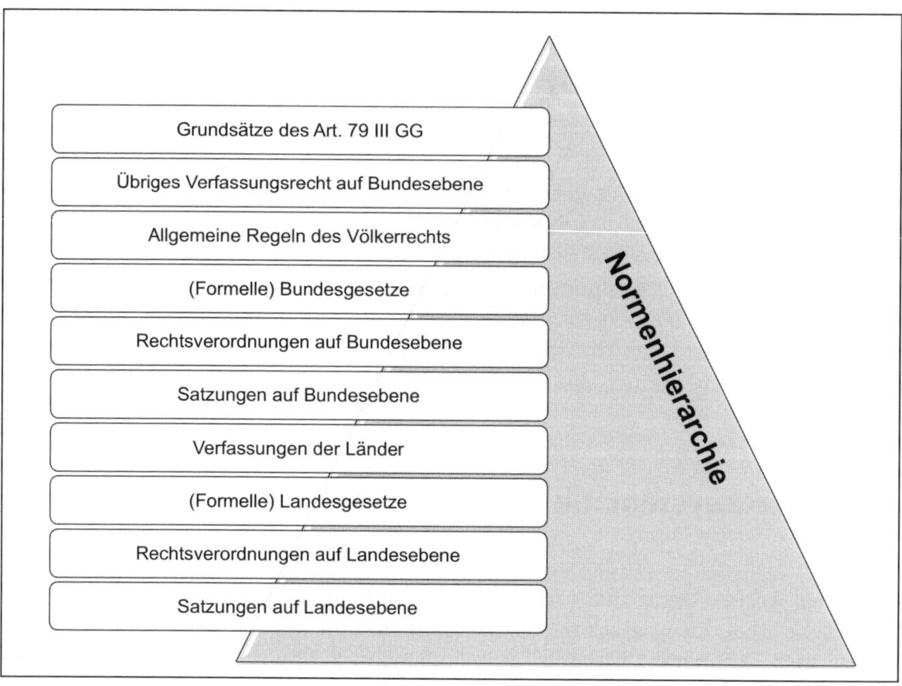

Abb. 10: Normenhierarchie nach dem Stufenaufbau der Rechtsordnung

Tipp

Bei der Frage der Normenhierarchie geht es vor allem darum, welche von mehreren kollidierenden Vorschriften im Einzelfall anzuwenden ist.[74]
Etwas anderes steckt hinter der Frage der Gesetzgebungskompetenz. Dort ist zu klären, wer für bestimmte Regelungsbereiche und damit für den Erlass entsprechender Vorschriften zuständig ist.
Beides kann man leicht verwechseln bzw. gedanklich vermischen. Denn in der Regel werden Sie sich in einem Hauptfachstudium der Rechtswissenschaft bereits in den ersten beiden Semestern mit den Artikeln des Grundgesetzes näher befassen und diese spielen bei beiden Fragen eine entscheidende Rolle.

74 Dazu mehr im folgenden Kapitel, vgl. S. 76.

II. Tatbestandsvoraussetzungen – Rechtsfolge

Eine wichtige Struktur, die vielen rechtlichen Vorschriften zugrunde liegt, ist zunächst die Aufteilung in Tatbestand/Voraussetzungen einerseits und Rechtsfolge/n andererseits. Hierzu frühzeitig ein gutes Verständnis zu entwickeln ist für zahlreiche Fragen der juristischen Arbeitstechnik elementar wichtig und hilfreich.

Es geht also darum, innerhalb einer Vorschrift herauszufinden, was genau die einzelnen Voraussetzungen sind, unter denen die Vorschrift nach dem Willen des Gesetzgebers zur Anwendung kommen soll. Im zweiten Schritt ist zu klären, welche Rechtsfolge genau von der Vorschrift angeordnet wird, wenn die Voraussetzungen tatsächlich vorliegen. Diese Aufteilung stellt also eine Wenn-Dann-Struktur dar: WENN bestimmte Voraussetzungen vorliegen, DANN tritt eine bestimmte Rechtsfolge ein. Ein geschultes Auge für eine schnelle Erfassung dieser Systematik hilft vor allem dabei, die „richtigen", d. h. zu prüfenden, Normen zu finden.

Dabei sollte der erste Blick auf die Rechtsfolge gelegt werden. Entspricht diese Rechtsfolge schon nicht dem, wonach gesucht ist, ist das Prüfen der Tatbestandsvoraussetzungen nicht notwendig. Ist die Rechtsfolge passend, muss ermittelt werden, unter welchen Voraussetzungen diese ausgelöst wird.

Voraussetzungen einer Norm müssen (in allen Rechtsgebieten) systematisch (ein)geordnet werden. Dabei geht es zum einen darum, ob das gemeinsame Vorliegen mehrerer Voraussetzungen erforderlich ist (kumulativ) oder ob das Vorliegen einer von mehreren Voraussetzungen genügt (alternativ). In der Regel kann diese Unterscheidung anhand der vom Gesetzgeber verwendeten Formulierung vorgenommen werden. Das wichtigste Kriterium dafür ist, ob die Voraussetzungen mit einem „und" oder mit einem „oder" verbunden sind.

Bei der Systematik von Tatbestand und Rechtsfolge ist zudem zu beachten, dass es nicht allein an bestimmten Begriffen festzumachen ist, ob es sich um Voraussetzungen oder Rechtsfolgen handelt. Diese Unterscheidung muss vielmehr systematisch erfolgen. Es kann durchaus vorkommen, dass der gleiche Begriff in einer Darstellungsvariante sowohl Voraussetzung als auch Rechtsfolge sein kann.

Beispiel

In besonderer Form zeigt sich das z. B. beim Straftatbestand des Mordes, *§ 211 StGB*:
Hier wird die Einstufung „Mörder" zu sein, sowohl als Voraussetzung, als auch als Rechtsfolge verwendet. So lautet *§ 211* Abs. 1 StGB:

„Der Mörder wird mit lebenslanger Freiheitsstrafe bestraft."

Teilt man diesen Absatz (der nur aus diesem einen Satz besteht) in Voraussetzungen und Rechtsfolge auf, so liegt die Voraussetzung der Norm in der Eigen-

schaft, Mörder zu sein. Liegt diese Voraussetzung vor, so tritt als Rechtsfolge die Bestrafung mit lebenslanger Freiheitsstrafe ein. Oder kürzer in der „Wenn-Dann-Formulierung": Wenn jemand Mörder ist, dann wird er mit lebenslanger Freiheitsstrafe bestraft."
In *§ 211 Abs. 2 StGB* ist dann weiter ausgeführt:

> „Mörder ist, wer
>
> aus Mordlust, zur Befriedigung des Geschlechtstriebs, aus Habgier oder sonst aus niedrigen Beweggründen,
>
> heimtückisch oder grausam oder mit gemeingefährlichen Mitteln oder
>
> um eine andere Straftat zu ermöglichen oder zu verdecken,
>
> einen Menschen tötet."

In Absatz 2 wird die Eigenschaft, als Mörder eingestuft zu werden, also zur Rechtsfolge. Als „Wenn-Dann-Formulierung" etwa: Wenn jemand die Tötung auf bestimmte Weise oder aus bestimmten Gründen begeht, dann ist er als Mörder einzustufen.

III. Regelungen zur Kollision gesetzlicher Vorschriften

Auf der Suche nach passenden Normen in juristischen Fallbearbeitungen stößt man zwangsläufig auf Konstellationen, in denen mehrere Vorschriften den Voraussetzungen nach in Frage kommen. Oft unterscheiden sie sich aber in der Rechtsfolge, so dass zu entscheiden ist, welche Vorschrift man auf den eigenen Sachverhalt anwenden muss.

1. Art des Vorrangs

Dabei geht es zunächst um die Frage, welche Wirkung der Vorrang einer Regel entfaltet, oder anders gesagt, wie intensiv die Bevorzugung der einen Regel gegenüber der anderen ausfällt. Man unterscheidet dabei zwischen „Anwendungsvorrang" und „Geltungsvorrang". So kann man einerseits eine Regelung gegenüber einer anderen Regelung vorrangig ***anwenden***. Man spricht dann vom „Anwendungsvorrang". Wird hingegen die zurücktretende Vorschrift durch die zu bevorzugende Regel ***aufgehoben***, liegt ein Fall des „Geltungsvorrangs" vor.

Die Frage, die sich in der Bearbeitung stellt, lautet also:

Wird die nachrangige Norm (nur) in der Anwendung verdrängt (Anwendungsvorrang), oder wird sie in ihrer Geltung (ganz) aufgehoben (Geltungsvorrang)?

Diese Frage sollten Sie zunächst im Hinterkopf behalten, denn ihre Beantwortung hängt davon ab, welche konkrete Vorrangregel im Einzelfall gilt. Andererseits muss man sich dieser Unterscheidung auch vorab bereits bewusst sein, denn nur dann kann man die konkreten Vorrangregeln auch richtig anwenden.

2. Einzelne Vorrangregeln

Die einzelnen Vorrangregeln sind nur teilweise gesetzlich geregelt.[75] In ihrer gesamten Ausprägung entstammen sie der juristischen Methodenlehre.[76]

a) Höherrangiges Recht vor niederrangigem Recht

Für diese konkrete Vorrangregel ist die Normenhierarchie aus dem vorherigen Kapitel[77] von Bedeutung.

„Lex superior derogat legi inferiori" bedeutet, dass die höherrangige Regelung der niederrangigen vorgeht. Hierzu gehören sowohl Fälle des Anwendungs- als auch des Geltungsvorrangs.

Einen umstrittenen Sonderfall stellt dabei die Einordnung des primären und sekundären europäischen Gemeinschaftsrechts, also kurz des Europarechts dar. Hier vertreten das Bundesverfassungsgericht (BVerfG) und der Europäische Gerichtshof (EuGH) leicht unterschiedliche Sichtweisen. Diese wiederum haben Auswirkungen auf die Einordnung der Europarechtsvorschriften.[78]

In jedem Fall aber gilt für das Europarecht stets nur ein Anwendungsvorrang, kein Geltungsvorrang.

b) Spezielle Regelung vor allgemeiner Regelung

Liegen eine speziellere, konkretere, enger gefasste Regelung („lex specialis") einerseits und eine allgemeiner gefasste Vorschrift („lex generalis") andererseits vor, die für einen konkreten Fall bzw. eine Frage einschlägig sind, so gilt der Vorrang der spezielleren Vorschrift.

Hier kommt (nur) ein Anwendungsvorrang zum Tragen. Denn die allgemeine Vorschrift ist bewusst offener, abstrakter formuliert. Dadurch hat sie eine fortdauernde Existenzberechtigung, die gerade in ihrem (weitergehenden) Geltungsbereich besteht und erhalten bleiben muss. Meistens sind die allgemeinen Vorschriften, zu denen es auch speziellere Einzelnormen gibt, bewusst als allgemeiner Auffangtatbestand formuliert. Das soll verhindern, dass vergleichbare Fälle „durchrutschen", weil sie von keiner der enger gefassten Spezialvorschriften er-

---

75 So z. B. in Art. 31 GG: „Bundesrecht bricht Landesrecht".

76 Ein Überblick dazu findet sich z. B. bei *Röhl/Röhl*, § 73 I.

77 Vgl. S. 83.

78 Legt man die Ausführungen des BVerfG hierzu zugrunde, wäre das Europarecht hierarchisch eher nach den Grundsätzen des Art. 79 GG und vor dem übrigen formellen Verfassungsrecht auf Bundesebene einzuordnen. Der EuGH hingegen geht von einem unbedingten Vorrang des Gemeinschaftsrechts aus, damit würde das Europarecht über allen nationalen Vorschriften – also auch noch über den Grundsätzen des Art. 79 GG – stehen. Als Aufhänger soll das hier bzgl. der Vorrangregeln im Rahmen der Arbeitstechnik soweit genügen, mit Details dieser Einordnung und der weitergehenden Bedeutung werden Sie in den Vorlesungen zum Verfassungsrecht und zum Europarecht zu tun haben.

fasst werden. Daher darf die allgemeine Vorschrift nicht vollständig ihre Gültigkeit verlieren, also kein Geltungsvorrang, nur Anwendungsvorrang.

Die Unterscheidung einer spezielleren Regelung von einer allgemeinen wird danach vorgenommen, dass die speziellere alle Merkmale der allgemeinen Regelung enthält und mindestens eine weitere (speziellere) Voraussetzung zusätzlich.

Beispiele

Diese Regel wirkt sich in allen Rechtsgebieten aus. So stellen z. B. im Strafrecht Qualifikationen (höhere Strafe) und Privilegierungen (mildere Strafe) die Spezialregelungen gegenüber dem jeweiligen Grundtatbestand dar.

Im Verwaltungsrecht (Teil des *öffentlichen* Rechts), werden als Basis für behördliches Handeln Ermächtigungsgrundlagen benötigt. Hierbei sind die spezielleren Ermächtigungsgrundlagen vor der Generalklausel zur Gefahrenabwehr (also einer deutlich allgemeiner gefassten Ermächtigungsgrundlage) heranzuziehen.

Im Verfassungsrecht (ebenfalls Teil des *öffentlichen* Rechts) gilt die Vorrangregel z. B. im Verhältnis der Freiheitsrechte des Grundgesetzes. Hier gehen die besonderen Freiheitsrechte (z. B. die Meinungsfreiheit des Art. 5 GG oder die Berufsfreiheit des Art. 12 GG) dem Grundrecht der allgemeinen Handlungsfreiheit aus Art. 2 Abs. 1 GG vor.

c) Spätere Regelung vor früherer Regelung

Die spätere Regelung geht der früheren vor. Diese Vorrangregel in zeitlicher Hinsicht lautet lateinisch „lex posterior derogat legi priori". Dieser Vorrang kann ausdrücklich angeordnet werden. Das findet sich dann in den sog. „Übergangs- und Schlussbestimmungen" des jeweiligen Gesetzes. Die Anwendung ist aber auch konkludent[79] möglich. In beiden Fällen kommt der neueren Vorschrift ein Geltungsvorrang zu, dadurch wird die ältere Vorschrift – eben ausdrücklich oder konkludent – aufgehoben.

3. Bedeutung für die Arbeitstechnik

Für die juristische Arbeit ist ein grundlegendes Verständnis der Vorrangregeln deshalb von Bedeutung, weil sie bereits Auswirkungen auf den Prüfungsaufbau haben können, bevor es um ihre inhaltlichen Auswirkungen geht. So sind in einem juristischen Gutachten basierend auf den Vorrangregeln auch in der Prüfungsreihenfolge die spezielleren Vorschriften vor den allgemeineren zu prüfen.

---

79 D.h., es ergibt sich aus den Umständen auch ohne ausdrücklich erklärte Anordnung. In der Rechtssprache wird der Begriff vor allem im Zusammenhang mit einer Handlung bzw. einem Verhalten verwendet. Konkludentes Handeln oder Verhalten lässt auf einen bestimmten Willen schließen und erfordert deshalb keine ausdrückliche Erklärung dieses Willens.

IV. Muss-/Soll-/Kann-Vorschriften

Die vom Gesetzgeber verwendete Formulierung gibt in zahlreichen Vorschriften Auskunft darüber, wie die Vorschrift auszulegen und anzuwenden ist. Damit kann die verwendete Formulierung vor allem auch Hinweise für den systematischen Aufbau der Prüfung liefern. Eine typische sprachliche Figur, mit der der Gesetzgeber eine bestimmte Systematik zum Ausdruck bringt, ist der gezielte Einsatz der Begriffe „muss", „soll" und „kann".

Dabei sind Unterscheidung und Abstufung der Begriffe weniger fachlich juristisch, sondern eher allgemein-sprachlich zu verstehen. Die fachlich juristische Systematik entsteht dadurch, dass mit diesen Begriffen Tatbestandsvoraussetzungen und Rechtsfolgen einer Vorschrift verbunden werden.

Beispiel

Ein sehr häufiger Anwendungsfall ist das einer Behörde eingeräumte Ermessen bei einer Entscheidung, wie u.a. einer behördlichen Genehmigung. Wenn zum Beispiel die zuständige Behörde nach bestimmten Kriterien entscheiden soll, ob eine Genehmigung erteilt oder verweigert wird, kann der Gesetzgeber durch diese Sprachfigur den Umfang des Ermessens regeln. Das bedeutet, der Gesetzgeber legt vorab fest, in welchen Fällen wieviel Ermessen der Behörde (noch) zusteht und wieviel bereits vom Gesetzgeber als Rahmen der Entscheidung vorgegeben ist, der von der Behörde nicht mehr verlassen werden darf.

„Muss" verwendet der Gesetzgeber also, um bei bestimmten Voraussetzungen von vornherein eine bestimmte Rechtsfolge festzulegen, die von der Behörde nur noch in der vorgegebenen Weise angeordnet bzw. angewendet wird. Die Behörde wird sozusagen zur ausführenden Stelle eines ganz konkreten Willens des Gesetzgebers hinsichtlich der Rechtsfolge. Häufig wird zur Gestaltung einer solchen „Muss-Vorschrift" auch die Formulierung „...ist zu..." verwendet. Die Bedeutung ist die gleiche, nämlich eine „gebundene Entscheidung".

„Kann" ist der Gegenpol dazu und beschreibt die Situation, dass der Behörde ein Ermessensspielraum bei der Beurteilung zusteht und sie eine (mehr oder weniger) freie Entscheidung des Einzelfalls vornehmen kann. Selbstverständlich ist auch hierbei die Behörde nicht vollkommen frei, sondern muss die Einzelfallentscheidung an zulässigen, nachvollziehbaren Kriterien orientieren und ist an Recht und Gesetz und eine Reihe allgemeiner Vorschriften gebunden. Im konkreten Einzelfall entscheidet sie aber innerhalb dieses weiten Rahmens relativ frei.

„Soll" ist dazwischen angesiedelt und formuliert eine Art „Regel-Ausnahme-Verhältnis":

Im Grundsatz soll so entschieden werden, wie die Vorschrift es weiter angibt, es sei denn die Behörde hat im Einzelfall ausnahmsweise Anhaltspunkte, die eine abweichende Entscheidung nahelegen bzw. gebieten. Dann ist ihr dies – mit entsprechender Ausnahmebegründung – möglich. Bei einer Muss-Vorschrift wäre ihr dieser Weg verwehrt, auch wenn die Behörde anderer Meinung wäre.

Beispiel
Das Kriegswaffenkontrollgesetz (KrWaffKontrG) – von dem Sie evtl. auch außerhalb des Jura-Studiums in den Nachrichten schon gehört haben – regelt Herstellung, Erwerb und *Überlassung von* Kriegswaffen. Für all dies benötigt man eine behördliche Genehmigung. § 6 und § 7 dieses Gesetzes lauten auszugsweise wie folgt:

§ 6 Versagung der Genehmigung
(1) Auf die Erteilung einer Genehmigung besteht kein Anspruch.
(2) Die Genehmigung kann insbesondere versagt werden, wenn
1. Grund zu der Annahme besteht, daß ihre Erteilung dem Interesse der Bundesrepublik an der Aufrechterhaltung guter Beziehungen zu anderen Ländern zuwiderlaufen würde,
2. [...]
(3) Die Genehmigung ist zu versagen, wenn
1. die Gefahr besteht, daß die Kriegswaffen bei einer friedensstörenden Handlung, insbesondere bei einem Angriffskrieg, verwendet werden,
2. [...]

§ 7 Widerruf der Genehmigung
(1) Die Genehmigung kann jederzeit widerrufen werden.
(2) Die Genehmigung ist zu widerrufen, wenn einer der in § 6 Abs. 3 genannten Versagungsgründe nachträglich offenbar geworden oder eingetreten ist, es sei denn, daß der Grund innerhalb einer zu bestimmenden Frist beseitigt wird.

In beiden Vorschriften lässt sich sprachlich diese Regelungstechnik erkennen und der Wille des Gesetzgebers daran festmachen. Der zuständigen Behörde wird einerseits unter bestimmten Voraussetzungen ein Ermessenspielraum eingeräumt („kann versagt werden, wenn" bzw. „kann jederzeit widerrufen werden"). Liegen aber besondere Voraussetzungen (hier ein besonders hohes Gefahrenpotenzial) vor oder treten diese nachträglich ein, so hat die Behörde diesbezüglich keinen Ermessensspielraum mehr und muss zwingend einschreiten, d.h. die Genehmigung versagen (§ 6 Abs. 3) bzw. eine erteilte Genehmigung widerrufen (§ 7 Abs. 2).

V. Auslegungsmethoden

Eine weitere wichtige juristische Arbeitstechnik ist die Auslegung. Wann immer Sie mit unbestimmten Rechtsbegriffen zu tun haben, bedürfen diese der Auslegung. Konstellationen, in denen eine Auslegung erforderlich ist, sind zahlreich.

Sie können als Prüfungsmerkmale in Vorschriften enthalten sein. Fallkonstellationen können Anwendungsfragen – vor allem in der Subsumtion – aufwerfen, die nur durch Auslegung zu beantworten sind. Willenserklärungen, ganze Verträge oder einzelne Klauseln können uneindeutig formuliert sein. Auch dann muss durch Auslegung ermittelt werden, welche inhaltliche Wirkung sie entfalten sollen. Denn damit wird festgelegt, mit welcher von mehreren denkbaren Interpretationen die Prüfung fortzusetzen ist. Es bedarf also allgemeiner Auslegungskriterien bzw. Auslegungsmethoden.

1. Wortlaut

Den Auftakt bildet in der Regel die Wortlautauslegung. Denn mit ihr steckt man zunächst einmal den Rahmen ab, innerhalb dessen sich ggf. die weiteren Auslegungsmethoden bewegen.[80] Das Spektrum, das Sie anhand der Betrachtung des Wortlautes aufstellen, beginnt auf der einen Seite mit der typischen allgemeinen Bedeutung des fraglichen Begriffs, also einer Art Interpretation nach dem Alltagssprachgebrauch. Darauf aufbauend fragt man dann nach möglichen weiteren Bedeutungen. Das können einerseits mehrere Interpretationsmöglichkeiten eines Begriffs sein.

Beispiel

Das trifft z. B. auf den Begriff „Mutter" zu, der bereits an anderer Stelle als Beispiel unterschiedlicher Begriffsbedeutungen verwendet wurde.[81] So kann der Begriff einerseits als Verwandtschaftsverhältnis interpretiert werden, andererseits als Gegenstück einer Schraube. Häufig lassen sich derartige Mehrdeutigkeiten von Begriffen bereits aus dem Kontext auflösen.

Andererseits können auch Alltagssprachverständnis und fachliches Sprachverständnis des gleichen Begriffes voneinander abweichen.

Beispiel

So ist z. B. die Verwendung des Begriffes „Besitz" im allgemeinen Sprachgebrauch sehr verbreitet, aber meistens doch eine andere als in juristischen Zusammenhängen. Besonders deutlich wird dies bei Begriffen wie „Besitztümer" oder „Großgrundbesitzer". In der alltagssprachlichen Bedeutung geht es hier in der Regel um ein „gehören" im rechtlichen Sinne. Das ist in der juristischen Fachsprache aber gerade nicht der „Besitz", sondern das „Eigentum".

80 Vgl. dazu BGHZ 46, 74; BGHSt 14, 116 (118).

81 Nämlich dann, wenn unterschiedliche Bedeutungen nicht erkannt werden und dadurch ein unzulässiger Mittelbegriff beim syllogistischen Schluss gebildet wird, vgl. S. 30.

Die juristische Terminologie trennt zwischen den Begriffen „Besitz“ und „Eigentum“. Eigentum ist die rechtliche Beziehung einer Person zu einer Sache (*§ 903 S. 1 BGB*). Dabei geht es also um das, was im allgemeinen Sprachgebrauch mit „gehören“ bezeichnet wird.
„Besitz“ hingegen wird juristisch definiert als „die von einem natürlichen Besitzwillen getragene tatsächliche Sachherrschaft einer Person“ (*§ 854 Abs. 1 BGB*). Hier geht also nicht um die rechtliche Beziehung, sondern um die tatsächliche Herrschaft über die Sache.

Auch wenn die allgemeinsprachliche Bedeutung grundsätzlich Berücksichtigung findet, so ist bei einer Auslegung im Rahmen juristischer Texte die fachlich-juristische Bedeutung vorrangig zu betrachten.

Andere Fachdisziplinen können ebenfalls weitere Interpretationen des Wortlauts liefern. So können bei rechtlichen Erörterungen Begriffe eine Rolle spielen, die auch in anderen Fächern verwendet werden, oder als Fachbegriffe aus diesen anderen Disziplinen stammen, wie z. B. Medizin, Wirtschaft, Soziologie, Geschichte, Politik etc. Auch hier gilt jedoch grundsätzlich der Vorrang der fachlich-juristischen Interpretation, soweit es diese gibt.

Auf diese Weise gelangt man also zu unterschiedlichen Bedeutungen eines Wortlauts. Liefert der Wortlaut allein keine eindeutige, sondern mehrere Interpretationsmöglichkeiten, so muss nun mit weiteren Auslegungskriterien ermittelt werden, welche Interpretation auf die weitere Prüfung anzuwenden ist.[82] Eine Interpretation, die dem Wortlaut widerspricht bzw. diesen überschreitet, ist nicht zulässig. Der Wortlaut selbst ist deshalb gleichzeitig auch die äußerste Grenze der Interpretation und damit das andere Ende des Spektrums.[83]

Hiermit hat man sozusagen den Zaun abgesteckt. Die Interpretationen anhand weiterer Kriterien und Auslegungsmethoden dürfen den Wortlaut nicht überschreiten, sich also nicht außerhalb dieses Zauns befinden.

2. Systematische Auslegung

Die systematische Auslegung fragt nach dem Kontext, in dem ein Begriff oder eine Norm verwendet wird. Hier kann sowohl der Aufbau, die Regelungssystematik der einzelnen Vorschrift, eine Rolle spielen wie auch die Einordnung der ganzen Vorschrift in einen größeren Kontext. Betrachten Sie dazu verschiedene Ebenen des Begriffes, den Sie auslegen. Wird er an anderer Stelle im Gesetz auch verwendet, was sagt Ihnen dann der Vergleich der Kontexte über die Interpretation des Begriffes? Stellen Sie Verbindungen her zu anderen Merkmalen innerhalb der Vorschrift, dann zu anderen Vorschriften, zum ganzen Abschnitt, zu anderen Abschnitten usw. bis hin zum Gesetz/Gesetzbuch insgesamt.

---

82 Vgl. dazu BVerfGE, 11, 126 (130); BGHZ 46, 74.
83 Vgl. dazu BGHSt 3, 300 (303).

3. Historische Auslegung

Ein weiteres Auslegungskriterium ist eine historische Betrachtung vor allem bei der Auslegung von Normen im Ganzen oder einzelner Begriffe daraus.

So kann durch Gesetzesmaterialien die Entstehungsgeschichte einer Norm ermittelt werden. Auch bei einer Normänderung kann diese Auslegungsmethode weiterhelfen, indem man die ursprüngliche und die geänderte Fassung der Norm vergleicht und danach fragt, welche Intention hinter der Änderung steckt. In beiden Konstellationen geht es dann häufig auch um die gesetzgeberische Intention bei der Einführung der Norm. Es entsteht so eine Überschneidung mit der Auslegung nach dem Sinn und Zweck der Vorschrift und damit der teleologischen Auslegung (s.u.).

Die historische Auslegung ist eher für Hausarbeiten und weniger für Klausuren relevant, da man hier auf Quellen zurückgreifen muss, die in der Klausur nicht zur Verfügung stehen.

4. Teleologische Auslegung (Sinn und Zweck)

Die telelogische Auslegung fragt nach dem Sinn und Zweck der Regelung. Ihre Aufgabe dabei ist also, durch Rückgriff auf Quellen und/oder argumentativ herauszuarbeiten, was mit der Vorschrift im Einzelnen oder dem Gesetz insgesamt erreicht werden soll. Dann fragen Sie nach den Auslegungsvarianten, die diesem Sinn und Zweck am besten oder am weitgehendsten zur Geltung verhelfen. In der Regel ist dies die zentrale Auslegungsmethode, an der sich am meisten erarbeiten lässt. Sie sollten einerseits nach den speziellen Regelungszielen der konkreten Vorschrift fragen, andererseits können Sie auch auf übergeordnete Prinzipien innerhalb des jeweiligen Rechtsgebietes (Zivilrecht, Strafrecht, Öffentliches Recht) oder der Rechtsordnung abstellen.[84]

5. Verfassungskonforme Auslegung

Bei der verfassungskonformen Auslegung kommt das Prinzip der Normenhierarchie zur Anwendung.[85] Deshalb sind Vorschriften grundsätzlich so auszulegen, dass sie mit höherrangigem Recht vereinbar sind. Ganz oben in der Normenhierarchie rangiert das Grundgesetz. Kommen nach den übrigen Auslegungsmethoden bis hierher noch mehrere mögliche Auslegungsvarianten in Frage, sollte die gewählt werden, die mit höherrangigem Recht, vor allem der Verfassung, in Einklang steht. Andernfalls müsste die bereits ausgelegte Norm dann im Rahmen eines Vorbehalts[86] aufgrund der Normenhierarchie zurücktreten. Von der zuvor ausgelegten Norm bliebe in der Anwendung also nichts übrig. Das spräche dann

---

84 Vgl. hierzu die Übersicht bei *Hildebrand*, S. 70.
85 Vgl. S. 83.
86 Vgl. S. 86.

eher für eine andere Auslegungsvariante, die eine gewisse Anwendbarkeit der Vorschrift erhält.[87]

6. Richtlinienkonforme Auslegung

Richtlinienkonforme Auslegung bezieht sich auf EU-Richtlinien. Diese werden dadurch umgesetzt, dass nationale Vorschriften geändert oder neu erlassen werden, um den Zielen der Richtlinie zur Geltung zu verhelfen. Dabei wäre es ein Widerspruch, wenn gerade Vorschriften, die dieser Umsetzung dienen sollen, den Zielen der Richtlinie widersprechen würden. Deshalb ist auch eine richtlinienkonforme Auslegung vorzunehmen, die ähnlich wie die verfassungskonforme Auslegung erfolgt.

7. Vorgehensweise bei der Auslegung

Die verschiedenen Auslegungsmethoden sind nebeneinander zulässig und ergänzen sich gegenseitig.[88] Sie beginnen mit der Wortlautauslegung, die den Rahmen absteckt, innerhalb dessen sich die weiteren Auslegungsmethoden bewegen.

Nicht bei jeder erforderlichen Auslegung müssen Sie zwingend auf alle o. g. Auslegungsmethoden eingehen. Das ginge oft auch gar nicht, weil zu einzelnen Methoden (z. B. zur Entstehungsgeschichte) keine relevanten Informationen zur Verfügung stehen.

Gehen Sie bei Auslegungsbedarf in einem Fall aber zumindest gedanklich alle Methoden durch, um alle relevanten Möglichkeiten auszuschöpfen und Ihr Auslegungsergebnis auf eine möglichst breite Grundlage zu stellen. In der Darstellung bietet es sich an, nach der hier dargestellten Reihenfolge vorzugehen. Ausgehend vom Wortlaut untersuchen Sie zunächst den systematischen und historischen Kontext, um dann auf Sinn und Zweck der Regelung einzugehen. Dem schließt sich die Prüfung der Vereinbarkeit mit höherrangigem Recht, vor allem der Verfassung an. Zum Schluss wird noch die Vereinbarkeit mit EU-Richtlinien überprüft, soweit das beim konkreten Fall relevant ist.

B. Wechselspiel von Sachverhaltsarbeit und Quellen-/ Literaturarbeit

Eine umfassende und vollständige Erarbeitung auch der tatsächlichen Fallinformationen ist letztendlich aber nur in Kombination von Sachverhalt und Quellen sinnvoll.

So kann die Bedeutung bestimmter Sachverhaltsinformationen davon abhängig sein, wie sie mit bereits erarbeiteten rechtlichen Aspekten zusammenhängen.

87 So z. B. auch *Hildebrand*, S. 71.
88 Vgl. dazu BVerfGE, 11, 126 (130); BGHZ 46, 74.

Eine Tatsacheninformation aus der Fallschilderung, die für sich genommen zunächst unwichtig erschien, kann durch die Erarbeitung der rechtlichen Zusammenhänge an neuer Bedeutung gewinnen. Doch auch umgekehrt ist diese Entwicklung denkbar. So kann eine auf den ersten Blick sehr wichtig erscheinende Information durch eine systematische Erarbeitung der rechtlichen Zusammenhänge sich am Ende doch als unerheblich darstellen.

Arbeitstechnisch bedeutet dies, dass sich die beiden zuvor genannten Arbeitsschritte nicht gänzlich voneinander trennen lassen und daher auch nicht in einer strengen einmaligen Reihenfolge hintereinander abgearbeitet werden können. Erforderlich ist für diesen Arbeitsschritt also vielmehr ein wohldosiertes Wechselspiel zwischen „Herausarbeiten der tatsächlichen Informationen des Sachverhalts“ und „Herausarbeiten und Einordnen der rechtlichen Bedeutung dieser Informationen“. Ein wichtiges Element juristischer Arbeitstechnik ist somit ein „Pendelblick“, mit dem man relevante Informationen aus Sachverhalt und Quellen findet, filtert, Verbindungen zwischen diesen herstellt und Vernetzungen herausarbeitet.

Was für die Bearbeitung von *Fall*texten gilt, gilt ebenso für die Bearbeitung von *Fach*texten zur Lösung von Fällen und Bearbeitung juristischer Fragestellungen.

Ziel der Befassung mit einem Fachtext sollte nicht nur der reine Informationsgewinn, sondern vielmehr ein Erkenntnisgewinn sein. Schon daraus ergibt sich, dass eine juristische Textbearbeitung sich nicht auf die bloße Generierung einer Vielzahl von Einzelinformation beschränken sollte. Es geht stattdessen darum, mit den gewonnen Informationen Verbindungen herzustellen, Strukturen zu erkennen und zu bilden. Gerade das Vernetzen von Informationen spielt in der Wissenschaft generell eine wichtige, in der Rechtswissenschaft eine vielleicht noch zentralere Rolle.

Was hier noch als grundlegende, eher abstrakte Arbeitstechnik beschrieben ist, wird im Zusammenhang mit der Klausurgestaltung noch einmal aufgegriffen.[89]

C. Lesetechniken

Das Bearbeiten von Fachtexten sollte stets mit dem Ziel der Informations-Vernetzung vorgenommen werden. Grundlage dazu ist also eine Form des Lesens, die nicht der bloßen informatorischen Aufnahme des Geschriebenen dient. Zur angemessenen Verarbeitung von Fachtexten gehört daher vor allem auch die Anwendung professioneller Lesetechniken. Dazu ist zunächst einmal wichtig, sich bewusst zu machen, welche Unterschiede es zwischen dem normalen Alltagslesen und dem professionellen Lesen wissenschaftlicher Fachtexte gibt. Ein erster Unterschied ist die o.g. Zielrichtung. Während Alltagslesen auch nur zur Unterhal-

---

89 Vgl. S. 30.

tung bis hin zum „Zeittotschlagen" dienen kann, ist das Lesen eines Fachtextes in der Regel mit einem fachlichen Ziel verbunden. Dahinter steckt die Gewinnung von Informationen und deren Vernetzung.

Die aus dem Alltag bekannte und in der Schule gelernte Form des Lesens ist als Einstiegsvariante eher ein elementares Lesen. Über Jahre haben Sie Ihre Erfahrungen mit dieser Variante des Lesens gesteigert und können diesen Lesemodus in aller Regel souverän und ohne weiteres Zutun sicher anwenden. Diese Form des elementaren Lesens beschränkt sich auf das Hinzugewinnen von Informationen. Das Lesen wissenschaftlicher Fachtexte erfordert aber in der Regel mehr, vor allem einen über die bloße Informationsgewinnung hinausgehenden Erkenntniszuwachs. Diese weitergehende Stufe ist mit elementarem Lesen allein nicht in der nötigen Form erreichbar.[90] Es ist eine weitergehende Stufe der lesenden Bearbeitung erforderlich, die auf Erkenntniszuwachs und Strukturverständnis angelegt ist.

I. Selektives Lesen

Zunächst einmal müssen Sie die grundsätzliche Relevanz des Fachtexts für die eigene Frage möglichst effektiv und effizient überprüfen. Dahinter steckt die Überlegung, dass potenzielle Quellen sehr zahlreich sind. Aber nicht alle sind gleichermaßen hilfreich, auch wenn sie auf den ersten Blick (z. B. beim Titel) so aussehen mögen. Nun haben Sie aber in aller Regel nicht beliebig Zeit, um eine Vielzahl von Texten, die dem Titel nach recht einschlägig erschienen, jedes Mal vollständig und detailliert durchzuarbeiten, nur um dann nach längerer Bearbeitung oder gar erst am Schluss zu realisieren, dass die Einschlägigkeit des Textes für ihre Bearbeitung doch nicht so hoch war wie anfangs angenommen.

Deshalb tun besonders Juristen gut daran, eine Technik des überblicksartigen Erfassens von Texten zu lernen, die vor allem eine Aussage darüber treffen soll, wie sinnvoll und ertragreich eine weitergehende intensivere Auseinandersetzung mit dem Text ist. Fassen wir diese verschiedenen Elemente und Techniken, die dazu gehören, unter dem Sammelbegriff des „selektiven Lesens" zusammen. In der Politikwissenschaft z. B. wird diese Vorgehensweise auch als „prüfendes Lesen" bezeichnet.[91]

Als Sammelbegriff ist diese Bezeichnung deshalb zu verstehen, weil es hierzu einerseits wissenschaftliche Arbeitstechniken – u. a. aus der Schreibdidaktik – gibt, andererseits intuitive und solche durch Erfahrung und Routine gewonnenen Komponenten dazukommen. Zu diesen Instrumenten gehört die Erfassung der Struktur eines Textes durch systematisches durchsehen, bekannt vielleicht unter dem Begriff des „Querlesens". Legen Sie dazu besonderes Augenmerk vor allem auf Kapitelüberschriften und ein Inhaltsverzeichnis, soweit vorhanden.

---

90 So auch *Stykow u. a.*, S. 32 f. unter Bezugnahme auf die Ausführungen bei: *Adler/Van Doren*.
91 Vgl. *Stykow u. a.*, S. 57 ff.

Hinzu kommt ein überblicksartiges Erfassen erster Inhalte, also etwa ein inhaltliches „Überfliegen", auch „kursorisches Lesen". Hier geht es vor allem darum, sich einen ersten Überblick über den Aufbau und die ersten Inhalte zu verschaffen. Eine Befassung mit Details und tiefergehendes Verständnis ist hier gerade noch nicht gefragt. Denn diese erste Bearbeitungsstufe soll lediglich eine Einschätzung ermöglichen, ob der Text für eine tiefergehende Detailbearbeitung ausreichend relevant ist.

Mit zunehmender Anwendung dieses Lesemodus verbessern sich erfahrungsgemäß zwei Faktoren, die nachhaltig den Leseerfolg steigern. Zum einen gelingt es in Verbindung mit zunehmendem Fachwissen, die Effektivität dieser Bearbeitungsart zu steigern, d. h., das Maß an Erkenntnissen, die Sie bereits durch diesen weniger aufwändigen Lesemodus erfassen können, wird mit zunehmender Routine größer.

Zum anderen führt eine konsequente Anwendung dieser Bearbeitungsstufe zu einem Zeitgewinn. Sie verwenden so weniger Zeit und Konzentration auf Texte, die sich ansonsten erst nach intensiver Bearbeitung als doch nicht so erkenntnisreich herausstellen würden, wie angenommen. Stattdessen können Sie so also weniger relevante Texte einerseits schneller aussortieren und trotzdem überblicksartig erfassen, was in dem Text inhaltlich steckt.

II. Aktive lesende Bearbeitung

Die dann folgende aktive systematische Weiterbearbeitung stellt den zentralen Schritt der Rezeption der Texte zum Gewinnen von Erkenntnissen dar. Er wäre jedoch ohne das vorhergehende „selektive Lesen" kaum denkbar. Denn das aktive Lesen besteht in der Regel aus zeitintensiven Arbeitsschritten und erfordert ein hohes Konzentrationslevel. Diesen intensiven Bearbeitungsgrad können Sie nicht für eine beliebig große Zahl von Texten in begrenzter Zeit anwenden. Daher bedarf es der vorherigen Einschränkung auf die relevanten Texte, für die dieses Bearbeitungslevel sinnvoll erscheint. Dieser vorherigen Einschränkung dient das „selektive Lesen". Ist eine solche Vorauswahl erfolgt, können die so priorisierten Texte einer intensiveren Bearbeitungsform unterzogen werden. Diese Verarbeitungsform basiert auf dem Grundgedanken, dass eine aktive Leseverarbeitung analytisch und vergleichend erfolgen muss, um wissenschaftlichen Ansprüchen genügen zu können. Deshalb sollen diese beiden Komponenten im Folgenden näher erläutert werden.

1. Analytisch

Ausgewählte Texte unterziehen Sie nun also einer intensiveren Bearbeitung. Dabei muss diese intensivere Beschäftigung vielleicht gar nicht mit dem gesamten Text geschehen. Je nach Text und Zielrichtung z. B. bei einem Aufsatz werden vielleicht nur bestimmte Teile oder Passagen in dieser tiefgehenden Form bearbeitet und ausgewertet. Insbesondere ein ganzes Buch wird in dieser Form nicht vollständig bearbeitet. Nach der Auswahl der Texte insgesamt für die tiefergehende Bearbeitung ist dann also noch eine weitere Selektion bezogen auf Teile innerhalb des Textes anzuwenden, bevor dann tatsächlich die intensivere Bearbeitung zum Einsatz kommt. An dieser Stelle ist also erneut eine Form des selektiven Lesens – diesmal innerhalb des Textes – anzuwenden.

Die so selektierten zentralen Teile des Textes werden in einer Weise analysiert, die Sie so auf Alltagstexte nur eher selten anwenden dürften. Man könnte es auch bildlich als eine Art „Zerlesen" darstellen. Sie lesen zunächst einmal sehr viel vollständiger und gründlicher als beim selektiven Lesen. Sie versuchen so durch das intensive Lesen den Text in Bestandteile zu zerlegen, Aussagen, Gedankengänge, Argumente, Rückschlüsse und auch Absichten und Zielrichtungen des Autors, die mit dem Text möglicherweise verfolgt werden. Diese Bestandteile müssen Sie inhaltlich durchdringen. Dazu sollten Sie die o.g. Teile des Textes als Sinneinheiten zunächst erkennen und gedanklich trennen können, um Sie dann selbst zu strukturieren (vielleicht auch neu, anders als der Text selbst) und evtl. gedanklich anders wieder zusammensetzen zu können.

Es stellt eine Art fiktiven Dialog mit dem Autor des Textes dar, in den Sie so eintreten. Sie formulieren eigene Fragen an den Text oder einzelne Abschnitte. Dann versuchen Sie die möglichen Antworten des Autors auf diese Fragen nachzuvollziehen und unterziehen diese einer kritischen Würdigung. Für diesen Schritt ist Argumentationsfähigkeit gefragt. Sie müssen fremde Argumentationsgänge nachvollziehen und ggf. eigene Argumente entgegenhalten können. Um sich hierbei stärker auf die inhaltliche Dimension und ein Verständnis des Textes und seiner Argumente einzulassen, kann das Exzerpieren einzelner Argumente, Gedanken, Passagen helfen. Versuchen Sie also, Teile mit eigenen Worten wiederzugeben, zusammenzufassen. Lesen Sie den entscheidenden Passus so intensiv, dass Sie dann den Text weglegen und diese Zusammenfassung schreiben können, also ohne bei diesem Arbeitsschritt weiter in den Text zu schauen. Sie verlassen damit den (zu) simplen Modus des Nacherzählens fremder Gedanken und Argumente in fremden Worten. Denn das Ziel, das Sie erreichen wollen, ist es, den Text inhaltlich verstanden zu haben, nicht wörtlich nacherzählen zu können. Dazu müssen Sie außerdem Schlüsselbegriffe des Textes finden und verstehen. Während Sie hierzu beim selektiven Lesen nicht abgesetzt haben und u. U. auch über noch unverständliche oder unbekannte Begriffe hinweggegangen sind, müssen Sie in dieser Bearbeitungsphase nun diese Begriffe ermitteln und verstehen, also ggf. anderweitig nachlesen und nachschlagen.

Mit dem analytischen Lesen hängen eine Reihe weiterer Elemente der Bearbeitung zusammen. Hier ist zunächst wichtig, dass Sie verstehen, welche Zielrichtung und welchen Intensitätsgrad diese unterschiedlichen Lesemodi haben. Die dazugehörigen einzelnen Elemente mit Beispielen werden im nächsten Abschnitt systematisch erläutert.[92]

---

92 Vgl. S. 97.

2. Vergleichend

Bei der vergleichenden Bearbeitung geht es darum, mehrere Texte parallel zu einem Thema oder Themenabschnitt zu bearbeiten und diese nicht nur einzeln zu verstehen, sondern zueinander in Beziehung zu setzen.

Die wohl naheliegendste Beziehung mehrerer Texte zu einem Thema, die Sie in juristischen Aufgabenstellungen erkennen und darstellen können müssen, ist die Konstellation, dass Autoren unterschiedlicher Meinung über die Behandlung des Themas sind.

Es geht beim vergleichenden Lesen vor allem darum, aus einer Vielzahl von Texten, die Teile, Passagen, Argumente, die Sie über das analytische Lesen bereits ermittelt haben, zu vergleichen, gegenüberzustellen, zu gewichten und abzuwägen. Vor allem über die Schlüsselbegriffe und Argumentationen lassen sich solche Vernetzungen prüfen. Aus dieser Vernetzung soll letztendlich hervorgehen, welche Teile aus welchen Texten wie miteinander zusammenhängen. Daraus wiederum sollten Sie Rückschlüsse ziehen können, welche Gedanken und Argumente für Ihre Aufgabe, Ihre Frage, Ihr Problem, Ihren Fall verwertbar sind. Idealerweise entwickeln Sie durch diese vergleichende Auseinandersetzung mit mehreren Texten Erkenntnisse, die so in keinem der Einzeltexte vorhanden waren. Das Ziel ist eine Entwicklung eigener Gedankengänge auf Grundlage des Vergleichs fremder Gedankengänge, nicht nur die Wiedergabe der fremden Gedanken.[93]

Wenn es beim analytischen Lesen um einen inneren Dialog ging, den Sie mit dem Autor führen, dann ist dies also nun die Gesprächsrunde mit mehreren Gesprächspartnern, die alle zum Thema etwas zu sagen haben und die am Ende dazu führt, dass Sie einen Erkenntniszuwachs erfahren haben, auch und gerade zu von Ihnen weitergedachten Aspekten, die so gar nicht in der Runde besprochen wurden.

Das vergleichende Lesen baut daher auf dem selektiven und dem analytischen Lesen auf. Das bedeutet allerdings nicht, dass alle drei Lesetechniken nur hintereinander angewendet werden können. Es kann sich auch anbieten, analytisches und vergleichendes Lesen in einem gemeinsamen Arbeitsschritt zu verbinden. Um beim Bild der inneren Gesprächsrunde zu bleiben: Sie können auch direkt in der Runde starten und gleich mit allen sprechen oder Sie führen zunächst Einzelgespräche, um sich auf die Runde vorzubereiten.

Auch hierzu finden Sie weitere Einzelheiten und Beispiele im folgenden Abschnitt.

D. Bearbeitung juristischer Fachtexte

Für die aktive Bearbeitung von Fachtexten gilt zunächst, dass man sie selten bis gar nicht komplett von vorne nach hinten liest, wie z. B. einen Roman. Zum einen

---

93 So auch für die Politikwissenschaft: *Stykow u. a.*, S. 35.

gibt die Lektüre von Fachtexten regelmäßig Anlass, abzusetzen, etwas zu markieren, im Gesetz nachzuschlagen, Querverweise herzustellen, Notizen zu fertigen, Teile zu exzerpieren usw. oder auch einfach nur innezuhalten und über das soeben Gelesene zu reflektieren, um es zu verstehen und zu verarbeiten. Zum anderen hängt die Zielrichtung der Textbearbeitung ganz maßgeblich von der Art der Aufgabe ab. Wird die Fachliteratur im Rahmen einer konkreten Aufgabe verwendet, z. B. einer Hausarbeit? Findet die Bearbeitung des Texts in Anlehnung an eine Veranstaltung statt (z. B. Vor- und Nachbereitung einer Vorlesung) oder dient sie zur selbstständigen Erarbeitung eines Themas, ohne direkte Anbindung an eine Vorlesung oder konkrete Aufgabe?

Eine Vorlesung ist selten genauso aufgebaut wie ein Lehrbuch zum gleichen Thema. Nutzen Sie z. B. ein Lehrbuch zur Vertiefung der Themeninhalte aus der Vorlesung und folgen dem Aufbau und der Themenreihenfolge dort, werden Sie die Themen, Kapitel, Abschnitte usw. in einer anderen Reihenfolge benötigen und verwenden, als sie das Lehrbuch hergibt. Ein Lehrbuch werden Sie eher gezielt, abschnittsweise erarbeiten und nicht vollständig von vorn nach hinten lesen.

Etwas anderen kann gelten, wenn Sie sich z. B. mit dem Lehrbuch unabhängig von einer Veranstaltung ein Themengebiet selbst von Grund auf erschließen wollen. Auch dann gilt es, die eigene Vorgehensweise zu reflektieren. Hier aber kann es sich anbieten, der Struktur eines passenden Lehrbuchs zu folgen. Zwingend ist dies allerdings auch hierbei nicht, so kann stattdessen auch und gerade die Erarbeitung einer eigenen Struktur sehr zum Lernerfolg beitragen.

Für die Bearbeitung juristischer Fachtexte können eine Reihe typischer Kriterien und Arbeitsschritte hilfreich sein. Die Abbildung 11 liefert eine systematische Übersicht über eine empfohlene Vorgehensweise der intensiven Bearbeitung juristischer Fachtexte. Die dargestellten Bausteine müssen nicht immer vollständig abgearbeitet werden, vielmehr sollten sie je nach Zielrichtung, Aufgabe und Textart in der eigenen Ausarbeitung unterschiedlich gewichtet werden. Um das jeweils richtig einzuschätzen, bedarf es Erfahrung und Routine. Aber die empfohlenen Elemente werden Ihnen gerade im Anfangsstadium die effektive Erarbeitung juristischer Fachtexte durch eine gewisse Systematisierung der Vorgehensweise erleichtern.

Wenn Sie sich über diese Bausteine zumindest Gedanken machen und Ihre eigenen Schwerpunkte in der Ausarbeitung setzen, werden Sie mit den allermeisten Fachtexten zielgerichteter, systematischer und damit effektiver umgehen können.

Tipp

Generell gilt: Nehmen Sie Empfehlungen zur systematischen Arbeitsmethodik als Angebot wahr, das Sie je nach Einsatzszenario flexibel an die Gegebenheiten des Einzelfalls anpassen. Sie sollten jeweils „das ganze System" kennen und verstanden haben, es aber in der Anwendung nicht immer vollständig abarbeiten.

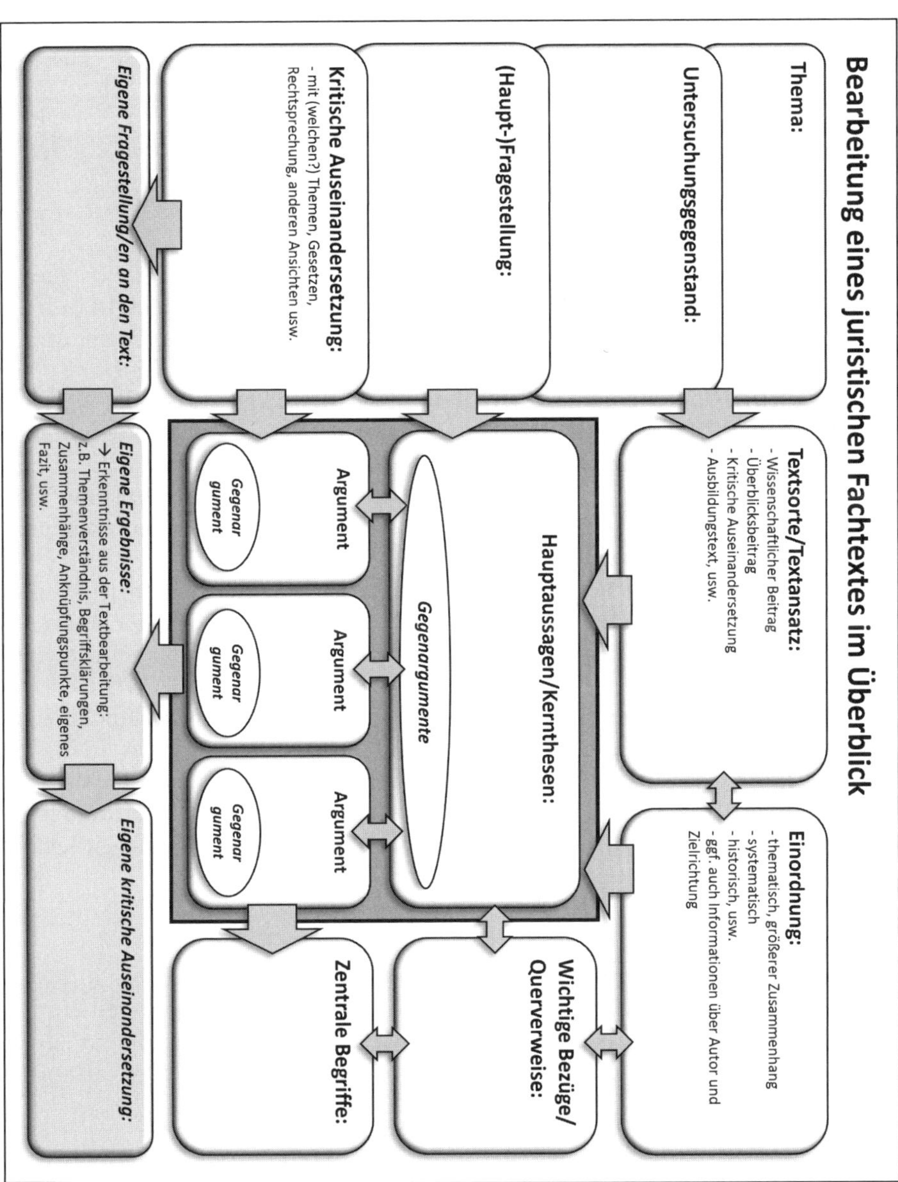

Abb. 11: Bearbeitungssystematik eines juristischen Fachtextes im Überblick [94]

94 Entstanden auf Basis der Grundidee „Fachtext aus der Vogelperspektive" von: *Neumann*, S. 46.

Verwechseln Sie vor allem nicht „systematisches Arbeiten" und „schematisches Arbeiten". In der juristischen Arbeit kommen zahlreiche Schemata zur Anwendung. Diese sind jedoch kein Selbstzweck. Sie sollten niemals den systematischen Blick auf eine individuelle, sinnvolle Anwendung der Elemente verbauen.

Die Übersicht ist nicht so zu verstehen, dass für jeden Text immer alle Bausteine detailliert erarbeitet werden müssen, sie soll nur ein Hilfsmittel sein. Lassen Sie sich zu Anfang dabei nicht von der Vielzahl der möglichen Wechselbeziehungen (Pfeile) verwirren. Die weiteren Erläuterungen der einzelnen Bausteine und einer systematischen Vorgehensweise werden Ihnen nach und nach auch die Wechselbeziehungen zwischen den Elementen verdeutlichen, die grafisch in den Pfeilen zum Ausdruck kommen. Die Pfeile in eine Richtung bedeuten etwa „führt zu", „leitet über zu", „ergibt sich aus" usw., die Pfeile in zwei Richtungen kennzeichnen Beziehungen, die zu einer wechselseitigen und daher mehrfachen gegenseitigen Beeinflussung einzelner Komponenten führen können.

Es geht bei der Übersicht insgesamt mehr um das gedankliche Konstrukt einer systematischen wissenschaftlichen Textbearbeitung. In ausführlicher Ausarbeitung eignet sich dies vor allem für wichtige, bedeutsame und/oder für schwierigere, komplexere Texte.

Stets gilt jedoch, dass es sich (nur) um eine empfohlene Arbeitsmethodik handelt, die jeweils individuell angepasst werden muss, auf die Situation, an die Art des Textes, an die dahinterstehende Aufgabe und manchmal (aber möglichst nicht zu oft) auch an die eigene Befindlichkeit in der aktuellen Arbeitssituation. Gerade in arbeitsreichen Phasen – wie z. B. während einer (ersten) Hausarbeit – kann eine systematische Herangehensweise sehr hilfreich sein.

Tipp

Lesen und verstehen Sie die Elemente dieses Kapitels möglichst in der Gesamtschau mit den überfachlichen Methoden im folgenden Kapitel. Zum besseren erstmaligen Verständnis sind diese hier in verschiedenen Abschnitten dargestellt, gehören in der Anwendung aber unbedingt zusammen.

I. Thema

Das Thema ist einer der ersten und wichtigsten Bausteine, die es zu erarbeiten gilt. In aller Regel liefert der Text selbst ein Thema als Titel gleich mit. Ganz so simpel ist aber schon dieser Punkt nicht gemeint. Es soll schließlich auch Texte geben, die mitunter am eigenen, selbst gewählten Thema vorbei schreiben. Spätestens in der Zusammenschau mit dem Untersuchungsgegenstand sollte die inhaltlich-thematische Zuordnung des Texts eingegrenzt und möglichst genau bezeichnet werden, weil sich weitere wichtige Bearbeitungsschritte daran anschließen bzw. darauf aufbauen.

II. Untersuchungsgegenstand

Dieser genaueren Themeneingrenzung und -abgrenzung dient die Herausarbeitung des genauen Untersuchungsgegenstandes. Nicht immer formuliert der Autor den Untersuchungsgegenstand so genau selbst und noch seltener bezeichnet er ihn auch als Untersuchungsgegenstand.

Hinweise können sich z. B. in einem Untertitel finden, bei einem Buch oft im Klappentext, im Vorwort oder (vor allem auch bei Aufsätzen) in einem Einleitungsabsatz usw. Zum Teil erfordert die Darstellung des Untersuchungsgegenstands schon einen etwas weitergehenden Einblick in Inhalt und Struktur des Texts.

Sie sollten dabei auch in der Lage sein, zu überprüfen und zu beurteilen, ob der genannte Untersuchungsgegenstand evtl. gar nicht den Themenanspruch erfüllt. In einer besonders deutlichen (Fehl-)Gestaltung dieser Art wäre das dann etwas wie „Thema verfehlt“. Das wiederum könnte Ansatz für eine eigene kritische Auseinandersetzung mit dem Text sein.[95] So etwas wird nicht immer gleich zu Anfang der ersten Bearbeitungen gelingen, aber im weiteren systematischen Umgang mit Texten würde sich eine solche Erkenntnis herausarbeiten lassen.

III. (Haupt-)Fragestellung

In der Regel leiten Thema und festgestellter Untersuchungsgegenstand über zur zentralen Fragestellung des Texts. Auch diese wird womöglich vom Autor gar nicht in dieser Deutlichkeit formuliert. Mitunter kann die Kernfragestellung recht komplex gestaltet sein. Gerade dann ist eine frühe, genaue und intensive Herausarbeitung der zentralen Fragestellung empfehlenswert.

IV. Textsorte/Textansatz

Zunächst sollte eine Einordnung der Textsorte als solcher stattfinden, um einen tieferen Zugang zur inhaltlichen Auseinandersetzung vorzubereiten. Über die bloße Textsorte hinaus sollte ein vorhandener detaillierterer Ansatz erarbeitet und verdeutlicht werden. Dabei geht es vor allem um die Intention, also die Zielrichtung des Texts.[96]

---

95 Vgl. dazu S. 104.
96 Zu den verschiedenen fachspezifischen Textsorten, vgl. S. 69.

V. Einordnung

Mit „Einordnung“ ist die Positionierung des Texts in verschiedenen Kontexten gemeint, z. B. die historische Einordung in die Epoche der Entstehung, des Zeitgeists, die gesellschaftlichen und politischen Verhältnisse zum Zeitpunkt seiner Entstehung, der systematische Bezug zu anderen Texten und Autoren. Auch eine Einordnung der Person des Autors kann zur Interpretation des Texts wichtig sein.

Typische Fragen
In welche Kontexte muss der Text zur Interpretation eingeordnet werden? Was ist/war die Zielrichtung des Autors in dem relevanten Themenfeld? Welche anderen Positionen und auch Texte seinerseits sind bekannt? In welcher Beziehung stehen Autor und Text zu anderen Autoren, Texten, Meinungen? usw.

VI. Kritische Auseinandersetzung des Textes mit anderen Themen

Hier soll die Frage gestellt werden, ob sich der Text selbst kritisch mit einem bestimmten Thema auseinandersetzt und womit.[97]

Wichtig ist hierbei, das „kritische“ Element der Auseinandersetzung nicht automatisch mit einer negativen, ablehnenden Grundeinstellung gleichzusetzen. Denn dieser Begriff ist mit verschiedenen Bedeutungen belegt. Denken Sie eher an eine „Buchkritik“ oder „Filmkritik“. Diese können durchaus sehr positiv und lobend ausfallen, gleichwohl tragen sie diese Bezeichnung.

Es geht also eher um eine inhaltliche Betrachtung zur Urteilsbildung anhand bestimmter Maßstäbe, nicht nur um das „Kritisieren“ im negativen Sinne von „Bemängeln“.

Typische Fragen
Mit welchen Themen/Ansichten/Problemen setzt sich der Text kritisch auseinander?
Falls dies mehrere Aspekte sind: Wo liegt der Fokus, wie ist die Gewichtung?
Nimmt der Text/der Autor seinerseits bestimmte Positionen ein? Welche?
Grenzt sich der Text/Autor von anderen vertretenen Positionen ab? Wodurch?

97 Zu IHRER eigenen kritischen Auseinandersetzung mit dem Text, vgl. S. 104.

VII. Hauptaussagen/Kernthesen

Zentrales Ziel bei der Bearbeitung von Fachtexten ist es, diesen eine zentrale Hauptaussage bzw. eine Kernthese zu entnehmen. Insbesondere bei einer Vielzahl von Texten rund um ein gemeinsames Thema oder eine gemeinsame Fragestellung, ist das genaue Herausarbeiten dieser Hauptaussage der jeweiligen Einzeltexte ein wichtiges Kriterium. Dies gilt ganz pragmatisch schon für die interne Arbeitsorganisation, nämlich Zuordnung und Gewichtung der verschiedenen Texte schnell und effizient vornehmen zu können

Tipp
Vor allem bei der textlichen Vorarbeit zu einem wichtigen argumentativen Abschnitt einer Hausarbeit oder einem Meinungsstreit kommt schnell eine Vielzahl von Texten zusammen, in denen man den Überblick verlieren kann. Diesen kann man zurückgewinnen, wenn man diese Texte beim Durcharbeiten mit einer sauber herausgearbeiteten Hauptaussage versehen hat. Darüber lassen sie sich im weiteren Verlauf der Bearbeitung mit einem kurzen Blick schnell zuordnen, vergleichen, gegenüberstellen etc.

Aber Sie sollten dabei nicht nur auf das große Hauptargument fokussieren, sondern **einzelne Argumente** und **Argumentationsgänge** bearbeiten.

Diese können für sich stehen und wichtige Einzelargumente für einzelne Aspekte darstellen. Andererseits dienen sie häufig als Bausteine des Hauptarguments bzw. zur argumentativen Unterstützung der Kernthese. Gerade solche Gesamtzusammenhänge lassen sich in der Regel nur verstehen und vor allem selbst darstellen, wenn die dorthin führenden Einzelargumente sauber herausgearbeitet sind.

Typische Fragen
Was ist die zentrale Information, die Hauptaussage des Textes?
Ist es tatsächlich eine Aussage, die dem Text ein Ergebnis gibt?
Oder leitet der Text (nur) über zu einer offenen These als einer Art Diskussionsgrundlage?
Welche weiteren Aussagen des Textes erscheinen wichtig und warum?
Stehen diese Aussagen für sich oder in Abhängigkeit zur Hauptaussage? Welcher?

VIII. Wichtige Bezüge/Querverweise

Ein thematisch angelegter Fachtext steht selten für sich allein. Meist gibt es einen größeren thematischen Kontext, in dem sich der zu bearbeitende Text bewegt.[98] Wenn dem so ist, stellt der Text verschiedene Bezüge her, die zum einen für seine Auslegung und Interpretation bedeutsam sind. Zum anderen können diese Bezüge Sie im Thema weiterbringen, so z. B. weitere Rechercheansätze liefern.

In arbeitstechnischer Hinsicht verläuft die Suche nach Querverweisen im Wesentlichen über zwei Wege:

Da wären zunächst die Bezüge, die Sie selbst gedanklich bei der Bearbeitung des Textes herstellen und zum anderen die Bezüge, die der Text Ihnen sozusagen frei Haus liefert, die Sie selbst so gar nicht unmittelbar hergestellt hätten.

Arbeiten Sie aktuell mit einem Werk, das seinerseits einen Quellenapparat bzw. ein Literaturverzeichnis liefert, kann ein Blick darauf – selbst wenn es nur ein kurzes, aber systematisches Überfliegen ist – Ihnen wertvolle Anhaltspunkte dafür liefern, wie ihr aktueller Text im Diskurs zum Thema insgesamt einzuordnen ist, welche weiteren Positionen, Texte, Autoren im Themengebiet unterwegs sind

Typische Fragen

Mit welchen anderen Inhalten, anderen Texten, anderen Auffassungen lassen sich Bezüge zu Ihrem aktuellen Text herstellen?

Welcher Art sind diese Bezüge, stimmen sie überein, widersprechen sie sich, ergänzen sie sich, bauen sie aufeinander auf?

IX. Zentrale Begriffe

Wichtige zentrale Begriffe sollten herausgearbeitet und falls unbekannt oder unklar möglichst recherchiert werden. Dazu kann es sinnvoll sein, sich die Begriffe zu notieren, die für den Text oder sein Thema relevant sind oder erscheinen. Dies sind nicht immer nur diejenigen, die einem ins Auge springen, oder die vom Autor besonders herausgestellt werden. Zur wissenschaftlichen Bearbeitung gehört, eine eigene Position und Sichtweise einzunehmen, auch zu einem Text. In Ihrer Einschätzung können ganz andere Begriffe zentrale Rollen einnehmen, als in der des Autors. Dann ist auch das eine wichtige Erkenntnis, die Sie nicht leichtfertig beiseiteschieben oder sich selbst von vornherein verbieten sollten, ganz im Gegenteil. Gerade solche Elemente gehören zu einer professionellen wissenschaftlichen Auseinandersetzung mit einem Fachtext dazu.

Unter die zentralen Begriffe fallen vor allem auch diejenigen, die Ihnen zunächst unbekannt oder unklar sind. Sie müssen solche Begriffe für sich klären,

---

98 Deshalb die Empfehlung zu den vorhergehenden Schritten einer genauen Themenfestlegung und „Einordnung“, vgl. S. 90.

um überhaupt beurteilen zu können, welche Rolle sie insgesamt spielen, allein dadurch werden sie für Sie „zentral" im Sinne der Textbearbeitung.

Typische Fragen
Was sind zentrale Begriffe, die der Autor im Text verwendet oder auf die er hinarbeitet?
Wie sind die Begriffe definiert und was sind die inhaltlichen Bedeutungen?
Gibt es weitere Begriffe, die nicht direkt dem Text entstammen, aber mit dem Inhalt oder Thema des Textes in engem Zusammenhang stehen?

X. Eigene Frage/n an den Text

Die eigenen Fragen an den Text zu entwickeln, ist ein wichtiger Baustein, um sich den Text zu eigen zu machen, oder um ihm eine eigene Sichtweise entgegen zu stellen. Beides ist unter dem Gesichtspunkt der Wissenschaftlichkeit möglich und wünschenswert. Gemeinsam mit den beiden folgenden Punkten findet hier also ein Perspektivwechsel statt, von der ***BE***arbeitung des fremden Textes hin zur ***ER***arbeitung eigener Positionen zum Text.

Für die Erfassung eines Textes, insbesondere eines Fachtextes, ist es unerlässlich, mit eigenen Fragen an den Text heranzugehen. Einen ersten Ansatz einer solchen erhalten Sie bereits durch Ihren Weg zum Text, also durch die Frage, wie dieser in Ihren Bearbeitungsfokus gelangt ist. Außerdem können Sie durch entsprechende Formulierungen Ihrer Fragen die Erarbeitung der vorherigen o.g. genannten Bausteine abbilden.

Typische Fragen
Warum ist der Text überhaupt in Ihren Bearbeitungsfokus gelangt?
Wie sind sie auf ihn gestoßen?
Worüber erhoffen Sie sich Auskunft durch Bearbeitung des Textes?
Was ist der genaue Untersuchungsgegenstand?
Auf welche Kernthese/n fokussiert der Text?
Wie ist der Text (thematisch, historisch, politisch, gesellschaftlich usw.) einzuordnen?

Tipp
Besonders die Frage, worüber man sich durch den Text Auskunft erhofft, kann sich auch deutlich früher im Bearbeitungsverlauf anbieten. So ist eine reflektierte Anfangsüberlegung, „wo die Reise eigentlich hingehen soll", häufig ein guter Einstieg in die Fachtextlektüre, erleichtert die Aufnahme des Textes und kann die weiteren Bearbeitungsschritte gut vorbereiten. In

der Rechtswissenschaft nicht immer so deutlich propagiert, in der Geschichtswissenschaft z. B. steht dieser Aspekt sehr viel mehr im Vordergrund. Geschichtswissenschaftler lernen in der Regel relativ früh, an einen Fachtext gar nicht erst ohne eigene Frage(n) heranzugehen.

XI. Eigene Ergebnisse

Für die wissenschaftliche Erarbeitung eines Textes genügt nicht die einfache Auflistung der Inhalte und Argumente des Autors. Sie sollten stets versuchen, über eine rein inhaltliche Filterung und Nennung den entscheidenden Schritt hinauszugehen und zu einer eigenen Einschätzung oder zumindest einer eigenen Form der Darstellung der Ergebnisse zu gelangen. Diese kann darin bestehen, dass Sie mit den Hauptaussagen des Textes übereinstimmen, aber das sollte dann eine fundierte eigene Einschätzung nach gründlicher Auseinandersetzung sein. Je nachdem, wie bedeutsam die Ergebnisse und Aussagen des Textes für Ihre weitere Arbeit sind, kann ein genaues Festhalten der eigenen Ergebnisse sinnvoll und hilfreich sein. Bei Bearbeitung mehrerer zusammenhängender Texte können vor allem Verbindungen, Vernetzungen und Gegenüberstellungen der Texte deutlicher herausgearbeitet und übersichtlicher gestaltet werden.

Eine solche weiterführende Zusammenstellung eigener Ergebnisse kann vor allem gut auf der Basis der Beantwortung der zuvor an den Text gestellten eigenen Fragen[99] geschehen.

Typische Fragen
Welche Erkenntnisse haben Sie durch die Bearbeitung des Textes gewonnen?
Welche der unter X. aufgeworfenen Fragen wurden beantwortet?
Wie wurden sie beantwortet?
Welche Argumente stützen diese Antworten?
Von welchen Aspekten und Argumenten des Autors sind sie überzeugt?
Mit welchen Punkten sind Sie eher weniger einverstanden und warum?[100]

99 Siehe dazu den vorherigen Punkt, S. 103.

100 Die Antworten auf diese beiden letzten Fragen sollten Sie schon als Teil ihrer eigenen Ergebnisse festhalten. Insbesondere findet hier bereits eine Überleitung zum nächsten Punkt, der kritischen Auseinandersetzung, statt.

XII. Eigene kritische Auseinandersetzung mit dem Text

Die Möglichkeiten zu kritischer Auseinandersetzung sind vielfältig und nicht immer zwingend. Wie oben bereits dargestellt, gilt auch hier, dass „kritisch“ nicht unbedingt eine negative Richtung vorgibt.

Tipp
„Kritisch“ zu sein bedeutet in wissenschaftlichen Zusammenhängen nicht, eine negative, sondern eine neutrale Grundeinstellung einzunehmen. Es geht darum, unvoreingenommen an Gedanken, Aspekte, Argumente, Darstellungen heranzugehen und sich diese jedenfalls nicht ungeprüft zu eigen zu machen. Vielmehr soll von einem neutralen Standpunkt aus eine eigene professionelle, d. h. informierte und reflektierte, Sichtweise angestrebt werden.

Eine ausführlichere Auseinandersetzung steht vor allem dann an, wenn Sie mit einzelnen Punkten und Aussagen, oder mit dem Text im Ganzen und seiner Kernaussage nicht übereinstimmen.

Ihre Auseinandersetzung kann durchaus auch darauf hinauslaufen, dass Sie keine eigene Einschätzung oder Beurteilung vornehmen wollen, oder dass eine solche nicht notwendig ist, sondern sie die Informationen des Textes ohne genauere Beurteilung zunächst einmal nur zur Kenntnis nehmen.

Ihre eigene kritische Auseinandersetzung mit dem Text kann auch in einer Einordnung des aktuellen Textes in das Gesamtgefüge eines Themas oder Themenkomplexes bestehen.

Zu empfehlen ist aber, dass Sie in allen Fällen mindestens gedanklich reflektieren, was unter diesem Punkt an inhaltlicher Auseinandersetzung Ihrerseits notwendig und sinnvoll ist.

Denn auch dann, wenn Sie mit dem Text insgesamt oder seinen wesentlichen Aussagen übereinstimmen, so erspart Ihnen das allein eine kritische Auseinandersetzung mit dem Text nicht vollständig. Es sollte zumindest argumentativ nachvollziehbare Gründe geben, warum Sie mit Teilen oder den Gesamtaussagen des Textes übereinstimmen. Sie sollten sich eben nicht auf unkritische, d. h. unreflektierte, Übernahme von Aussagen beschränken.

Teil 4: Juristisches Schreiben

Ohne den professionellen Umgang mit Texten ist eine erfolgreiche juristische Tätigkeit undenkbar. Das gilt natürlich nicht nur für das ***BE***arbeiten im Sinne von Rezipieren und Auswerten von Texten, sondern vor allem auch für das ***ER***arbeiten, also das Anfertigen eigener Texte. Das (eigene) juristische Schreiben gehört zu den zentralen Arbeitstechniken vom Studium bis in den Beruf.

Im Zentrum juristischer Aufgaben steht immer wieder die erfolgreiche Erzeugung eines eigenen Fachtextes. In den typischen juristischen Berufen sind das z. B. Schriftsätze, Klageschriften bei Anwälten, Anklagen, Strafbefehle bei Staatsanwälten, Urteile, Beschlüsse, Verfügungen bei Richtern, Bescheide und Verfügungen verschiedenster Art bei Verwaltungsjuristen usw.

Alle genannten Berufsgruppen verfassen dazu vorbereitende Gutachten zu den verschiedenen Schriftstücken. Also liegt nahe, dass für Studierende das Gutachten und der Gutachtenstil zur wichtigsten Textform werden. Im Studium – vor allem in Prüfungsleistungen – geht es fast immer um Klausuren, Hausarbeiten, Seminararbeiten, die im Gutachtenstil zu verfassen sind.

Kapitel 1: Arbeitsschritte auf dem Weg zum eigenen Text

All diesen genannten Zieltexten ist gemeinsam, dass sie im Wesentlichen auf Grundlage der gleichen Arbeitsstruktur beruhen. Deren Arbeitsschritte auf dem Weg zum eigenen Text lassen sich unterteilen in „Bearbeitung“, „Verarbeitung“, „Erarbeitung“. Diese korrespondieren in etwa mit den im Anfangsteil beschriebenen Grundtätigkeiten des juristischen Lesens, Denkens und Schreibens.

Die ***Bearbeitung*** bezieht sich vor allem auf die Aufgabe, also den Sachverhalt, den Ausgangstext, die Problemdarstellung etc. Diese Aufgabe muss als Ausgangspunkt der weiteren Arbeitsschritte zunächst aufbereitet werden, d.h., Sie müssen Informationen herausarbeiten, filtern, gewichten usw.

Die ***Verarbeitung*** ist dann die Verbindung und Verschränkung der in der Bearbeitung (Schritt 1) gewonnenen Informationen mit den rechtlichen Kategorien der Bedeutung, Anwendung von Normen, Hintergrundwissen, Rechercheergebnissen usw. (Schritt 2).

Die ***Erarbeitung*** (Schritt 3) ist schließlich das Erzeugen eines Texts, der die beiden vorhergehenden Arbeitsschritte angemessen schriftlich darstellt und verbindet, indem er die hergestellten Verbindungen und Verschränkungen textlich darstellt. Hier werden also nicht nur die Ergebnisse aufgelistet, sondern vor allem der Weg dorthin abgebildet, also der Denkprozess durch die verschiedenen Arbeitsschritte auf dem Weg zu einer Lösung. Die sprachliche Darstellung dieses Weges geschieht im Gutachtenstil.

Spezielle Aufbau- und Formulierungsfragen lernen Sie im Detail bei den fachlichen Inhalten der jeweiligen Klausurthemen. Im folgenden Abschnitt liegt das Augenmerk auf allgemein gültigen Gestaltungs- und Aufbaufragen sowie insbesondere der Herangehensweise zur Erarbeitung einer juristischen Klausur.

Kapitel 2: Bedeutung und Einsatz von Sprache und Fachsprache

Bevor wir uns mit den Besonderheiten der juristischen Textformen „Klausur" und „Hausarbeit" näher befassen, ist es wichtig, sich die grundlegende Bedeutung eines genauen und exakten Spracheinsatzes zu verdeutlichen. Diese beginnt nicht erst bei juristischen Fachtexten.

Vielmehr ist bereits der Umgang mit allgemein sprachlichen Formulierungen elementar wichtig für den juristischen Studienerfolg. Nur wer hier eine genaue, aber auch klare und verständliche Ausdrucksweise beherrscht, wird überhaupt in der Lage sein, auf fachsprachlichem Niveau verständlich und nachvollziehbar zu formulieren. Deshalb sind grundlegende Kenntnisse der deutschen Sprache einschließlich der Grammatik so wichtig.

Mitunter entsteht der Eindruck, ein besonders juristisch klingender Formulierungsstil gepaart mit zahlreichen Fachbegriffen sei das, was juristische Sprachkunst ausmache. Das ist ein leider weitverbreiteter Irrglaube, denn das Gegenteil ist der Fall. Vorrangiges Ziel sollte nicht die Komplexität der eingesetzten Sprache sein. Es kommt vielmehr darauf an, komplexe Inhalte (!) mit verständlichen – und d.h. im Zweifel eher bewusst einfacheren – Sprachmitteln nachvollziehbar darzustellen.

Beispiel

Besonders deutlich wird diese Anforderung, wenn man eine typische anwaltliche Beratungssituation betrachtet:
Der Mandant ist Betroffener eines juristischen, evtl. sehr komplexen Sachverhalts, aber juristischer Laie. Der Anwalt ist der Profi, der aufgrund seiner Ausbildung in der Lage ist, auch komplexe juristische Inhalte zu verstehen, zu analysieren, auf die konkrete Situation des Mandanten herunterzubrechen und anzuwenden. Die anwaltliche Kunst besteht aber vor allem darin, diesen Arbeitsprozess und die daraus resultierenden Erkenntnisse so aufzubereiten und darzustellen, dass der Mandant eine Vorstellung von der ihn betreffenden juristischen Situation bekommt. Dies gelingt nicht, wenn der Anwalt mit dem Mandanten als juristischem Laien so kommuniziert wie mit einem Fachkollegen. Vielmehr muss der Anwalt in der Lage sein, dem Mandanten die Situation so zu erläutern, dass dieser eine gut informierte Entscheidung treffen kann, z. B., ob eine bestimmte Klage eingereicht werden soll. Diese Entscheidung trifft nicht etwa der Anwalt für den Mandanten, sondern der Mandant selbst, nach Beratung durch den Anwalt. Das verdeutlicht den Maßstab der Qualität und der Nachvollziehbarkeit, die eine anwaltliche Beratung haben muss.

Dieser Ansatz bei der Beurteilung juristischer Textqualität bildet sich in Studium und Prüfungen bereits ab, und zwar durch die Forderung sprachlich verständlicher Darstellungen.

Haben Sie die – teils komplexen – Inhalte verstanden und sind deshalb in der Lage, diese Zusammenhänge nachvollziehbar und sprachlich adäquat darzustellen, wird die Sprache, die Sie dazu verwenden, von selbst ausreichend „fachlich" werden. Sie sollten sich also um eine sprachlich korrekte und fachlich angemessene Darstellung bemühen. D.h., vor allem sollten Sie umgangssprachliche Begriffe vermeiden und diese durch angemessene Begrifflichkeiten formaler Schriftsprache ersetzen. Und Sie sollten in angemessener Form Fachbegriffe einsetzen.

Tipp
Arbeiten Sie darauf hin, einen professionellen Stil und Sprachduktus zu entwickeln. D.h., verwenden Sie einerseits eine korrekte und angemessen formelle Sprache ohne allzu umgangssprachliche Elemente. Übertreiben Sie aber andererseits auch nicht den (vermeintlich) fachlichen Charakter der sprachlichen Darstellung. Ihre Aufgabe besteht nicht darin, juristische Darstellungen vor allem durch die Verwendung (vermeintlicher) Fachsprache zu verkomplizieren. Arbeiten Sie vielmehr darauf hin, für die Darstellung komplexer Probleme eine soweit wie möglich auf Einfachheit und Verständlichkeit angelegte Sprache zu verwenden. Verwenden Sie im angemessenen Umfang Fachbegriffe, aber bitte nur solche, deren Bedeutung Ihnen ausreichend bekannt ist.[101]

---

101 In der Korrektur von Anfängerklausuren mehrfach untergekommen ist z. B. die vermeintliche Regel „Vertragliche Vereinbarungen wirken nur inter padres." Das würde soviel bedeuten wie, dass Verträge nur „unter Vätern" oder „zwischen Geistlichen" gelten. Eine derartige Beschränkung ist dem Zivilrecht fremd. Gemeint war wohl eher, dass vertragliche Vereinbarungen nur „inter partes", also nur „zwischen den Parteien" gelten.

Kapitel 3: Textform „Juristische Klausur“

Nach diesen eher grundlegenden sprachlichen Anforderungen an einen juristischen Text betrachten wir nun die besonderen Anforderungen an eine Klausur.

Die Aufgabe juristischer Klausuren besteht in der Regel in der Anfertigung einer gutachterlichen Lösung zu einem gestellten Fall.[102]

A. Grundansatz einer Klausur

Bevor wir auf die Details eingehen, soll es zunächst um die grundsätzliche Gestaltung einer Klausuraufgabe gehen, genauer gesagt, um die Anforderung an die Klausurschreiber, also die Studierenden. Hier kommen wir nun zum besseren Verständnis auf die bildliche Vorstellung einer Autofahrt vom Anfang des Buches zurück.[103]

I. Die juristische Falllösung – bildlich eine Reise mit Hindernissen und ungewissem Ziel

Stellen Sie sich also eine juristische Klausur so vor, als würden sie auf eine Autofahrt geschickt werden, bei der es Ihre Aufgabe ist, an einer bestimmten Stelle loszufahren und ein Ziel innerhalb einer vorgegebenen Zeit zu erreichen, ohne aber anfangs überblicken zu können, wo das Ziel eigentlich liegt. Um das herauszufinden, haben Sie aber eine Karte (den Sachverhalt) und Ihren Orientierungssinn (Ihr juristisches Know-how).

Die Klausuraufgabe erzeugt verschiedene Probleme, an denen Sie vorbeikommen, am Straßenrand, an verschiedenen Stellen, unterschiedlich groß, unterschiedlich komplex, unterschiedlich gut sichtbar. Die Kunst besteht nun darin, den richtigen Weg zu finden (den roten Faden Ihrer Lösung) und beim Abfahren dieses Weges, die am Straßenrand auftauchenden Probleme adäquat zu lösen. Dazu müssen Sie im Laufe der Zeit ein juristisches Problembewusstsein entwickeln, also kurz gesagt das richtige Maß finden zwischen „überall Probleme sehen, die alle ausführlich behandelt werden“ einerseits und „sämtliche Probleme übersehen oder ignorieren“ andererseits.

102 Je nach Themengebiet geht es hier zum Teil auch um eine Themenbearbeitung, Diskussion, Erörterung o.ä., diese Art Aufgabenstellung findet sich aber häufiger bei Hausarbeiten, so dass dies im nächsten Abschnitt erörtert wird, vgl. S. 127.

103 Vgl. S. 12.

II. Was Sie möglichst auf dieser Fahrt nicht tun sollten

Sie sollten nicht gänzlich von der Straße abkommen. Sie sollten natürlich auch keinen (schwereren) Unfall verursachen. Sie dürfen aber auch nicht sämtliche Probleme übersehen oder gar zur Vermeidung von Unfällen sämtliche Probleme bewusst ignorieren und sie in Schlangenlinien umfahren, nur um schnell weiterzukommen; auch das wäre keine adäquate Lösung.

III. Was Sie möglichst auf dieser Fahrt tun sollten, um adäquat ans Ziel zu gelangen

Sie sollten den Weg insgesamt (den roten Faden) im Blick behalten, dabei Probleme erkennen, wahrnehmen, entscheiden, welche es wert sind, dafür anzuhalten, um sie näher zu untersuchen und falls nötig und möglich zu lösen. Manche Problemfälle können Sie vielleicht nicht direkt an Ort und Stelle lösen, ggf. müssen Sie diese zunächst ein Stück mitnehmen und irgendwo an passenderer Stelle dann weiter abarbeiten.

IV. Die Bedeutung der „Schwerpunktsetzung“

Um in diesem Bild zu bleiben, bedeutet „richtige Schwerpunktsetzung“ zunächst einmal, dass Sie keine schwerwiegenden Probleme völlig übersehen und damit am Straßenrand unbehandelt liegen lassen dürfen. Sie sollten für kleinere Probleme aber auch nicht zu viel Zeit und Energie investieren, sich also auch nicht zu viele Kleinprobleme ins Auto laden, weil sie dann irgendwann keinen ausreichenden Platz (keine Bearbeitungszeit!) mehr für die wirklich wichtigen Problemfälle lassen.

Die Beurteilung Ihrer Klausur erfolgt maßgeblich danach, welchen Weg Sie aus welchen Gründen genommen haben, wie „unterwegs“ ihre Problembehandlung ausgesehen hat und an welches Ziel Sie Ihre Vorgehensweise schlussendlich geführt hat. Erheblich entscheidender als der angesteuerte Zielpunkt selbst (das schlichte Endergebnis) ist vielmehr, auf welchem Weg und warum Sie zu genau diesem Punkt gelangt sind und aus welchen Gründen Sie sich an der einen oder anderen Weggabelung für eine bestimmte Richtung entschieden haben.[104]

Dieses Grundverständnis der Anforderungen führt zu folgenden wichtigen Erkenntnissen:

- Der größte Teil der in einer juristischen Klausur geforderten Kompetenzen sind keine reinen Wissensbestandteile, die sich rein schematisch lernen und reproduzieren lassen.

---

104 Diese Bewertungsstruktur ist aus der Schulzeit eher aus dem Fach Mathematik bekannt, wo es bei Aufgaben häufig weniger auf deren Ergebnis(wert) ankommt, als vielmehr auf den dargestellten Lösungsweg/Rechenweg.

- Es genügt daher auch nicht – weder für die juristische Klausur noch für das Studium insgesamt –, sich auf das Auswendiglernen möglichst vieler Wissensbestandteile zu beschränken.
- Es geht vielmehr um Systematik und Strukturverständnis, das Erkennen von Zusammenhängen und ihre professionelle Darstellung.
- Das wiederum erfordert Transferkompetenzen, also die Fähigkeit, neues Wissen nicht nur zu erwerben (im Sinne von zu lernen, „anzuhäufen"), sondern dieses neue Wissen zu verarbeiten, zu vernetzen und aktiv anwenden zu können.
- Dieses geforderte Verarbeitungsniveau besteht darin, Inhalte und Strukturen nicht nur zu kennen und wiedergeben zu können. Sie müssen diese vielmehr hinterfragen, analysieren, weiterdenken, weiterentwickeln, anwenden auf vergleichbare andere oder auch bis dato völlig neue Fallgestaltungen usw.

Tipp

Zu Beginn und in der frühen Phase eines Studiums mögen die zuvor genannten Erkenntnisse noch recht theoretisch klingen. Eine erste praktische Anwendungsempfehlung daraus sollten Sie aber von Beginn an im Hinterkopf behalten:

Versuchen Sie stets, nicht einfach nur neues Wissen zur Kenntnis zu nehmen und abzuspeichern. Lernen Sie Neues nicht nur, indem Sie fremde Gedanken reproduzieren. Machen Sie sich vielmehr Ihre eigenen Gedanken zu neuem Wissen, d. h., suchen und fragen Sie nach Hintergründen und Zusammenhängen, durchdenken, bearbeiten, diskutieren Sie neue Kenntnisse, damit daraus Erkenntnisse werden.

B. Fallfragen als wichtige Leitlinie der Klausurbearbeitung

Selbstverständlich geht es in Klausuren vor allem darum, die Fallfragen genau zu beantworten, die gestellt werden. Das führt aber zunächst einmal nicht nur zu der banal klingenden Empfehlung, die Fallfrage genau zu lesen, sondern diese in ihrer Bedeutung während der gesamten Bearbeitung exakt zu beachten und sich im Verlauf der Bearbeitung rückzuversichern, dass man im Eifer des Gefechts diesen Weg nicht ungewollt verlassen hat, also nicht „neben der Spur fährt", um beim Bild der Autofahrt zu bleiben.

Die Fallfrage wird vor allem auch dadurch zu einer wichtigen Leitlinie für die Klausurbearbeitung, dass durch Art und Umfang der Frage Rückschlüsse auf den geforderten Prüfungsumfang möglich sind. Eine erste wichtige Einschätzung dazu liefert die Frage, wie eng zugeschnitten oder wie allgemein und offen die Fallfrage formuliert ist.

Dazu ein Blick auf einige typische Fallfragegestaltungen, aufgeteilt nach den drei Rechtsgebieten.

I. Fallfragen im Strafrecht

In strafrechtlichen Fällen ist in aller Regel die Prüfung von Strafbarkeiten einer oder mehrerer Personen gefragt. Die geschlossene Form der Frage gibt sowohl die zu prüfende(n) Person(en) als auch den oder die zu prüfenden Straftatbestände vor.

> **Beispiel**
> Hat sich A wegen Diebstahls gemäß § 242 StGB strafbar gemacht?
> oder als inhaltlich gleichbedeutende Aufgabenformulierung
> Prüfen Sie die Strafbarkeit des A gemäß § 242 StGB!

In dieser Variante ist sowohl die zu überprüfende Person vorgegeben, als auch der in Betracht kommende Straftatbestand. Dieser Art eng zugeschnittener Aufgabe bedeutet ggf. auch eine Einschränkung des Prüfungsrahmens.[105] Auch wenn nach dem Fallgeschehen nach Ihrer Ansicht grundsätzlich noch weitere Tatbestände in Betracht kommen könnten, sind diese nicht zu prüfen. Beschränkt sich die Aufgabenstellung ausdrücklich auf bestimmte Delikte, so ist dies unbedingt zu beachten. Ausführungen zu Tatbeständen, die ausdrücklich ausgeschlossen sind, verfehlen einerseits überflüssig die Aufgabenstellung und kosten andererseits Zeit auf Kosten der Prüfungsteile, die gerade gefordert sind.

Etwas offener gestaltet sich die Frage- oder Aufgabenstellung bei:

> **Beispiel**
> Wie hat sich der A strafbar gemacht?
> oder als Aufgabenformulierung
> Prüfen Sie die Strafbarkeit des A!

Hier ist erneut A als möglicher Täter zu prüfen, offen bleibt die Fragestellung aber hinsichtlich des oder der zu prüfenden Straftatbestände. Eine solche Aufgabenstellung fokussiert also auf bestimmte Personen, überlässt es aber Ihrer Ausarbeitung, welche Tatbestände in Betracht kommen.

Die maximal offene Form der Frage- oder Aufgabenstellung im Strafrecht lautet:

> **Beispiel**
> Wer hat sich wie strafbar gemacht?
> oder als Aufgabenformulierung
> Prüfen Sie die Strafbarkeit der/aller Beteiligten!

---

105 Eine solche Einschränkung kann auch außerhalb der eigentlichen Fallfrage in einem sog. Bearbeitungsvermerk enthalten sein. Die Wirkung ist in beiden Fällen die gleich: die Aufgabenstellung schränkt den zu prüfenden Rahmen ein.

Diese Formulierung lässt sowohl offen, welche Personen auf mögliche Strafbarkeiten zu überprüfen sind, als auch, welche Straftatbestände jeweils zu prüfen sind. Da mit den Einschränkungen auch Strukturvorgaben zum Aufbau fehlen, sollte man vor allem hier auf eine systematische Strukturierung und Gliederung der Prüfungsteile Wert legen. Das gilt besonders dann, wenn eine Vielzahl von handelnden Personen im Fall vorkommen und für diese Personen auch noch jeweils mehrere mögliche Tatbestände zu prüfen sind.

Beispiel

Der X und der Y vereinbaren, gemeinsam eine Bank zu überfallen. Sie weihen den Z in ihre Pläne ein und wollen ihn als Fluchtwagenfahrer mit einbeziehen. Er ist mit allem einverstanden. Zur Vorbereitung des Coups entwendet der Y einige Wochen vor der geplanten Tat einen PKW. Dieser wird zunächst in der Garage des G „zwischengelagert", der in die kompletten Pläne eingeweiht ist. Der Z entwendet etwa zur gleichen Zeit von einem anderen PKW die Kennzeichen und bringt diese in der Garage des G an dem von Y entwendeten PKW an. Auch darüber weiß der G Bescheid. X besorgt währenddessen wie geplant für den Überfall zwei Schusswaffen inklusive Munition illegal über das Internet.
X, Y und Z fahren dann einige Wochen später bei der Bank vor, X und Y stürmen hinein, Z wartet wie besprochen mit laufenden Motor vor der Bank, ansonsten verläuft nichts wie geplant: Zwar erbeuten die beiden mit vorgehaltener Waffe von einem Bankangestellten etwa 40.000 EUR Bargeld. In diesem Moment betreten zwei bewaffnete Mitarbeiter einer Sicherheitsfirma die Bank, um die Geldautomaten aufzufüllen. Y wird angesichts der bewaffneten Mitarbeiter nervös und schießt sofort auf einen der beiden, der verletzt zu Boden geht. Der andere sieht keine Chance einzugreifen und lässt X und Y ziehen.
Diese stürzen aus der Bank, springen zu Z in den Wagen und das Trio will davon fahren. Ein weiterer Mitarbeiter der Sicherheitsfirma, der auf den Tumult in der Bank aufmerksam geworden ist, stellt sich dem Wagen in den Weg. Als der Z zögert, brüllt ihn der X an, er solle ihn umfahren, sonst seien sie alle dran. Daraufhin rast der Z auf den Mitarbeiter zu, der zwar noch versucht zur Seite zu springen, aber vom Kotflügel des Wagens noch getroffen und zu Boden geschleudert wird, wobei er sich verletzt.
Das Trio kann entkommen. In einem entlegenen Waldstück vergraben sie die erbeuteten 40.000 EUR, um zunächst „etwas Gras über die Sache wachsen zu lassen". Ihren Fluchtwagen lassen sie in einen nah gelegenen Baggersee rollen, wo dieser versinkt.
G hört heimlich in Gesprächen der drei, wo die Beute versteckt ist und beschließt, das Geld an sich zu bringen. Einige Tage nach dem Überfall macht er sich auf den Weg dorthin. X, Y und Z, die misstrauisch geworden sind, verfolgen ihn aber unbemerkt. Als klar wird, dass G sie um ihre Beute bringen will, schießt der Z auf den G mit einer der Waffen, die der X besorgt hatte. Auch die

> Polizei ist der Gruppe längst auf den Fersen. Direkt im Anschluss an die Schießerei kann sie alle vier in dem Waldstück festnehmen.
> **Prüfen Sie die Strafbarkeit der Beteiligten!**

Man merkt schon beim Lesen recht schnell, dass hier den Überblick zu behalten eine wesentliche Anforderung des Falls sein dürfte. Eine klare Struktur ist daher unbedingt erforderlich. Als erste Strukturierungsebene bietet sich an, verschiedene Tatkomplexe zu bilden. Das bedeutet, jeweils die Strafbarkeiten in einem Prüfungsabschnitt zusammenzufassen, die sich auf zusammenhängende Ereignisse stützen.

So könnte man hier im Beispiel als einen ersten Tatkomplex die „Vorbereitungen des Überfalls“, also alle Ereignisse prüfen, die Wochen vor dem eigentlichen Überfall stattfinden. Ein zweiter Tatkomplex wäre dann der „Tag des Überfalls“ selbst. Und ein dritter Tatkomplex wäre das „Geschehen einige Tage nach dem Überfall“.

In diesem Fall entsprechen also die Tatkomplexe auch den Abschnitten der Fallschilderung.

Innerhalb der jeweiligen Tatkomplexe erfolgt dann als zweite Untergliederungsebene die Unterscheidung nach Personen. Für jede Person werden dann die jeweils einschlägigen Tatbestände geprüft. In der Gesamtstrukturübersicht könnte man den Fall also etwa wie folgt gliedern:

> **Beispiel**
> **1. Tatkomplex: Vorbereitungen des Überfalls**
> A. Strafbarkeit des X
>   I. Tatbestand...
>   II. Tatbestand...
>   [...]
> B. Strafbarkeit des Y
>   I. Tatbestand...
>   [...]
> C. Strafbarkeit des Z
>   I. Tatbestand...
>   [...]
> D. Strafbarkeit des G
>   I. Tatbestand...
>   [...]
>
> **2. Tatkomplex: Tag des Überfalls**
> A. Strafbarkeit des X
>   I. Tatbestand....
>   [...]
> B. Strafbarkeit des Y

I. Tatbestand...
[...]
C. Strafbarkeit des Z
I. Tatbestand....
[...]

3. Tatkomplex: Geschehen einige Tage nach dem Überfall
A. Strafbarkeit des X
I. Tatbestand...
[...]
B. Strafbarkeit des Y
I. Tatbestand...
[...]
C. Strafbarkeit des Z
I. Tatbestand...
[...]
D. Strafbarkeit des G
I. Tatbestand...
[...]

Es bietet sich an, Strafbarkeiten für alle Personen in allen Tatkomplexen kurz anzudenken. Das bedeutet nicht, dass Sie immer Prüfungsabschnitte für jede Person in allen Tatkomplexen haben. Denn in der Darstellung sollten Sie sich dann auf die Prüfungen beschränken, für die es ausreichend Anhaltspunkte im Sachverhalt gibt.

Es gehört zu Ihrer ersten wichtigen Schwerpunktsetzung, dass sie nur die Personen und Strafbarkeiten prüfen, für die es Anhaltspunkte gibt. Liegen diese nicht vor, gibt es auch keinen Anlass, dafür einen Prüfungsabschnitt in die Gliederung aufzunehmen, der einfach nur genau das feststellt. Aus diesem Grund fehlt hier im zweiten Tatkomplex ein Abschnitt für Strafbarkeiten des G, der in diesen Teil des Geschehens nicht involviert war.

II. Fallfragen im Zivilrecht

Wie bereits näher ausgeführt wurde,[106] geht es in zivilrechtlichen Fällen in aller Regel um die Prüfung von Anspruchsgrundlagen. Die verschiedenen Arten von Fragestellungen lassen sich auch hier in einer Abstufung betrachten.

Für die Bildung von Obersätzen haben wir als Merkregel die Frage „Wer will was von wem woraus?" angewendet. Die Abstufung typischer zivilrechtlicher Fragestellungen erfolgt danach, welche und wie viele der Elemente aus dieser Merkregel durch die Fallfrage vorgegeben sind

106 Vgl. S. 7.

Die denkbar engste Form der Fragestellung gibt sowohl die zu prüfende(n) Person(en) als auch die zu prüfenden Anspruchsziele vor. Gefragt ist dann vor allem nach passenden Anspruchsgrundlagen zu diesen Vorgaben und deren schrittweise Prüfung.

> **Beispiele**
> Hat K gegen V einen Anspruch auf Verschaffung des Eigentums an dem PKW?
> Kann A von B Schadensersatz für die kaputte Vase verlangen?

Während im obigen Beispiel alle Kategorien bis auf die Anspruchsgrundlagen bereits vorgegeben sind, können in Fallfragen all diese Komponenten auch offengehalten und nur bestimmte vorgegeben werden.

> **Beispiele**
> Welche Ansprüche kann X gegen Y geltend machen?
> Welche Rechte stehen dem C zu?
> Beachten Sie: In der oberen Frage sind Anspruchsteller und Anspruchsgegner festgelegt, offen bleiben mögliche Anspruchsziele und die dazugehörigen Anspruchsgrundlagen. Die untere Frage lässt sowohl die Anspruchsziele als auch mögliche Anspruchsgegner offen, festgelegt ist hier nur C als Anspruchsteller.

Wenn gar keine dieser Kategorien vorgegeben ist, sondern alle Komponenten als Teil der Aufgabenstellung herausgearbeitet werden müssen, gibt es auch hierfür eine typische Fragestellung.

> **Beispiel**
> Wie ist die Rechtslage?
> oder
> Prüfen Sie mögliche Ansprüche der Personen!

Diese offenste Art der Fragestellung wird umgangssprachlich auch als sogenannte „Wild-West-Prüfung" bezeichnet, weil hier „Jeder gegen Jeden" zu prüfen ist. Ein wesentlicher Schwerpunkt der Bearbeitung besteht dann besonders darin, den Überblick zu behalten und für den Lösungsansatz eine nachvollziehbare Struktur zu entwickeln. Dazu bietet sich folgendes Vorgehen an:

Unterteilen Sie die wechselseitigen Anspruchskonstellationen in Zwei-Personen-Verhältnisse. Betrachten Sie also die einzelnen Beteiligten des Sachverhalts hinsichtlich ihrer möglichen Eigenschaft als Anspruchsteller. Haben Sie einen möglichen Anspruchsteller gefunden, ordnen Sie diesem alle Personen zu, die als Anspruchsgegner in Betracht kommen. So gelangen Sie jeweils zu Zwei-Personen-Verhältnissen. Dann nehmen Sie sich die nächste Person als potenziellen Anspruchsteller vor und ordnen dieser denkbare Anspruchsgegner zu, so entsteht die nächste Gruppe von Zwei-Personen-Verhältnissen. So verfahren Sie mit allen denkbaren Anspruchstellern und Anspruchsgegnern. Die so entstandenen Zwei-Personen-Verhältnisse stellen die oberste Ebene Ihrer gutachterlichen Prüfung dar. Und innerhalb eines jeden Zwei-Personen-Verhältnisses ermitteln Sie dann mögliche Anspruchsziele und für die jeweiligen Anspruchsziele die denkbaren Anspruchsgrundlagen, so entstehen die ersten zwei bis drei Gliederungsebenen einer Lösungsskizze.

Beispiel[107]

A. Ansprüche des A gegen B
  I. Anspruch auf Kaufpreiszahlung gemäß § 433 Abs. 2 BGB
  II. Ansprüche auf Schadensersatz
  [...]
B. Ansprüche des A gegen C
  I. Ansprüche auf Herausgabe
    1. Anspruch gemäß § 985 BGB
    2. Anspruch gemäß § 861 Abs. 1 BGB
  II. Ansprüche auf Schadensersatz
  [...]
C. Ansprüche des C gegen den B
  I. Ansprüche auf Herausgabe
    1. Anspruch gemäß § 985 BGB
    2. Anspruch gemäß § 862 Abs. 1 S. 1 BGB
  II. Ansprüche auf Schadensersatz
  [...]

Auch hier sollten nicht einfach alle Zwei-Personen-Verhältnisse zu Überschriften werden. Vielmehr soll auch hier Ihre erste Schwerpunktsetzung bereits zeigen, dass Sie nur die nach den Informationen des Falles relevanten Verhältnisse näher prüfen.

III. Fallfragen im öffentlichen Recht

Im öffentlichen Recht geht es in den meisten Fällen um die Prüfung der Erfolgsaussichten einer Klage oder eines Verfahrens. Typische Fallfragen bzw. Aufgabenformulierungen können daher lauten:

Beispiel
Hat die Verfassungsbeschwerde des B Aussicht auf Erfolg?
oder
Prüfen Sie die Erfolgsaussichten einer Klage des A!

---

107 Dieses Prüfungsschema zeigt lediglich ein Beispiel, wie nach dieser Vorgehensweise das erste Grundgerüst einer Lösungsskizze aussehen könnte. Es bezieht sich auf keinen konkreten Übungsfall.

Die Frage nach den Erfolgsaussichten ist eine typische Aufgabenstellung im öffentlichen Recht. Sie bedeutet, dass Zulässigkeit und Begründetheit der Klage, des Verfahrens, des Rechtsmittels zu prüfen sind. In Abgrenzung zu den straf- und zivilrechtlichen Aufgabenstellungen gehört es im öffentlichen Recht bereits in studentischen Aufgaben zum Standard, mit der Zulässigkeit auch prozessuale Elemente zu prüfen.

Eine mögliche Abstufung bzw. Einschränkung der Fragestellung kann darin bestehen, dass die Prüfung nur auf einen der beiden Teile – in der Regel die Begründetheit – beschränkt ist.

> **Beispiel**
> Ist die zulässige Klage des X begründet?

Hier sollen Sie ohne eigene Prüfung unterstellen, dass die Zulässigkeit gegeben ist und sich nur mit den Fragen der Begründetheit auseinandersetzen.

C. Zeitmanagement

Juristische Klausuren sind meist so konzipiert, dass die zur Verfügung stehende Bearbeitungszeit im Zweifel knapp bemessen ist. Das bedeutet vor allem: Sie haben in der Regel weder übermäßig Zeit für ineffiziente Arbeitstechniken noch für wiederholte Überarbeitungen und Anpassungen Ihrer Klausurlösung. Ein gutes Zeitmanagement ist daher wichtig. Dies hängt wiederum eng an einer systematischen Vorgehensweise.

I. Zeitmanagement insgesamt

Als allgemeine Orientierung empfiehlt sich für die Bearbeitung eines Klausurfalles folgendes Vorgehen:

1. Bearbeitungsschritt – Sachverhalt lesen
- Erstes Lesen des Sachverhalts ohne Markierungen, Notizen, Gesetzeslektüre!
- Besonderes Augenmerk auf die Fallfrage!
- Beachtung eines evtl. vorhandenen Bearbeitervermerks

2. Bearbeitungsschritt – Sachverhalt auswerten
- Erneutes Lesen des Sachverhalts unter besonderer Berücksichtigung der Fallfrage
- Erst jetzt: Markierungen/Hervorhebungen, Notizen, Gesetzeslektüre

3. Bearbeitungsschritt – Sachverhalt ggf. strukturieren
- Ggf. Zeittafel (bei vielen Daten und/oder wichtigem zeitlichem Ablauf)

- Ggf. Personenskizze (bei vielen Personen und/oder komplexen Ereignissen)
- Bzw. Kombination aus beiden (vgl. Übungsfall „CD-Chaos“)

4. Bearbeitungsschritt – Lösungsskizze entwerfen und gliedern

- Erstellung einer STICHWORTARTIGEN Lösungsskizze!
- Soviel wie möglich mit dem Gesetz arbeiten!
- Möglichst: Verarbeitung aller Sachverhaltsinformationen

5. Bearbeitungsschritt – Lösung (Reinschrift) erstellen

Erst jetzt findet die eigentliche Anfertigung des Klausurtextes, also die zur Korrektur eingereichte „Reinschrift“ statt. Idealerweise wird in diesem Arbeitsschritt nun die zuvor erstellte Lösungsskizze/Lösungsübersicht gutachterlich ausformuliert. Hier zahlt sich jetzt eine gewissenhafte und systematisch gut aufgebaute Lösungsskizze aus Schritt 4 aus. Je besser und vollständiger diese vorbereitet ist, desto leichter geht Ihnen die gutachterliche Ausformulierung von der Hand.

Aber verwechseln Sie „vollständig“ in Bezug auf die Lösungsskizze nicht mit „ausführlich“. Da Sie den ausführlicheren Text mit der Reinschrift erst noch erzeugen müssen, sollte die Lösungsskizze bis hierher möglichst vollständig nur im Sinne von „alle relevanten Aspekte beinhaltend“ sein. Sie sollte aber eher stichwortartig und (noch) nicht zu textreich ausgeführt sein. Denn die Zeit, die Sie mit einer (zu) ausführlichen Gestaltung schon der Stichpunkte in der Lösungsskizze verbringen, fehlt Ihnen dann bei der eigentlichen textlichen Ausarbeitung der Reinschrift.

Tipp

Arbeiten Sie auf eine möglichst vollständige, aber nicht zu breit ausformulierte Lösungsskizze hin. Behalten Sie im Blick, dass die ausführlichere Textgestaltung der eigentlichen Reinschrift vorbehalten bleibt. Versuchen Sie daher im Rahmen der Lösungsskizze weitgehend stichwortartig zu arbeiten und längere Texte oder Ausformulierungen zumindest auf wenige wichtige Schwerpunkte zu beschränken.

Auch hier findet man das richtige Maß erst mit der Erfahrung und einer gewissen Routine für die Lösungsgestaltung und d. h. eben durch Übung. Falllösungstraining/Klausurtraining ist auch für die Entwicklung dieser Fähigkeit unerlässlich.

Falls noch genug Zeit dafür ist, kann es sich anbieten, Sachverhalt und eigenen Lösungstext noch einmal vergleichend zu lesen. Dies dient vor allem der Kontrollüberlegung, ob alle als relevant erschienenen Sachverhaltsinformationen im Rahmen der Lösung verarbeitet wurden.

Stellen Sie hier fest, dass Fallinformationen, die Sie in der Vorbereitung eigentlich als auffallend und relevant für die Bearbeitung eingeschätzt haben, an keiner

Stelle der Lösung verwendet werden (also bei keiner Subsumtion zu Rate gezogen wurden), dann sollten Sie noch einmal kritisch Ihren Lösungsaufbau betrachten. Evtl. fehlt dann noch eine Prüfungskomponente, eine Weichenstellung, ein Schlenker, eine Abgrenzung o. Ä.

In bestimmten Fällen kann dies auch ein Hinweis darauf sein, dass ein relevanter Prüfungsabschnitt (z. B. Anspruchsgrundlage im Zivilrecht oder Straftatbestand im Strafrecht) bislang noch fehlt.

Für die Zeiteinteilung ist der Wechsel von Schritt 4 zu Schritt 5 entscheidend.

Tipp
Als Faustregel gilt: Für die Schritte 1 bis 4 sollten Sie etwa ein Drittel bis max. die Hälfte der Gesamtbearbeitungszeit brauchen. Oder anders formuliert: Reservieren Sie für die Anfertigung der Reinschrift mindestens die Hälfte bis zu zwei Dritteln der Gesamtbearbeitungszeit.

Beispiel
Ist die Klausur für insgesamt drei Zeitstunden (180 min) angesetzt, sollten Sie etwa zwischen Minute 60 und 90 die Vorarbeiten, also Schritt 1 bis 4, inklusive einer Lösungsskizze abgeschlossen haben und mit der Ausformulierung beginnen.

Das kann selbstverständlich nur ein grober Anhaltspunkt sein und ist im Detail stark von der konkreten Aufgabe abhängig. Auch nachdem Sie mit der Reinschrift begonnen haben, werden Sie immer wieder über Elemente der Lösungsskizze erneut nachdenken, sie evtl. anpassen oder überarbeiten, das lässt sich bei den Aufgabenstellungen und ihrer zum Teil vorhandenen Komplexität nicht immer vermeiden. Insgesamt sollten Sie – vor allem durch Klausurtraining – darauf hinarbeiten, dass Sie in angemessener Zeit eine möglichst gut durchdachte und strukturierte Lösungsübersicht/Lösungsskizze erstellen, die durch die Ausformulierung hindurch im Wesentlichen Bestand hat. Idealerweise sollte die Lösungsskizze also möglichst keine größeren Lücken mehr haben, wenn Sie am ausformulierten Text arbeiten und auch nicht mehr maßgeblich verändert werden müssen.

II. Klausurtaktische Überlegungen abhängig von der Zeit

Während es im vorherigen Abschnitt um die Einteilung der Zeit insgesamt bei einer Klausur ging, gibt es auch bestimmte inhaltliche und arbeitstechnische Vorgehensweisen, die man an den Zeitverlauf einer Klausur anpassen sollte. Das sind klausurtaktische Überlegungen.

1. Prüfungsreihenfolge klausurtaktisch anpassen

Manche Fälle lassen an bestimmten Stellen unterschiedliche Vorgehensweisen bzw. Aufbaustrukturen zu, die gleichermaßen der gutachterlichen Prüfungslogik entsprechen, also zulässig sind. So ist oft eine Reihe von Prüfungspunkten abzuarbeiten, deren Reihenfolge aber nicht zwingend festgelegt ist. Die Wahl einer bestimmten Reihenfolge kann dann Auswirkungen auf die Struktur und besonders die Ausführlichkeit des Prüfungsabschnitts haben.

Bei ausreichend Zeit bietet sich ggf. ein Aufbau an, der eine ausführlichere Darstellung bestimmter Punkte ermöglicht. So kann man – gutachterlich korrekt – ggf. zusätzliche Inhalte darstellen, die in der Bewertung positiv zu Buche schlagen können.

Ist die Zeit eher knapp, liegt es nahe, einen Aufbau zu wählen, der auf eine verkürzte Darstellung hinausläuft. Evtl. verzichtet man auf weitergehende inhaltliche Detaildarstellungen. Man erhöht dadurch aber die Wahrscheinlichkeit eine insgesamt vollständige und bis zum Ende durchgeprüfte Lösung abzuliefern, was wiederum auch positive Auswirkungen in der Bewertung hat. In der Abwägung ist dies bei Zeitknappheit der bessere Weg. Denn die negativen Bewertungsaspekte einer „nicht fertigen Klausur" werden nicht durch die positive Bewertung der Zusatzinhalte kompensiert.

Kurz gesagt: Eine vollständige Klausurlösung ist dann wichtiger als eine in der Mitte ausführlichere Lösung, die aber nicht fertig geworden ist.

Beispiel

Ein Beispiel hierzu enthält der Übungsfall „CD-Chaos", an dem sich dieser Ansatz verdeutlichen lässt im Abschnitt B. „Untergang des Anspruchs". Hier werden drei inhaltlich verschiedene Anfechtungsgründe geprüft, die im Ergebnis aber alle an der verstrichenen Anfechtungsfrist des § 121 BGB scheitern.[108] Die Frage nach der weiteren Vorgehensweise im Aufbau stellt sich nach Prüfung des ersten Anfechtungsgrunds, dem Inhaltsirrtum gemäß § 119 Abs. 1 Alt. 1 BGB. Nachdem diese Art der Anfechtung also an der verstrichenen Frist gescheitert ist, stehen noch zwei weitere Anfechtungsgründe im Raum:

- Irrtum über eine verkehrswesentliche Eigenschaft gemäß § 119 Abs. 2 BGB
- Falsche Übermittlung durch den Boten gemäß § 120 BGB.

Hier stellt sich nun die Aufbaufrage, ob man diese weiteren Anfechtungsmöglichkeiten in der gleichen Reihenfolge und Ausführlichkeit prüft. Das würde bedeuten, zunächst jeweils auf die anderen Anfechtungsgründe einzugehen, sie zu definieren und subsumieren, um dann erst zur Anfechtungsfrist zu kommen und die Anfechtung abzulehnen.

108 Vgl. S. 157.

Man könnte aber mit dem Vorwissen, dass das Verstreichen der Anfechtungsfrist bereits nach einmaliger Prüfung bei der ersten Anfechtung feststeht, einen anderen Aufbau wählen. Denn unabhängig davon, wie einschlägig die weiteren Anfechtungsgründe sind, ist absehbar, dass sie der gleichen Frist unterliegen, die verstrichen ist, sie also deshalb nicht geltend gemacht werden können. Genau diesen Prüfungspunkt der Frist könnte man also nach vorn ziehen und die Prüfung der weiteren Anfechtungsgründe gemäß § 119 Abs. 2 und § 120 BGB abkürzen. Das ist vom gutachterlichen Aufbau her zulässig, denn die Unterpunkte der Anfechtung müssen kumulativ vorliegen, damit die Anfechtung eingreift, sie müssen aber nicht in einer zwingenden Reihenfolge geprüft werden. Auf diese Weise kann man also Ausführlichkeit, damit Schreibarbeit und damit Zeit sparen.
Wichtig noch in diesem Zusammenhang:
Die Anfechtung gemäß § 123 Abs. 1 BGB ist in diese Überlegung NICHT einbezogen, denn für diesen Anfechtungsgrund gilt mit § 124 BGB eine eigene, längere Anfechtungsfrist, die noch eingehalten ist.

2. Zum Lösungskonzept stehen in den letzten Minuten

Besonders wichtig ist, dass Sie in der Schlussphase einer Klausur nicht mehr das komplette Konzept noch einmal umwerfen.

Die Situation, um die es hier geht, entsteht, wenn die Lösung z. B. eine argumentative Weichenstellung verlangt hat. Das kann z. B. ein Meinungsstreit sein, der entschieden werden musste. Hat man sich argumentativ für eine Meinung entschieden, so hat diese von da ab Auswirkungen auf Struktur und Aufbau der weiteren Klausur. Kommt man (relativ spät) im Laufe der Klausur doch noch zu einer anderen Einschätzung, stellt sich die Frage, wie man damit umgeht. Das gleiche Problem entsteht, bei einem (relativ spät) erkannten Fehler im eigenen Prüfungsaufbau oder wenn man einen wichtigen Aspekt bei Erstellung der Lösungsskizze zunächst falsch interpretiert oder gänzlich übersehen hat und dies im weiteren Verlauf (relativ spät) selbst erkennt.

Verständlicherweise ist man spontan geneigt, diesen Fehler vollständig korrigieren zu wollen. Das ist grundsätzlich der richtige Impuls. Doch ob man das noch versuchen sollte, will mit Blick zur Uhr gut überlegt sein. Dagegen spricht zum einen die knappe Zeit, zum anderen erfordert es ein hohes Maß an Konzentration und Genauigkeit, die man gerade gegen Ende der Klausur, noch dazu in der zusätzlich angespannten Situation eines erkannten Fehlers, vielleicht nicht mehr aufbringt. Das Ergebnis einer solchen „Panikkorrektur" wird oft eine „Verschlimmbesserung". Zwar korrigiert man z. B. den erkannten „Weichenstellungsfehler". Ob man es aber auch schafft, alle davon abhängigen Folgeentscheidungen und Auswirkungen auf den weiteren Prüfungsaufbau vollständig und folgerichtig zu korrigieren, ist im Eifer des Gefechts eher fraglich. Zum Teil müsste man ganze Abschnitte, die auf der Weichenstellung beruhen, folgerichtig anpassen, ggf. aufwändig umschreiben. Korrekturerfahrungen zeigen, dass das – jedenfalls in der Endphase einer Klausurbearbeitung – in den meisten Fällen nicht funktioniert. Oft „zerschießt" man so mehr vom ansonsten stringenten Aufbau der Klausur, als die eigene Korrektur des Fehlers tatsächlich verbessert hat.

Daher kann es ratsam sein, auf den selbst erkannten Fehler zwar hinzuweisen, indem man an der fraglichen Stelle einen eigenen Vermerk z. B. mit einem Fußnotenzeichen/Sternchen platziert, im Übrigen aber auf die Anpassung aller Auswirkungen bewusst zu verzichten. Das ermöglicht einen – von dem selbst vermerkten Fehler abgesehen – folgerichtigen Aufbau der übrigen Klausur zu erhalten. So verhindert man ein Durcheinander von korrekt angepassten Passagen einerseits und übersehenen bzw. falsch angepassten Passagen andererseits.

D. Zusammenspiel Sachverhaltsinformationen – rechtliche Überlegungen

Als aufmerksamem Leser ist Ihnen vielleicht etwas aufgefallen: Eingangs wurden die typischen Arbeitstechniken im juristischen Studium als Denken, Lesen, Schreiben zusammengefasst. Während nun im vorangegangenen Teil 3 schon intensiv auf das fachliche Lesen eingegangen wurde, sind wir hier nun schon beim juristischen Schreiben angekommen, vermeintlich ohne den Zwischenschritt des juristischen Denkens näher ausgeführt zu haben. Richtig ist, dass diesem Arbeitsschritt keine gleichlautende Überschrift zuteil geworden ist. Das bedeutet aber keineswegs, dass er fehlt. Denn wie ebenfalls bereits ausgeführt wurde, lassen sich juristisches Lesen, Denken und Schreiben nicht scharf voneinander trennen. Sie finden vielmehr Anwendung in Kombination, vermischen sich und gehen ineinander über. Vieles von dem, was wir zuvor über die Bearbeitung und Verarbeitung von Texten festgehalten haben, ist genau diese Kombination von juristischem Lesen und Denken.

Das juristische Denken, gerade als Bindeglied von der Informationsgewinnung durch Lesen hin zum Ziel des juristischen Schreibens, basiert auf gedanklichen Arbeitstechniken, die typisch sind für die juristische Herangehensweise. Ein besonders charakteristisches Element dieser Herangehensweise ist ein stetiger gedanklicher Wechsel von juristischem Lesen und Denken. Dieses Wechselspiel zieht sich durch alle Formen juristischer Arbeitstechnik und ist nicht zuletzt deshalb so wichtig. Am Beispiel der Klausurbearbeitung lässt es sich besonders verdeutlichen und wird deshalb hier noch einmal ausdrücklich aufgegriffen. Zur systematischen Einordnung sind zunächst zwei Ansätze inhaltlich zu unterscheiden, die aber zeitlich nicht getrennt voneinander stattfinden, sondern sich ebenfalls fortwährend kombinieren.

I. Vom Lesen zum Denken

Der eine Ansatz wird primär von den Details des Falls her gedacht.

Welche Informationen des Sachverhalts fallen auf? Wofür ist eine ganz bestimmte Sachinformation rechtlich relevant? Auf welche zu prüfenden rechtlichen Aspekte deutet eine Information hin?

Hier werden also tatsächliche Informationen als Ausgangspunkt herangezogen und dann gefragt, welche rechtlichen Kategorien, Fragen und Probleme durch diese Informationen ausgelöst werden und erörtert werden müssen.

II. Vom Denken zum Lesen

Der andere Ansatz erfolgt umgekehrt eher vom rechtlichen Ansatz ausgehend. Welche Merkmale werden für eine bestimmte rechtliche Prüfung/Erörterung benötigt? Welche rechtlichen Teilaspekte einer Entscheidung müssen argumentativ begründet werden? Wo finden sich Ansatzpunkte für diesen Argumentationsgang im Fall?

Hier ist also der rechtliche Inhalt der Ausgangspunkt und man fragt von dort aus, welche Sachinformationen benötigt werden, um die rechtlichen Kategorien, Fragen und Probleme beantworten und lösen zu können.

III. Wechselspiel – Kombination – Kreislauf

Mit beiden Ansätzen im Wechsel entwickelt man so sowohl die großen, globalen Fragestellungen, die für den Fall relevant sind, als auch die kleineren untergeordneten Teilfragen, die klärungsbedürftig sind. Nicht selten gibt es Fälle oder Fragen, bei denen schon der Einstiegsprüfungsansatz nicht auf der Hand liegt, sondern schon der Grundansatz zunächst herausgearbeitet werden muss.

Gerade durch das Wechselspiel der o.g. Ansätze werden schrittweise die relevanten Aspekte der gutachterlichen Prüfung konkretisiert oder überhaupt erst einmal herausgearbeitet. So entstehen eine Reihe von Bausteinen, die dann zusammengeführt, systematisiert und in eine Prüfungsreihenfolge gebracht werden müssen. Erst so entsteht oft die Systematik der gutachterlichen Prüfung.

Schon deshalb greift es oft zu kurz, die juristische Fallbearbeitung zu sehr auf Schemata und ihre Abarbeitung zu beschränken.

Als konkretes Beispiel für diese recht abstrakte Beschreibung des arbeitstechnischen Vorgehens bietet sich eine Teilfrage aus dem Übungsfall „CD-Chaos" an:

- Das erste ***„juristische Lesen"*** führt u.a. zu der Information, dass A 18 Jahre, B aber erst 16 Jahre alt ist.
- Das erste ***„juristische Denken"*** dazu führt zu der Überlegung, dass ein solches Alter im Zivilrecht vor allem auf Fragen der Geschäftsfähigkeit hindeutet. Problematisch könnte dies werden, wenn der B selbst rechtsgeschäftlich handelt.
- Erneutes ***Lesen*** filtert Informationen zur Frage, ob und wie der B rechtsgeschäftlich handelt.

- Sie finden im Fall, dass B vom A losgeschickt wird, um bei C für den A vorzusprechen.
- Der nächste ***Denkschritt*** bezieht sich auf die Kategorien, die rechtlich hinter diesem Vorgang stehen. Grundsätzlich kommt hierfür eine Stellvertretung oder eine Botenschaft in Betracht. Diese haben unterschiedliche Voraussetzungen (die Sie im Laufe ihres ersten Semesters lernen): Während ein Stellvertreter eine „eigene Willenserklärung" (also mit einem gewissen eigenen Handlungsspielraum) abgibt, wird der Bote lediglich zur Übermittlung einer eigenen („fertigen") Erklärung des Geschäftsherrn eingesetzt.
- Wieder ***Lesen*** im Sachverhalt: Der B bekommt eine fertige Erklärung des A mit auf den Weg, die er nur übermitteln soll, einen Handlungsspielraum für eine eigene Erklärung hat er nicht.
- ***Denken:*** Damit kann der B rechtlich nicht als Stellvertreter eingesetzt worden sein. In Betracht kommt nur (noch) eine Botenschaft. Das Alter des B führt zur beschränkten Geschäftsfähigkeit (§ 106 BGB). Ein beschränkt Geschäftsfähiger kann selbst nur solche Geschäfte wirksam tätigen, durch die er einen lediglich rechtlichen Vorteil erlangt (§ 107 BGB). Nächste Frage ist also, ob ein Einsatz als Bote lediglich rechtliche Vorteile hat oder anders herum überlegt, welche rechtlichen Nachteile eine Botenschaft für den Boten haben könnte. Mangels eigener Erklärung und eines Handlungsspielraums drohen dem Boten keine erkennbaren Nachteile. Er wird sozusagen nur als Transportmittel einer Willenserklärung eingesetzt und handelt selbst nicht rechtsgeschäftlich. Auch ein Fehler, der bei der Übermittlung unterläuft, würde so behandelt, als hätte ihn der Geschäftsherr selbst gemacht, bleibt also für den Boten ohne rechtliche Auswirkungen. Ihm drohen daher keine rechtlichen Nachteile. Die Botenschaft ist für den Boten ein neutrales Geschäft, dem die beschränkte Geschäftsfähigkeit damit nicht entgegensteht. Im Übrigen setzt eine Botenschaft nicht einmal die beschränkte Geschäftsfähigkeit voraus. Die rechtsgeschäftlichen Handlungen eines Geschäftsunfähigen wären nichtig (§§ 104 Nr. 1, 105 Abs. 1 BGB). Da der Bote aber überhaupt nicht rechtsgeschäftlich handelt, wäre nicht einmal das ein Problem.[109] Das bedeutet, ein Minderjähriger kann auch ohne Einwilligung des gesetzlichen Vertreters als Bote eingesetzt werden. Für die Eigenschaft des B als Boten ist seine Minderjährigkeit also unerheblich.

Und damit wäre dieser Teilaspekt des Falles durchdacht, gelöst und darstellbar. Hier bildet sich als Beispiel das Wechselspiel eines Lese- und Denkprozesses auf dem Weg zur Lösung sehr kleinschrittig ab, der so nicht wortgleich verschriftlicht wird. Er ist aber unerlässlich als gedankliche Vorarbeit, um überhaupt zu dem zu kommen, was dann tatsächlich Eingang in die schriftliche Lösung findet. In einem

---

109 Dieser Umstand lautet als Eselsbrücke: *„Ist das Kind auch noch so klein, kann es trotzdem Bote sein."*

weiteren juristischen Denkschritt zur Vorbereitung des „juristischen Schreibens“ müsste nun also festgelegt werden, was davon, in welcher Reihenfolge und Ausführlichkeit schriftlich dargestellt wird.

E. Gutachterlicher Aufbau eines Meinungsstreits

Eine sehr konkreten Bezug zur Schwerpunktsetzung hat die Darstellung von Meinungsstreitigkeiten.

Die Systematik der Darstellung von Meinungsstreitigkeiten, die hier anhand der Textform *Klausur* dargestellt wird, gilt gleichermaßen auch für Hausarbeiten. In der Hausarbeit wird eine größere Detailtiefe erwartet, denn hier stehen Ihnen mehr Zeit und Quellen zur Verfügung, deren angemessene Auswertung von Ihnen erwartet wird. In der Klausur hingegen sind das Gesetz und Ihr Hintergrundwissen Ihre einzigen Hilfsmittel. Grundsätzlich lässt sich aber auch damit eine diskussionswürdige Streitfrage bearbeiten. Wichtig ist, von Beginn an ein systematisches und logisches Verständnis für die Darstellung eines juristischen Meinungsstreits zu entwickeln.

I. Grundsystematik des Prüfungsaufbaus eines Meinungsstreits

Eine Meinungsstreitigkeit basiert auf theoretischen, abstrakten Meinungen. Daraus wird häufig der (falsche!) Schluss gezogen, dass es bei einer solchen Streitfrage auch innerhalb einer Falllösung vor allem um die Wiedergabe der umfassenden abstrakten Ansichten geht. Das stimmt so nicht. Man erwartet von Ihrer gutachterlichen Darstellung, dass Sie immer am konkreten Fall oder Problem ausgerichtet ist. Deshalb greifen Sie zwar auf theoretische, abstrakte Erwägungen zurück, beziehen sie aber immer auf Ihren konkreten Fall. Und das muss die Art der Darstellung widerspiegeln.

Das hat eine bestimmte systematische Herangehensweise an die Darstellung eines Meinungsstreits zur Folge.

Wenn Sie eine solche Streitfrage im Rahmen Ihrer Fallprüfung erkannt haben, müssen Sie zunächst die umstrittene Frage sauber herausarbeiten. Dann stellen Sie fest, dass verschiedene Ansichten vertreten werden, wie mit der Frage umzugehen ist. Diese aus Ihrer Sicht einschlägigen Ansichten, über die nachgedacht werden muss, stellen Sie dann nacheinander inhaltlich dar.

Nach jeder einzelnen dargestellten Ansicht jedoch müssen Sie dann eine unmittelbare Subsumtion Ihres Falles unter diese eine Meinung vornehmen. So erhalten Sie für diese eine Meinung ein hypothetisches Zwischenergebnis für den Fall, dass diese Meinung zur Anwendung kommt. Erst danach gehen Sie zur Vorstellung der nächsten Meinung über und schließen auch hier unmittelbar an die Darstellung eine Subsumtion Ihres Falles an für eine weiteres hypothetisches Zwischenergebnis zur anderen Meinung. Haben Sie mehr als zwei Meinungen einzubeziehen, wiederholt sich diese Systematik gleichermaßen.

So erhalten Sie mehrere Zwischenergebnisse für Ihren Fall, abhängig von der jeweils angewendeten Meinung. Diese Zwischenergebnisse müssen Sie nun vergleichen. Sind alle Zwischenergebnisse auf Ihren Fall angewendet gleich, erübrigt sich eine Entscheidung zwischen den Meinungen. Es gibt nur dieses eine Zwischenergebnis für Ihren Fall, mit diesem arbeiten Sie in Ihrer Prüfung weiter, ohne dass Sie sich (abstrakt) vorher entscheiden, welche Meinung die bessere ist. Diese Frage zu beantworten ist für Ihren Fall unerheblich, weil Sie sich dort nicht konkret auswirkt. Sie trotzdem argumentativ zu beantworten, wäre überflüssig und widerspräche der gutachterlichen Logik, dass Sie Ihren Fall einer Lösung zuführen sollen, denn genau dafür brauchen Sie diese Entscheidung nicht, weil die Ergebnisse gleich sind.

In einer systematischen Übersicht sieht diese Vorgehensweise so aus:

<table>
<tr><td>Einleitung mit genauer Herausarbeitung der Streitfrage</td><td colspan="2">z.B.
„Umstritten ist hierbei, ob..."</td></tr>
<tr><td>Darstellung Meinung 1
mit direkt anschließender Subsumtion</td><td colspan="2">z.B.
„Hierzu wird einerseits vertreten, ..."</td></tr>
<tr><td>Darstellung Meinung 2
mit direkt anschließender Subsumtion</td><td colspan="2">z.B.
„Eine andere Auffassung beurteilt..."</td></tr>
<tr><td>ggf. Darstellung weiterer Meinungen
mit direkt anschließender Subsumtion</td><td colspan="2">z.B.
„Eine weitere Ansicht vertritt hierzu, ..."</td></tr>
<tr><td>Feststellung, ob ein Streitentscheid aufgrund der Subsumtionsergebnisse erforderlich ist?</td><td>Variante 1:
„Die Ansichten gelangen vorliegend zum gleichen Ergebnis. Eine Entscheidung kann somit dahinstehen."</td><td>Variante 2:
„Nach der Auffassung [...], nach der anderen Meinung [...]. Ein Streitentscheid ist daher erforderlich."</td></tr>
<tr><td>Stellungnahme</td><td>E N T F Ä L L T ! ! !</td><td>Argumentative Festlegung auf eine vorzugswürdige Meinung</td></tr>
<tr><td>Ergebnisfeststellung und weitere Prüfung</td><td>Zwischenergebnis und weitere Prüfung entsprechend der Subsumtion unter die verschiedenen Ansichten.</td><td>„Daher verdient die Meinung X den Vorzug."
Zwischenergebnis & weitere Prüfung nach Meinung X.</td></tr>
</table>

II. Aufteilung von Inhalt und Argumenten der Meinungen

Klausurtaktisch bietet sich noch eine weitere Differenzierung beim systematischen Aufbau an.

Widerstreitende Meinungen unterscheiden sich sowohl in ihrem Inhalt, als auch in ihren argumentativen Bedeutungen. Sie werden aus bestimmten Gründen vertreten. Wer eine neue Vorgehensweise etabliert, die von bereits existierenden abweicht, tut dies aus bestimmten Gründen. Aus diesen Begründungen entnimmt man einen wichtigen Teil der Argumente, die im Rahmen einer Stellungnahme diskutiert und abgewogen werden. Wie geht man aber mit diesen Argumenten um, wenn die Subsumtion gezeigt hat, dass eine Stellungnahme gar nicht erforderlich ist? Möglicherweise sind die argumentativen Zusammenhänge gut geeignet, um das eigene Verständnis der Materie und der diskutierten Frage darzustellen. Findet keine argumentative Stellungnahme statt, fehlt hierfür die Plattform in einer Klausur oder Hausarbeit. Deshalb empfiehlt es sich, die Vorgehensweise und damit den strukturellen Aufbau danach zu variieren, ob eine Stellungnahme erforderlich sein wird oder nicht:

Wenn Sie absehen können, dass Sie zwar Meinungen darstellen werden, zwischen diesen aber aus den o.g. Gründen keine argumentative Entscheidung getroffen werden muss, dann bringen Sie die Argumente bereits im Zusammenhang mit der inhaltlichen Darstellung der jeweiligen Meinung unter. Sie führen also jeweils die einzelne Meinung aus und erläutern direkt im Zusammenhang mit ihrem Inhalt, welche Begründung hinter der Meinung steckt. Dann folgt die übliche Subsumtion unter diese Meinung, danach die Darstellung der weiteren Meinung(en) in gleicher Weise. So gelingt es Ihnen systematisch korrekt, Ihre Kenntnisse und Ideen über die argumentativen Hintergründe unterzubringen, obwohl Ihnen der eigentlich zentrale Ort dafür, die Stellungnahme, fehlt.

Wenn Sie allerdings erkennen, dass aufgrund unterschiedlicher Subsumtionsergebnisse eine Stellungnahme erforderlich sein wird, dann brauchen Sie die Argumentationsansätze für die Stellungnahme an späterer Stelle noch als Material. Deshalb sollten Sie sich dann bei der Darstellung der Meinung vor der Subsumtion zunächst auf die rein inhaltliche Wiedergabe der Meinung beschränken und den argumentativen Hintergrund hier an dieser Stelle noch nicht „verbrauchen".

Kapitel 4: Textform „Juristische Hausarbeit“

Dieser Abschnitt erläutert wichtige Aspekte der Erstellung (erster) studentischer Hausarbeiten.[110]

Zu diesem Abschnitt ist ein besonderer Hinweis wichtig:

Für die dargestellten Empfehlungen zur formalen Gestaltung muss ausdrücklich darauf hingewiesen werden, dass hier kein abschließender, generell gültiger Formalienkatalog aufgestellt werden kann. Die Empfehlungen sind nicht zwingend für jede studentische Arbeit verbindlich, sondern geben gängige und übliche Standards wieder, an denen Sie sich orientieren können, wenn keine anderen Vorgaben Ihres Fachbereiches oder Ihrer konkreten Aufgabenstellung vorliegen. Die Details der Gestaltung müssen aber individuell betrachtet werden. So legen unterschiedliche Fakultäten und Fachbereiche teilweise unterschiedliche formale Kriterien fest. Auch einzelne Lehrende stellen zum Teil unterschiedliche Anforderungen bzgl. der Gestaltung auf. Diese gehen immer vor. Deshalb sollte zunächst dem Bearbeitervermerk der jeweiligen Aufgabe besondere Aufmerksamkeit zukommen. Außerdem sollten Sie sich über die Gepflogenheiten und Besonderheiten der Gestaltung der Arbeiten in Ihrem Fachbereich informieren. Sofern dieser besondere, zusätzliche oder abweichende Vorgaben von dem hier Empfohlenen enthält, sind diese vorrangig zu beachten.

Dieses Kapitel soll aber ausdrücklich nicht nur als eine Art Nachschlagewerk bei konkreten Problemen der Anfertigung einer Haus- oder Seminararbeit dienen. Mindestens genauso wichtig ist es, sich nicht nur formalistisch mit den Gestaltungsanforderungen einer juristischen Hausarbeit zu befassen, sondern die Hintergründe und Bedeutung dieser Anforderungen zu verstehen. Dieses Verständnis erleichtert nicht nur die formal korrekte Gestaltung. Es ist auch Grundvoraussetzung für eine inhaltlich den Anforderungen entsprechende Arbeitswei-

110 Die in diesem Kapitel zur juristischen Hausarbeit gegebenen Empfehlungen werden durch den Autor als Dozent für juristische Arbeitstechnik regelmäßig an Studierende vermittelt und wurden am Fachbereich Rechtswissenschaft der Goethe-Universität Frankfurt/Main in wesentlichen Zügen in einem Leitfaden veröffentlicht. Auf der Grundlage eines Entwurfs des Autors wurde 2013/2014 unter Einbeziehung von Anmerkungen der Lehrenden des Fachbereichs ein „Leitfaden zur Erstellung studentischer Hausarbeiten“ erstellt. Dazu wurde der Entwurfstext in einer Arbeitsgruppe weiterentwickelt, der angehörten: Prof. Dres. Maultzsch, Pfeifer, Prittwitz, Sacksofsky, Wellenhofer; außerdem Sacha Bauer und Jennifer Posny als studentische Vertreter, sowie als Vertreter der wissenschaftlichen Mitarbeiter Dr. Denis Basak und der Autor selbst, der gleichzeitig auch die weitere Textredaktion hatte. Die Ergebnisse der Arbeitsgruppe flossen in eine abschließende Fassung des Textes ein, dessen Veröffentlichung als Leitfaden dann vom Fachbereichsrat beschlossen wurde. Dieser Leitfaden ist unter: www.jura.uni-frankfurt.de/leitfaden zum Download frei verfügbar.

se. Auf diese Weise werden gleichzeitig eine Reihe typischer Anfängerfehler frühzeitig vermieden und Zweifelsfragen lassen sich mit einem Grundverständnis der Hintergründe häufig selbst auflösen.

A. Formaler Rahmen einer juristischen Hausarbeit – die äußere Gestaltung

Bei der Erstellung einer juristischen Hausarbeit sind zunächst einige typische Formalien zu beachten, die vor allem die äußere Gestaltung betreffen. Die Hausarbeit besteht grundsätzlich aus mehreren Rahmenbestandteilen und dem eigentlichen Hauptteil der Arbeit. Bei Falllösungshausarbeiten ist dies das sog. Gutachten.

Der Hauptteil der Arbeit, das Gutachten, sollte im Zweifelsfall etwa mit folgenden Einstellungen formatiert sein:

- Schriftart/-größe: Standardschriftart (z. B. Times New Roman 12 pt, Arial 10 pt, Calibri 11 pt)
- Absatzeinstellung: 1,5-facher Zeilenabstand, normale Laufweite
- Seitenränder: links 7 cm (Korrekturrand) / oben, unten und rechts jeweils: 1,5 – 2 cm
- Für die Rahmenbestandteile sind normale Seitenränder (ohne den größeren Korrekturrand) zu wählen, also z. B. umlaufend 1,5 – 2 cm.

Es bietet sich an, mit der automatischen Silbentrennungsfunktion zu arbeiten.

Das Fußnotenzeichen ist eine hochgestellte Nummer im Haupttext. Die Fußnotentexte stehen am Ende der jeweiligen Seite, in der Regel abgesetzt vom Haupttext mit einer horizontalen Linie. Die Nummerierung der Fußnoten ist fortlaufend durch den gesamten Text. Diese Formatierungen werden von einem Textverarbeitungsprogramm mit der entsprechenden Funktion automatisch gesetzt.

Die Fußnoten sind etwas kleiner zu formatieren, also in der Regel 10 pt mit einzeiligem Zeilenabstand. Sie werden jeweils behandelt wie ein ganzer Satz, d.h. sie beginnen mit einem Großbuchstaben (Ausnahme: ein „v." als abgekürztes Adelsprädikat) und enden mit einem Satzendpunkt. Mehrere Zitierangaben innerhalb einer Fußnote werden mit Semikolon voneinander getrennt.

B. Die einzelnen Elemente einer Hausarbeit

Die Arbeit setzt sich zusammen aus dem Deckblatt, dem Sachverhalt bzw. Aufgabentext, der Gliederung der Arbeit sowie dem Literaturverzeichnis. Daran schließt sich dann das Gutachten, also die eigentliche Kernbearbeitung an.

Üblich ist, die Seiten der Rahmenbestandteile mit römischen Ziffern und die des Gutachtenteils mit arabischen Ziffern zu nummerieren.

I. Deckblatt

Das Deckblatt beginnt mit den Angaben des Verfassers, etwa gestaltet wie ein Briefkopf. Dann folgen zentriert, etwas größer, die Angaben zur Arbeit selbst.

Vorname Name
Anschrift
Fachsemester (in dem die Leistung erbracht wird)[111]
Matrikelnummer

Titel der Veranstaltung
Ausgebende Stelle der Aufgabe (Professur)
Bezeichnung der Hochschule
Semesterbezeichnung[112]

Das Deckblatt ist die gedachte Seite I, ohne dass es nummeriert wird.[113]

111 Die Angabe bezieht sich immer auf das Fachsemester, in dem Sie sich befinden, wenn die Hausarbeit ausgegeben wird. Hier kommt erfahrungsgemäß gelegentlich Unsicherheit auf, wenn der Abgabetermin der Hausarbeit formal schon im folgenden Semester liegt. Gehört die Hausarbeit zu einer Veranstaltung ihres (abgelaufenen) 1. Fachsemesters, dann bleibt es an dieser Stelle beim „1. Fachsemester“, auch dann, wenn Sie die Arbeit genau genommen erst als Zweitsemester abgeben.

112 Hier geht es dann um das Semester, dem die Hausarbeit zugeordnet ist. Für eine Verschiebung des Abgabetermins in das folgende Semester gilt das in der vorherigen Fußnote Gesagte entsprechend.

113 Vgl. dazu auch das Beispiel-Deckblatt im Anhang, S. 152.

II. Sachverhalt

Der Sachverhalt folgt direkt nach dem Deckblatt als Seite II. Dieser ist inklusive der Aufgabenstellung abzutippen und so optisch in die Gesamtstruktur der Arbeit einzufügen. Dabei werden reine Bearbeitungshinweise nicht aufgenommen, wie z. B. Formalien zur Abgabe oder Vorgaben zum Umfang der Arbeit. Achten Sie jedoch darauf, Fallabwandlungen und Zusatzfragen als Teil des Sachverhaltes bzw. der Aufgabenstellung aufzunehmen.

III. Gliederung

Die Gliederung enthält die in der Arbeit verwendeten Überschriften mit Angabe der Seitenzahl. Als Bezeichnung der Gliederungsebenen ist die folgende Aufteilung in juristischen Arbeiten üblich:

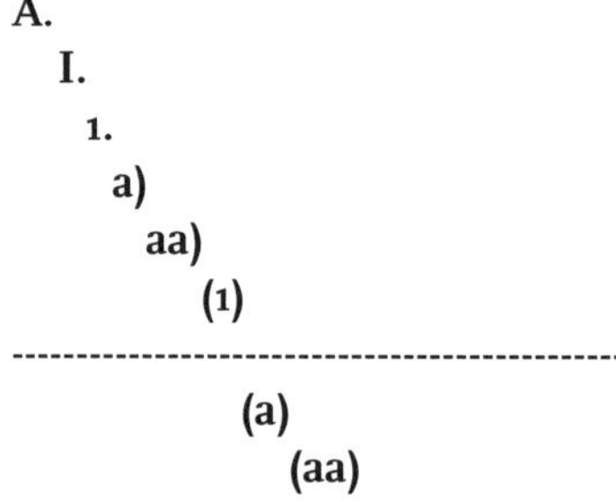

In aller Regel sollte eine Untergliederung bis zur Überschriftenebene **(1)** genügen. Bei Bedarf weiterer Überschriftenebenen sollten zunächst Struktur und Detailierungsgrad der Gliederung kritisch hinterfragt werden. Die Ebenen **(a)** und **(aa)** sollten mit Überschriften also nur in Ausnahmefällen zum Einsatz kommen müssen.

Im Text der Arbeit ist eine weitere Untergliederung von Absätzen mit den Bezeichnungen **(a)** und **(aa)** etc. auch ohne Überschriften möglich und ggf. sachlich sinnvoll.

Allgemein sollten wohlüberlegte und möglichst aussagekräftige Überschriften gewählt werden. Denn die Gliederung hat – außer dem eines Inhaltsverzeichnisses – vor allem den Zweck, dem Leser bereits einen ersten Eindruck von Struktur und Inhalt der Arbeit zu vermitteln. Diesen Zweck kann das Verzeichnis aber nicht mit austauschbaren, zu allgemeinen Überschriften erfüllen.

IV. Literaturverzeichnis

Der Arbeit ist ein Literaturverzeichnis mit den Angaben der verwendeten Quellen und Literatur voranzustellen.

1. Gestaltung des Verzeichnisses insgesamt

In diesem Literaturverzeichnis sind grundsätzlich alle zitierfähigen Quellen, die in den Fußnoten verwendet werden, aufzulisten. Der Zweck des Verzeichnisses besteht vor allem darin, dem Leser (Korrektor) die bibliographischen Daten aller in den Fußnoten genannten Quellen zur Verfügung zu stellen, damit so eine Überprüfungsmöglichkeit gegeben ist.

Es sind aber auch nur die Werke in das Verzeichnis aufzunehmen, die in den Fußnoten verwendet werden (also nicht etwa alle Werke, die bei der Bearbeitung „gelesen" wurden).

Eine Ausnahme bilden Gerichtsentscheidungen; diese werden nur in den Fußnoten bezeichnet und nicht in das Literaturverzeichnis aufgenommen. Das gilt ebenso für amtliche Entscheidungssammlungen, d.h., weder die einzelne Entscheidung, noch die gedruckte Entscheidungssammlung als Druckwerk gehören ins Literaturverzeichnis. Das Gleiche gilt auch für Materialien wie Bundestagsdrucksachen oder Zitierungen aus dem Bundesgesetzblatt. Auch diese werden allein in die Fußnoten aufgenommen und gehören nicht in das Literaturverzeichnis.

2. Die einzelnen Angaben der aufgenommenen Einträge

Bei der Gestaltung des Verzeichnisses sollte generell auf eine gute Lesbarkeit und eine klare Struktur geachtet werden. Die Grundsortierung erfolgt in der Regel alphabetisch nach den Namen der Verfasser. Formal nicht zwingend aber häufig üblich ist es, die Verfassernamen zur Strukturierung und leichteren Auffindbarkeit hervorzuheben. Dazu verwendet man in der Regel *Kursivschrift*.

Eine Unterteilung in die verschiedenen Textsorten/Quellenarten ist eher unüblich. Teilweise wird eine separate Auflistung der verwendeten Internetquellen empfohlen, zumindest dann, wenn verhältnismäßig viele Internetquellen herangezogen werden. Bei einem normalen Umfang ist es ausreichend, auch die Internetquellen in die Gesamtauflistung einzusortieren.

Für die einzelnen Einträge müssen an dieser Stelle nun die jeweiligen bibliographischen Angaben aufgelistet werden, die das in den Fußnoten verwendete Werk eindeutig identifizieren und eine Überprüfung der Zitierungsangabe ermöglichen. Deshalb bestehen die Einträge aus folgenden Elementen:

a) Verfasser oder Herausgeber (Name, Vorname)

Die wichtigste und daher erste Information innerhalb der bibliographischen Angaben ist die personelle Zuordnung des Zitats, in der Regel also die Angabe des Verfassers/Autors. Diese Angabe wird in der Form „Nachname, Vorname" genannt, beide Namensbestandteile werden ausgeschrieben. Akademische Titel werden nicht aufgenommen, aber ggf. Adelstitel (zu, von etc.). Mehrere Autorennamen werden jeweils durch Schrägstrich oder Semikolon getrennt (nicht nur durch ein Komma, denn dies trennt den Nachnamen vom Vornamen eines Autors und würde so zu unklaren Angaben führen).

Bei manchen Werken (dazu näher unten bei den einzelnen Quellenarten) wird der Herausgeber und/oder der Begründer des Werkes (z.T. statt des Autors) angegeben. Gleiches gilt, wenn z. B. der Autor gleichzeitig Herausgeber ist, oder der Autor unbekannt, der Herausgeber aber bekannt ist. Dieser Umstand wird dann durch den Zusatz (Hrsg.) oder (Hg.) bzw. für den Begründer (Begr.) kenntlich gemacht.

Ist der Autor oder Herausgeber keine natürliche Person, sondern eine Institution oder juristische Person, dann wird diese als Autor aufgelistet und alphabetisch wie ein Personenname einsortiert (z. B. „Hochschulrektorenkonferenz", „Wissenschaftsrat", „Deutsches Institut für Normung" u. a.).

b) Titel

Anzugeben ist der vollständige Titel des Werkes. Einen evtl. vorhandenen Untertitel sollte man durch einen Punkt oder einen Gedankenstrich vom Haupttitel abgesetzt.

c) Bandangabe

Wird aus einem mehrbändigen Werk zitiert, so sollte in der Regel die jeweilige Bandnummer und – falls vorhanden – auch der Bandtitel (z. B. wie ein Untertitel) angegeben werden.

Bloße übergeordnete Reihentitel des Verlages (z. B. der Name der Schriftenreihe) werden hingegen nicht aufgenommen.

d) Auflage

Grundsätzlich ist die neueste Auflage zu verwenden und anzugeben. Anderes gilt nur, wenn es gerade auf eine konkrete Aussage in einer älteren Auflage ankommt. Zusätze wie „neu bearbeitete" oder „aktualisierte" Auflage usw. sind nicht mit anzugeben. Der Hinweis auf eine erste Auflage eines Werkes erübrigt sich, wenn es keine zweite Auflage gibt. Bei Werken mit Ergänzungslieferungen (häufig Loseblattkommentare) tritt je nach Zusammenhang entweder die Angabe der Ergänzungslieferung an die Stelle der Auflage oder sie wird zusätzlich zur Auflage angegeben.

e) Erscheinungsort

Der Erscheinungsort kann angegeben werden. In Falllösungshausarbeiten wird diese Angabe inzwischen als nicht (mehr) zwingend erforderlich angesehen, dass kann in Grundlagenarbeiten anders sein (ggf. besondere Hinweise beachten).

Grundsätzlich gilt: Wer diese Angabe macht, muss die Methode im gesamten Literaturverzeichnis durchhalten. Der Erscheinungsort ist in der Regel der Sitz des Verlags. Gehören mehrere Ortsangaben dazu, werden bis zu drei Orte aufgelistet und durch Schrägstrich oder Kommata voneinander getrennt. Bei mehr als drei Orten wird nur der erste mit dem Zusatz „u. a." genannt.

Dass die Reihenfolge meistens nicht alphabetisch ist, liegt in der Regel daran, dass die Verlage selbst in der Angabe der Orte, ihren Hauptsitz/Verwaltungssitz voranstellen. Das sollte Sie dann bei einer Angabe wie „New York u. a.“ dann auch so übernehmen. Bleiben Sie also bei der Reihenfolge, die der Verlag Ihnen vorgibt.

f) Erscheinungsjahr
Das Erscheinungsjahr ist wie die Auflage unbedingt anzugeben und gehört direkt dahinter bzw. hinter den Erscheinungsort, wenn ein solcher angegeben wird.

Beispiel

„4. Auflage 2019“ oder „4. Auflage, München 2019“

g) Kurzzitatangabe
Ein Hinweis auf die Gestaltung der Zitierweise in den Fußnoten am Ende des jeweiligen Literaturverzeichniseintrags ist nicht generell erforderlich, sondern nur dort einzusetzen, wo er sinnvoll ist. Dies kann z. B. dann der Fall sein, wenn mehrere Werke des gleichen Autors verwendet werden. Dann erfolgt die Unterscheidung der verschiedenen Werke durch die Angabe „zitiert als: ...“.

Zum Teil erfüllt die Kurzzitatangabe auch den Zweck, eine bestimmte Form der Abkürzung des Werks einzuführen, damit eine immer wiederkehrende längere Bezeichnung des Werks die Fußnotentexte nicht unnötig überfrachtet.

Tipp
Machen Sie sich das Zusammenspiel von Fußnoten und Literaturverzeichnis klar:
Durch die Verbindung mit einem Literaturverzeichnis genügt die Ausgestaltung der Fußnote als Kurzbeleg. Das Literaturverzeichnis enthält dann die o.g. bibliographischen Angaben zum Auffinden des zitierten Werkes. Für das korrekte Zusammenspiel von Fußnote und Literaturverzeichnis und die Vollständigkeit der angegebenen Informationen sollten Sie die Perspektive eines Lesenden Ihrer Arbeit einnehmen und sich fragen:

1. Machen Gestaltung des Textes und Positionierung der Fußnote deutlich, dass es sich nicht um einen eigenen Gedanken des Verfassers, sondern die Übernahme eines Fremdgedankens handelt?

2. Wird der Lesende durch die Angaben in die Lage versetzt, das verwendete Werk zu finden?

3. Wird der Lesende durch die Angaben in die Lage versetzt, die konkret herangezogene Stelle innerhalb des Werks zu finden?

Tipp
Aus arbeitstechnischer Sicht ist es sinnvoll, diese bibliographischen Daten bei der Recherche und der inhaltlichen Arbeit mit den Texten gleich mit zu

sammeln. Schon deshalb ist es nicht ratsam, die Zitierung nur als formalistisches Anhängsel an die inhaltliche Arbeit mit Quellen und Literatur zu betrachten und sich auf einen formalen Schnelldurchgang gegen Ende der Bearbeitung zu beschränken.
Vor allem beim nur auszugsweisen Kopieren aus Büchern oder Zeitschriften sollte gleich mitbedacht werden, welche Daten für die korrekte Zitierung gebraucht werden.
Solange man das Buch oder den Zeitschriftenband noch in Händen hält, sollte man die notwendigen bibliographischen Daten auf den Kopien notieren oder z. B. die Titel- und Umschlagsseite mit diesen Angaben aus dem Buch mit kopieren. Das vermeidet später unnötige Doppelarbeit, die ansonsten noch einmal ausgerechnet kurz vor Abgabe der Hausarbeit stattfinden müsste.

V. Abkürzungsverzeichnis

Sofern nur gängige Abkürzungen des allgemeinen Sprachgebrauchs und der Rechtssprache verwendet werden, kann ein Hinweis auf das Standardwerk am Ende des Literaturverzeichnisses aufgenommen werden.

Beispiel
Abkürzungen, die nicht aus sich heraus verständlich sind, richten sich nach

Kirchner, Hildebert
Abkürzungsverzeichnis der Rechtssprache, 9. Auflage 2018

Ein solcher Verweis ist indes nicht zwingend erforderlich. Im Einzelfall kann es sich jedoch anbieten, ein Abkürzungsverzeichnis aufzunehmen, etwa dann, wenn z. B. eine ausführliche Verarbeitung ausländischer Fachzeitschriften stattfindet oder wenn z. B. Fachabkürzungen verwendet werden, die nicht dem allgemeinen Sprachgebrauch oder der juristischen Fachsprache zuzuordnen sind (z. B. medizinischer Bereich). Weitere Verzeichnisse sind in der Regel nicht erforderlich.

VI. Gutachten (Hauptteil der Arbeit)

Die Seitenzählung des Gutachtens beginnt bei 1, die Seiten werden arabisch nummeriert. Der Text sollte im Blocksatz mit eingeschalteter Silbentrennung verfasst werden.

Das Gutachten endet in der Regel mit der Angabe „Ende der Bearbeitung“.

Kapitel 5: Korrektes Zitieren als Bestandteil der juristischen Arbeitstechnik

Vor allem für die Textsorte „juristische Hausarbeit", aber grundsätzlich auch für alle anderen Formen juristischer Fachtexte gilt das Erfordernis der korrekten Zitierung bei Übernahme von Aussagen und Texten aus fremden Quellen.[114]

In studentischen Arbeiten sind besonders häufig Fehler im Bereich der korrekten Zitierweise.

Dahinter muss nicht immer gleich eine bewusste Täuschungsabsicht stecken, schon mangelnde Kenntnis der richtigen Herangehensweise, der formalen Anforderungen und vor allem ihrer Bedeutung bereitet zwangsläufig Probleme. Bereits eine „bloß schwache" wissenschaftliche Bearbeitung führt in der Regel zur deutlichen Herabstufung der Arbeit bei der Bewertung, in ungünstigen Fällen sogar zu Plagiatsvorwürfen, auch ohne dass eine Täuschung bewusst beabsichtigt wurde.

Zum Teil wird dem Erfordernis der korrekten Zitierweise schlicht nicht die notwendige Bedeutung beigemessen und ihr infolgedessen nicht die nötige Aufmerksamkeit gewidmet. Schwierigkeiten mit Korrektur und Bewertung der Arbeit sind dann vorprogrammiert. Studierende sollten sich schon in der Anfangsphase des Studiums nicht nur mit den formalen Regeln, sondern auch deren Bedeutung vertraut machen und so Sensibilität für Wichtigkeit und Bedeutung korrekter Zitierweise entwickeln.

A. Hintergründe: Wissenschaftlicher Anspruch und wissenschaftliche „Redlichkeit"

Der **wissenschaftliche Anspruch** einer Arbeit besteht zunächst grundsätzlich in einer umfassenden Durchdringung des Themas und der umfassenden Bearbeitung der gestellten Aufgabe. Dazu gehört insbesondere die angemessene Verarbeitung dazu vorhandener „Erkenntnisquellen" (d.h. vor allem natürlich der einschlägigen Rechtsprechung und Literatur).

114 Für Klausuren sind in der Regel nur Gesetzestexte als Hilfsmittel zugelassen. Deshalb kommen allenfalls Bezugnahmen auf Urheber von Meinungen oder Theorien wie z. B. dem BGH in Betracht, soweit diese aus der Erinnerung zugeordnet werden können. Fußnotenangaben auf weitergehende Quellen sind in Klausuren hingegen nicht verlangt, da diese gerade nicht als Arbeits- und Hilfsmittel zur Verfügung stehen.

Die Anforderung an eine wissenschaftliche Bearbeitung geht aber deutlich darüber hinaus. Zwingender Bestandteil einer wissenschaftlichen Leistung ist die **„Produktion" eigenen Gedankenguts** und eben **nicht nur** die Beschränkung auf die **„Reproduktion"** fremden Gedankenguts. Das gilt sowohl in fachlich-inhaltlicher Sicht als auch im Hinblick auf Struktur, Darstellung, Schwerpunktsetzung etc.

In all diesen Teilen müssen die Elemente einer eigenen Leistung vorliegen und in ihrer Darstellung als solche erkennbar sein. Die bloße Sammlung und Zusammenstellung bereits vorhandener Gedankengänge genügt nicht den Anforderungen an eine wissenschaftliche Leistung.

Der Anspruch an den Anteil der **„Eigenproduktion"** dürfte in Anfängerarbeiten noch geringer ausfallen, in Arbeiten für fortgeschrittene Semester aber steigen. Grundsätzlich vorhanden sein müssen diese Anteile eigener Leistung in einer wissenschaftlichen Arbeit jedoch von Anfang an (ein wesentlicher Unterschied z. B. zu Referaten, wie man sie aus der Schulzeit kennen mag). Dies lässt sich – auch bereits in Anfängerarbeiten – insbesondere am eigenen Stil in Sprache, Formulierung und Darstellungsweise erkennen. So besteht bei Fallbearbeitungen die Eigenleistung vor allem im Transfer der vorgefundenen Erkenntnisse auf den konkreten Fall, während bei Themenarbeiten vor allem ein eigener (nicht notwendig neuer) Standpunkt zu begründen ist.

Die **wissenschaftliche Redlichkeit** kommt im Wesentlichen dadurch zum Ausdruck, dass der Unterschied zwischen der eigenen Leistung und der Verwendung fremden Gedankenguts durch den Verfasser selbst ausreichend kenntlich gemacht wird. Dies geschieht durch vollständiges und korrektes Zitieren.

Die korrekte Verwendung und Gestaltung von Zitaten dokumentieren im Sinne der Wissenschaftlichkeit der Arbeit das Zusammenspiel von eigenen Gedankengängen einerseits und der Heranziehung und Verarbeitung fremden Gedankenguts andererseits. Vollständige und korrekte Zitierungen sind dabei kein lästiges Beiwerk ohne inhaltlichen Bezug, sondern vielmehr Ausdruck des Maßes an Sorgfalt bei der Bearbeitung. Das gilt sowohl in formaler Hinsicht (sorgfältige Erstellung und äußerliche Gestaltung der Arbeit) wie auch in inhaltlicher Hinsicht (sorgfältige Beachtung und Darstellung der wissenschaftlichen Grundregeln).

Studierenden ist deshalb zu empfehlen, die Bedeutung dieses Aspekts nicht zu unterschätzen und ihm daher von den ersten Studienarbeiten an die notwendige Aufmerksamkeit und Sorgfalt zu widmen.

B. Funktionen des Zitats: Warum muss überhaupt zitiert werden?

Die Funktion eines (korrekten) Zitats ist die „Quellenangabe“ und umfasst stets zwei Teilaspekte:

- Kenntlichmachung der Übernahme eines „nicht eigenen“ Gedankenguts
- Nachvollziehbarkeit der Herkunft des übernommenen Gedankenguts (Überprüfungsmöglichkeit)

Daraus ergeben sich auch die notwendigen Inhalte/Bestandteile eines korrekten Zitats:

Mit den Informationen aus „Fußnote + Literaturverzeichniseintrag“ muss der Leser/Korrektor in der Lage sein, das zitierte Werk und die konkret herangezogene Fundstelle zu finden, um so die Textaussage nachprüfen zu können.

I. Zitierstandard für studentische juristische Arbeiten: Fußnoten

Der Standard für Zitierungen in studentischen juristischen Arbeiten, ist die Kombination von Fußnoten als Kurzbeleg und einem Literaturverzeichnis. Was das genau bedeutet, wird deutlicher durch eine kurze Betrachtung der Anforderungen und eine Abgrenzung von anderen Varianten.

Die juristische Standardzitierweise für studentische Arbeiten sind also **Fußnoten**. Diese heißen so, weil die Quellenangaben jeweils am Ende („Fuß“) der Seite stehen. Zwar werden die gesamten Fußnoten einer Arbeit insgesamt fortlaufend nummeriert, sie stehen aber jeweils auf der Seite, auf der sie im Haupttext als hochgestellte Zahl eingefügt wurden. Sie haben diese Variante (hoffentlich) schon die ganze Zeit erfolgreich angewendet, jedenfalls lesend. Auch die Quellenangaben in diesem Buch sind als Fußnoten gestaltet.

II. Abgrenzung zu anderen Zitiervarianten

Davon abzugrenzen sind einerseits die **Endnoten**. Hier stehen die Quellenangaben auch in Noten, aber nicht jeweils am Fuß jeder Seite, auf der sie verwendet wurden, sondern gesammelt am Ende des gesamten Textes. Diese Form der Quellenangaben ist – jedenfalls für studentische Arbeiten – in der Rechtswissenschaft eher unüblich.

Außerdem gibt es auch die Form, in **Textnoten** zu zitieren. Hier stehen die Quellenangaben als Klammereinschübe im Haupttext, direkt an der Stelle, an der sie verwendet werden. Daher sind bei dieser Form der Zitierung auch keine hochgestellten Zahlen erforderlich, denn der Inhalt der Zitierung wird nicht an eine andere Stelle der Seite oder ans Ende des ganzen Textes verschoben. Diese Handhabung findet man in Gerichtsurteilen und in den meisten Gesetzeskommentaren.

Neben diesen Werken werden Sie mitunter auch mit Fachliteratur aus anderen Disziplinen zu tun haben, in denen andere Zitierkonventionen gelten. Dann gilt es diese Darstellungs- und Zitierformen zu kennen und benutzen zu können. Sie werden in Fachliteratur anderer Fächer also auch diese beiden Varianten der Zitierung finden. Lassen Sie sich davon nicht irritieren, die grundsätzliche Funktion der Quellenangabe ist gleich. Achten Sie nur darauf, dass Sie Informationen, die Sie daraus für Ihre Arbeiten gewinnen, in die für Sie maßgeblichen Fußnoten umwandeln. Die Abgrenzung zu kennen ist deshalb wichtig.

III. Kurzbeleg – Vollbeleg

Um die Funktion der Überprüfbarkeit Ihrer Zitierung zu gewährleisten, müssen Ihre Quellenangaben alle dafür notwendigen Informationen enthalten. Diese Informationen können mitunter sehr zahlreich sein. Damit sollen aber nicht die Fußnoten überfrachtet werden. Wenn Sie nur mit Fußnoten arbeiten würden, wäre das aber die zwangsläufige Folge, denn Sie müssen irgendwo auch die vollständigen bibliographischen Angaben des jeweils verwendeten Werkes liefern.

Deshalb wird in Fußnoten üblicherweise mit sogenannten Kurzbelegen gearbeitet, also einer textsparenden Kurzfassung der notwendigen Angaben in den einzelnen Fußnoten. Um diese Kurzangaben eindeutig zuordnen zu können, werden die vollständigen bibliographischen Angaben sozusagen ausgelagert in das Literaturverzeichnis. So müssen sie nur in dem vorangestellten Verzeichnis einmal vollständig angegeben werden. In den Fußnoten genügt dann eine Kurzfassung, die sich dem jeweiligen Eintrag im Verzeichnis zuordnen lässt, damit das Werk eindeutig identifiziert ist.

C. Quelleneigenschaft & Zitierfähigkeit: Was kann und was darf zitiert werden?

Grundsätzlich sind solche Quellen zitierfähig, die zum einen eine gewisse Seriosität (i.S.d. Wissenschaftlichkeit) aufweisen und die zum anderen die Prüfung durch Dritte ermöglichen. Dazu müssen sie für Dritte verfügbar sein. Das gilt grundsätzlich für alle veröffentlichten und damit allgemein zugänglichen Texte.

I. Wörtliche Zitate vs. Paraphrasierung/Indirekte Rede

Soweit in der Arbeit fremdes Gedankengut wiedergegeben werden soll, ist dieses vom Bearbeiter grundsätzlich in eigener Formulierung darzustellen. Ein hierbei mögliches Stilmittel ist die Verwendung der indirekten Rede. Wörtliche Zitate sind nur ausnahmsweise dann angebracht, wenn es gerade auf den genauen Wortlaut der zitierten Quelle ankommt oder es um eine besonders gelungene Formulierung eines anderen Autors geht. In diesem Fall ist die zitierte Textpassage in Anführungszeichen zu setzen und mit einer entsprechenden Fußnote zu versehen. Wichtig ist dann aber auch, den Wortlaut exakt nach der Quelle zu zitieren.

II. Primärquellen vs. Sekundärquellen

Grundsätzlich ist die Primärquelle (insbesondere Gerichtsentscheidungen oder Gesetzesmaterialien) eines übernommenen Gedankens zu zitieren, also die Stelle, an der der Gedanke seinen Ursprung hat. Praktisch gelangt man in der Bearbeitung einer Hausarbeit aber vielfach zum Primärzitat über eine Sekundärquelle (z. B. Kommentar), die dorthin verweist. Dann ist es wichtig, die Primärquelle anzugeben und diese selbstverständlich auch zu prüfen (nachzulesen!). Von „Blindzitaten" ist dringend abzuraten. Sekundärquellen bergen immer die Gefahr (und diese wird häufig unterschätzt), dass zum einen die Angabe der Fundstelle nicht genau stimmt. Zum anderen kommt es auch vor, dass die Primärquelle inhaltlich nicht richtig wiedergegeben oder in ihrer Tragweite falsch eingeordnet wurde. Primärfundstellen sollten daher niemals blind aus einer Sekundärquelle übernommen werden. Nur ganz ausnahmsweise sind Sekundärquellen zulässig, wenn die Primärquelle nicht zugänglich ist.[115]

III. Wichtiges Standardproblem: „Skripten"

Skripte sind (vor allem von Repetitorien herausgegeben) von ihrer Grundanlage in der Regel (nur) darauf ausgerichtet, Wissen, Erkenntnisse, rechtliche Zusammenhänge usw. in einer bestimmten Form zusammenzustellen und aufzubereiten. Die Werke steuern selbst in der Regel keine wissenschaftlichen Positionen bei, sondern geben diese nur wieder. Die Art der Zusammenstellung und Aufbereitung allein erreicht in aller Regel keinen wissenschaftlichen Charakter, um selbst als Quelle bzw. Fachliteraturbezug dienen zu können.

Daher können Skripte durchaus als Arbeitshilfe auf dem Weg zur Quelle dienen (unter besonderer Beachtung der Sekundärquellen-Problematik, also unbedingt nachlesen!), sollten aber in der Regel nicht selbst als Quellenangabe zitiert werden.

IV. Internetquellen

Zitierfähige Quellen wie Gerichtsurteile (z. B. über Juris), Materialien (z. B. über EurLex) und rechtswissenschaftliche Literatur insgesamt finden sich zunehmend auch außerhalb von Verlagsdatenbanken frei verfügbar im Internet. Diese rechtswissenschaftlichen Quellen dürfen uneingeschränkt zitiert werden (Beispiele siehe unten). Sofern Rechtsprechung zitiert wird, die über Internetdatenbanken (z. B. Juris) gefunden wurde, ist darauf zu achten, dass die Zitierung der Druck-

---

115 Vgl. S. 136.

fassungen Vorrang vor den Internetfundstellen hat. Primär sind dabei, wenn verfügbar, die amtlichen Entscheidungssammlungen zu zitieren. Es gibt allerdings gerade bei Juris auch Veröffentlichungen von Entscheidungen, Anmerkungen u. ä., die es so nur dort und nicht in gedruckter Fassung gibt, dann kann und soll natürlich die Juris-Fundstelle verwendet werden.

Da sich der angegebene Speicherort ändern kann, sollte im Literaturverzeichnis (bzw. bei Urteilen/Materialien, die nicht ins Literaturverzeichnis aufgenommen werden, direkt in der Fußnote) angegeben werden, an welchem Tag der Verfasser die betreffenden Seiten zuletzt aufgerufen hat. Ohne eine solche Angabe wird davon ausgegangen, dass die Seiten am Tag der Abgabe der Arbeit abrufbar waren.

1. Wichtiges Standardproblem: Foren, Blogs, Artikelkommentare etc.

Bei der Verwendung von Foren, Blogs, Kommentaren auf Internetartikel und Ähnlichem als Quelle für Zitierungen kommt es im Wesentlichen auf die Seriosität an, also darauf, inwieweit eine solche Quelle Belege für wissenschaftliche Fragen liefern kann. Sofern es sich nicht um etablierte Quellen mit wissenschaftlichem Anspruch (wie z. B. den Verfassungsblog[116]) handelt, sollten solche Quellen nur mit Zurückhaltung herangezogen werden. Denn problematisch sind zum Teil die Qualität der Quellen, die Zuordnung der Autorenschaft (häufig anonym) sowie die Dauerhaftigkeit und Überprüfbarkeit der Angaben.

2. Wichtiges Standardproblem: „Wikipedia"

Wie bei allen anderen Quellen ist es selbstverständlich unzulässig, Inhalte aus Wikipedia ohne Quellenangabe in die eigene Ausarbeitung zu übernehmen. Im Übrigen zählt eine solche allgemeine Enzyklopädie nicht zur rechtswissenschaftlichen Literatur, mit der rechtswissenschaftliche Aussagen belegt werden können. Es findet insbesondere keine Vorabkontrolle der veröffentlichten Inhalte statt. Auch die Autorenschaft ist z.T. nicht oder nur schwer nachvollziehbar. Zitierfähig sind Wikipedia-Einträge daher allenfalls zur Erläuterung nicht-juristischer Begriffe (z. B. Geschichte des Internets).

Tipp

Hier geht es (nur) um die Frage der „Zitierbarkeit" von Wikipedia-Beiträgen, nicht um deren generelle Untauglichkeit.

Qualitativ hochwertige Wikipedia-Einträge lassen sich als Arbeitsmittel einsetzen. Denn ein seriöser, qualitativ anspruchsvoller Beitrag wird seinerseits Quellenangaben enthalten, auf die sich der Beitrag bezieht. Handelt es sich hierbei wiederum um wissenschaftlich zitierfähige Quellen, hat Ihnen der Beitrag zumindest bei der Recherche geholfen. Gehen Sie diesen Hinweisen

116 https://verfassungsblog.de/ (Letzter Abruf: 15.12.2019)

aber dann auch nach und überprüfen, ob die Angaben auch tatsächlich das belegen, was der Beitrag beschreibt. Hierzu gilt das oben zum Thema „Sekundärquelle“ Gesagte.[117]

V. Rechtsprechung

Grundsätzlich ist die für die Aufgabenstellung einschlägige Rechtsprechung zu rezipieren (d.h. auch zu lesen!) und zu zitieren. Es ist ein erheblicher Fehler, Aussagen aus Gerichtsentscheidungen inhaltlich aufzugreifen, dazu dann aber nur Sekundärquellen (z. B. Kommentare) zu zitieren.

Sofern Randnummern (oder bei Entscheidungen z. B. auch Absatznummern) zur Anwendung kommen, werden diese in den Fußnoten anstelle der Zitatseite verwendet (Zitierweise immer so genau wie möglich).

VI. Materialien

Insbesondere bei der historischen und teleologischen Auslegung von Gesetzen ist ein Rückgriff auf die Materialien der Entstehungsgeschichte erforderlich. Diese sind in den Fußnoten zu zitieren.

D. Form des Zitats: Besonderheiten und Beispiele einzelner Quellenarten

Die unterschiedlichen Textsorten wurden mit ihren inhaltlichen Besonderheiten und Unterschieden bereits dargestellt.[118] Der folgende Abschnitt veranschaulicht nun durch konkrete Beispiele sowohl die Einträge im Literaturverzeichnis als auch die jeweilige Zitierweise in den Fußnoten, differenziert nach den einzelnen Quellenarten/Textsorten.

Für die korrekte Zitierung werden bibliographische Angaben der zu zitierenden Werke benötigt.

I. Gesetzesbezüge

Die unmittelbare Bezugnahme auf einen Gesetzestext erfolgt nicht in Form von Fußnoten, sondern als Bestandteil des Haupttexts.

117 Vgl. S. 136.
118 Vgl. S. 69.

Beispiele

- Ein Anspruch ist gemäß § 194 Abs. 1 BGB das Recht, von einem anderen ein Tun oder Unterlassen zu verlangen.
- Die Strafbarkeit des Versuchs ergibt sich aus § 23 I StGB. Dafür ist zunächst zu prüfen, ob es sich gemäß § 12 StGB um ein Vergehen oder Verbrechen handelt.
- Die Anfechtungsklage ist gemäß § 42 Abs. 1 Alt. 1 VwGO statthaft, wenn der Kläger die vollständige oder teilweise Aufhebung eines ihn belastenden Verwaltungsaktes i.S.d. § 35 S. 1 VwVfG begehrt.

II. Monographie / Lehrbuch

Sofern in Monographien (vor allem bei Lehrbüchern) Randnummern zur Anwendung kommen, werden diese in den Fußnoten anstatt der Seitenzahlen verwendet (Zitierweise immer so genau wie möglich).

Beispiel

Biewald, Gunther
Regelgemäßes Verhalten und Verantwortlichkeit. Eine Untersuchung der Retterfälle und verwandter Konstellationen
2003

---

[33] *Biewald*, S. 256.

Wessels, Johannes/Beulke, Werner
Strafrecht Allgemeiner Teil
42. Auflage 2012

---

[34] *Wessels/Beulke*, Rn. 720.

III. Kommentar

Kommentare, auch mehrbändige oder Loseblattausgaben werden teilweise nach dem oder den Namen der Herausgeber oder (für den Fall, dass kein aktueller Herausgeber existiert, wie z. B. Palandt) des Begründers eingeordnet, teilweise unter dem Sachtitel „Systematischer Kommentar“, „Münchener Kommentar“ u.Ä. einsortiert.

Beispiele

Rixecker, Roland/Säcker, Franz Jürgen (Hrsg.)
Münchener Kommentar zum Bürgerlichen Gesetzbuch
Band 5, 5. Auflage 2009
(zitiert als: MünchKomm/*Bearbeiter*)

oder

Münchener Kommentar zum Bürgerlichen Gesetzbuch, *hrsgg. v. Rixecker, Roland; Säcker, Franz Jürgen,*
Band 5, 5. Auflage 2009
(zitiert als: MünchKomm/*Bearbeiter*)

[35] MünchKomm/*Wagner*, § 823 Rn. 287.

IV. Loseblattsammlung

Bei Loseblattsammlungen sollte im Literaturverzeichnis ein entsprechender Hinweis („Loseblattausgabe") in die bibliographischen Angaben aufgenommen werden.

In der Regel ist der Stand der letzten Ergänzungslieferung statt eines Erscheinungsjahres anzugeben.

Beispiel

Gerdelmann, Werner/Korbmann, Heinz/Kutter, Stefan Erich
Krankentransport und Rettungsdienst –
Ergänzbares Handbuch der Rechtsvorschriften, Gebührenregelungen, Rechtsprechung und organisatorischen Bestimmungen (Loseblattwerk)
Stand: 01/2013

[57] Gerdelmann/Korbmann/Kutter, S. 1256.

V. Aufsatz

Die Namen von Fachzeitschriften haben in der Regel gängige, d.h. allgemein bekannte Abkürzungen (z. B. NJW, JuS, Jura, JZ), daher muss der Name einer (gängigen) Zeitschrift auch im Literarturverzeichnis in der Regel nicht ausgeschrieben werden.

Bei verschiedenen Archivzeitschriften (z. B. Archiv für die civilistische Praxis, AcP), ist die Angabe der Bandnummer, gefolgt vom Erscheinungsjahr in Klammern, üblich.

Beispiele

Gehrlein, Markus
Ansprüche eines Nothelfers in Rettungsfällen, VersR 1998, 1330

[35] *Gehrlein*, VersR 1998, 1330 (1331).

Picker, Eduard
Schadensersatz für das unerwünschte Kind („Wrongful birth") – Medizinischer Fortschritt als zivilisatorischer Rückschritt? AcP 195 (1995), 483.

---

[56] *Picker,* AcP 195 (1995), 483 (501 f.).

VI. Sammelwerk

Bei einem Beitrag aus einem Sammelwerk erfolgt die Aufnahme in das Literaturverzeichnis nach dem Autorennamen des verwendeten Beitrags. Zusätzlich müssen dabei aber auch die Daten des Sammelwerks (meistens die Herausgeberschaft und der Titel des Gesamtwerkes) angegeben werden.

Beispiel
Beckemper, Katharina
Unvernunft als Zurechnungskriterium in den „Retterfällen"
in: Heinrich, Manfred (Hrsg.), Strafrecht als Scientia Universalis – Festschrift für Claus Roxin zum 80. Geburtstag, 2011, 39
(zitiert als: *Beckemper* FS Roxin)

---

[46] *Beckemper* FS Roxin, 397 (399).

VII. Urteile/Entscheidungen

Gerichtsentscheidungen werden nicht in das Literaturverzeichnis aufgenommen. Sie werden nur in den Fußnoten zitiert. Wichtig ist dabei, auf Einheitlichkeit in der Darstellung zu achten.

Grundsätzlich ist, soweit vorhanden, die Fundstelle aus amtlichen Sammlungen zu zitieren.

Aus Datenbanken sollte nur zitiert werden, wenn eine Veröffentlichung nur online vorliegt. Dann sind Aktenzeichen und Entscheidungsdatum mit aufzunehmen.

Beispiele
Fußnote mit Entscheidungszitaten aus amtlicher Sammlung:

---

[53] BVerfGE 7, 198 (205); BGHZ 84, 230 (235); RGZ 58, 24 (27).

Fußnote mit Entscheidungszitat aus Zeitschrift:

---

[55] BVerfG NJW 1991, 3293 (3296).

Fußnote mit Entscheidungszitat aus Online-Datenbank:

---

[58] LG München I 7 O 172/11, 26.5.2011, BeckRS 2011, 15532.

VIII. Entscheidungsanmerkungen

Sie sind in aller Regel in Zeitschriften veröffentlicht und werden daher für das Verzeichnis behandelt wie „normale“ Aufsätze. Sofern die Anmerkung einen eigenen Titel hat, ist der Hinweis, auf welche Entscheidung Bezug genommen wird, als Untertitel aufzunehmen. Diese Angabe muss dann aber auch nur im Rahmen des Literaturverzeichniseintrags aufgenommen werden. In den Fußnoten wird dann nur noch die Anmerkung/Besprechung wie ein Fachaufsatz zitiert.

Beispiele

Emmerich, Volker
Urteilsbesprechung zum Urteil des BGH vom 30.06.1987 – VI ZR 257/86, BGHZ 101, 215
in: JuS 1988, 153

89 *Emmerich,* JuS 1988, 153 (153).

Strauch, Robert G.
Die Haftung des Verfolgten für Schäden des Verfolgers aus § 823 Abs. 1 BGB – Urteilsanmerkung zu BGH vom 03.07.1990 – VI ZR 33/90, NJW 1990, 2885
in: VersR 1991, 932

89 *Strauch,* VersR 1991, 932 (935).

IX. Sonstige Internetquellen

Zur Zitierweise rechtswissenschaftlicher Online-Quellen s.o.

Ist die Internetquelle nach Seiten, Randnummern, oder internen Gliederungsebenen unterteilt, sollten diese zur genaueren Kennzeichnung der konkreten Fundstelle auch in der Fußnote angegeben werden (immer so genau wie möglich).

Sonstige Online-Quellen sind, soweit erforderlich, z. B. wie folgt zu zitieren:

Beispiel

Schimmel, Roland
Von Porto über Bordeaux nach Bourdeaux – Stille Post für Jura-Erstsemester
in: Legal Tribune Online, 29.09.2012
http://www.lto.de/recht/studium-referendariat/s/von-porto-ueber-bordeaux-nach-bourdeaux-stille-post-fuer-jura-erstsemester/ (Letzter Abruf: 11.03.2013)
(zitiert als: *Schimmel,* LTO)

92 *Schimmel,* LTO.

X. Materialien

Greift man auf das Archiv des Gesetzgebungsorgans zurück, handelt es sich um amtliche Dokumente, die wie auch Gerichtsentscheidungen nur in den Fußnoten bezeichnet werden.

> **Beispiele**
> Fußnote aus den Motiven zum Bürgerlichen Gesetzbuch:
>
> ---
>
> 94 Mot. II, S. 56.
>
> Fußnote für Materialien aus den Drucksachen des Deutschen Bundestages:
>
> ---
>
> 95 BT-Drs. 14/8629, S. 12.

Verwendet man eine Materialiensammlung, die selbstständig herausgegeben wurde, wird diese wie eine Monographie behandelt und ins Literaturverzeichnis aufgenommen.

> **Beispiele**
> *Mugdan, Benno*
> Die gesammten Materialien zum Bürgerlichen Gesetzbuch für das Deutsche Reich, Band I, 1899
>
> ---
>
> 96 *Mugdan*, S. 87.

XI. Weitere Besonderheiten

In Sonderfällen, die sich nicht einer der genannten Kategorien zuordnen lassen, sollte grundsätzlich eine Zitierung immer so gestaltet werden, dass sie so genau wie möglich die zitierte Quelle angibt, in sich logisch und nachvollziehbar ist und so weit wie möglich die Funktionen des Zitats[119] erfüllt.

Für einige typische Zweifelsfälle gibt es etablierte Vorgehensweisen:

1. Unvollständige bibliographische Angaben

Ein fehlendes Erscheinungsjahr oder auch ein unbekannter Autorenname kann durch die Angaben „o.J." (ohne Jahresangabe) „o.V." (ohne Verfasser) oder „N.N." (nomen nescio) kenntlich gemacht werden. Das gilt aber nur im begründeten Ausnahmefall.

---

119 Vgl. S. 135.

2. Nichtverfügbarkeit der Primärquelle

In Einzelfällen kann es vorkommen, dass eine Primärquelle nicht verfügbar ist.[120] Dann kann unter entsprechender Kenntlichmachung diese Quelle aus einer Sekundärquelle zitiert werden. In diesem Fall gibt man in der Fußnote zunächst die Primärquelle an, gefolgt von dem Zusatz „zitiert nach:" und schließt die Angaben der Sekundärquelle an.

Es sollte sich aber um Ausnahmefälle handeln, in denen die Primärquelle für die eigene Hausarbeit wichtig, aber nicht zugänglich ist.[121]

120 Zum Verhältnis von Primärquelle und Sekundärquelle vgl. S. 136.

121 Zu diesen Ausnahmefällen gehören ausdrücklich NICHT folgende Fälle, nach denen in Infoveranstaltungen gefragt wurde: Sie beziehen sich auf ein Werk, das an einem bestimmten Tag in der Bibliothek nicht verfügbar war, weil Ihnen jemand zuvor gekommen ist; ein Buch ist online nicht verfügbar und Sie scheuen den Weg in die Bibliothek, um sich die Druckfassung zu besorgen; ein Buch ist nicht in Ihrer Fachbibliothek vorhanden, wo sie regelmäßig arbeiten, aber in der zentralen Universitätsbibliothek, die Sie aber nicht extra aufsuchen wollen. Als Ausnahmefälle gelten z. B. historische Werke, die aufgrund Ihres Zustandes und Ihrer Empfindlichkeit in Archiven unter Verschluss gehalten oder nur eingeschränkten Personenkreisen zugänglich gemacht werden.

Kapitel 6: Textform „Juristische Themenarbeit/Seminararbeit“

Die Aufgabenstellung einer Themenarbeit bzw. Seminararbeit ist anders gelagert, als die Aufgabenstellung eines Rechtsgutachtens zu einem Fall. In einer Seminararbeit wird nicht mehr die systematische Erarbeitung eines begründeten Lösungsvorschlags erwartet, sondern eine Auseinandersetzung mit einer Rechtsfrage oder einem Rechtsproblem ohne konkrete Fallanbindung.

Das hat einerseits den Vorteil größerer Freiheit in der Gestaltung und Gliederung. Erfahrungsgemäß nehmen viele Studierende das gleichzeitig als Nachteil war. Hat man sich zunächst mühsam in den Gutachtenstil bei der Fallbearbeitung hineingedacht und die Grundgerüste einigermaßen verstanden, empfindet man es auch als hilfreich und beruhigend, sich an einem solchen orientieren zu können. Eine Seminararbeit erfordert nun, sich von vielleicht vertrauten Strukturen wieder zu lösen, mehr noch, der Themenbearbeitung ein eigenes Gerüst zu geben.

Sie bildet damit einen Typus von Aufgaben und Textformen, die zwar nicht gänzlich losgelöst von den Anforderungen einer juristischen (Falllösungs-)Hausarbeit erfolgt, aber doch eine eigene Struktur erfordert. Mit diesem nur sehr grob gehaltenen und eher oberflächlichen Vergleichsansatz soll es das an dieser Stelle aber auch schon gewesen sein, im Wesentlichen aus zwei Gründen. Eine vollständige Paralleldarstellung der Anforderungen einer Themenarbeit/Seminararbeit würde den Rahmen dieses Buchs einerseits quantitativ deutlich erweitern. Andererseits würde die breitere Auseinandersetzung mit diesem Aufgabentypus die Zielgruppe der Studienanfänger hier auch qualitativ mit vielen zusätzlichen Informationen konfrontieren, die erst später für Sie relevant werden. Um Ihnen zunächst ohne Abgrenzungsprobleme den Grundansatz der typischen Falllösungshausarbeit näher zu bringen, wird deshalb auf die ausführliche Paralleldarstellung der Themenarbeiten/Seminararbeiten – auch im Sinne einer didaktischen Reduktion – verzichtet. Dies soll allerdings nicht ohne weiterführende Vertiefungshinweise auf Publikationen geschehen, die sich explizit mit juristischen Themenarbeiten/Seminararbeiten befassen.[122]

---

122 *Schimmel/Basak/Reiß*, Juristische Themenarbeiten, 3. Auflage 2017; *Stein*, Die rechtswissenschaftliche Arbeit – methodische Grundlegung und praktische Tipps, 2000; *Lorinser*, Die juristische Seminararbeit, bit.ly/LorinserJurSemArb.

Anhänge: Fälle, Beispiele, Übersichten

Anhang 1: Beispielfälle – „Verkaufsgespräche“

Sachverhalt (Fallvariante a)

A sagt zu dem befreundeten B: „Ich möchte mein Auto verkaufen, für 5.000,- EUR gehört es Dir.“ Der B erklärt: „Für 5.000,- EUR ist das ein gutes Geschäft, das geht in Ordnung.“
Hat B damit gegen A einen Anspruch auf Übereignung des Autos?

Lösungsskizze zu Variante a)

B könnte gegen A einen Anspruch auf Übereignung des Autos gemäß § 433 II BGB haben.

A. **Anspruch entstanden**
→ durch wirksamen Kaufvertrag?
→ A hat B angeboten, das Auto für 5.000,- EUR zu kaufen. B hat sich damit einverstanden erklärt.
→ A und B haben damit einen wirksamen Kaufvertrag geschlossen, der Anspruch gemäß § 433 II BGB ist damit entstanden (+)

B. **Anspruch erloschen/untergegangen**
→ keine Anhaltspunkte, daher nicht erloschen/untergegangen (+)

C. **Anspruch durchsetzbar**
→ keine entgegenstehenden Anhaltspunkte, daher durchsetzbar (+)

D. **Ergebnis zum Fall**
→ Zwischen A und B ist ein wirksamer Kaufvertrag geschlossen worden. B hat somit gegen den A einen Anspruch auf Übereignung des Autos gemäß § 433 II BGB.[123]

---

123 Alle drei Fallvarianten sind Einsteiger-Übungsfälle, mit denen Strukturen der Fallbearbeitung verdeutlicht werden sollen. Die Lösungsskizze fällt daher deutlich ausführlicher aus, als es ein Fall dieser Struktur und Schwierigkeit an sich erfordert. Als „echter“ Klausurfall würde eine so ausführliche Darstellung bei einem so wenig problematischen Fall eher als unnötig bis anfängerhaft falsch bewertet werden. Hier dient gerade diese Ausführlichkeit

Sachverhalt (Fallvariante b)

A sagt zu dem befreundeten B: „Ich möchte mein Auto verkaufen, für 5.000,- EUR gehört es Dir." Der B erklärt: „Also 4.000,- EUR ist mir der Wagen wert, dafür würde ich ihn nehmen."
Hat B damit gegen A einen Anspruch auf Übereignung des Autos?

Lösungsskizze zu Variante b)

B könnte gegen A einen Anspruch auf Übereignung des Autos gemäß § 433 II BGB haben.

A. **Anspruch entstanden**
  → durch wirksamen Kaufvertrag?
  I. **Angebot gemäß § 145 BGB**
    → Erklärung des A enthält die wesentlichen Vertragsbestandteile Kaufsache, Kaufpreis und Kaufparteien, d. h. Kaufvertragsangebot im Sinne des (+)
  II. **Annahme gemäß § 147 BGB**
    → B erklärt sich zwar grundsätzlich einverstanden, nennt aber anderen Kaufpreis: 4.000,- EUR
    → somit keine Übereinstimmung hinsichtlich des Kaufpreises, Erklärung des B damit keine Annahme des Angebots des K (-)
    → *eine solche Erklärung gilt als Ablehnung des Angebots über 5.000,- EUR, verbunden mit neuem Angebot über 4.000,-, EUR dazu aber keine Erklärung, also keine Annahme, des A*
  III. **Zwischenergebnis**
    → keine Annahmeerklärung des B zum Angebot des A
    → *evtl. neues Angebot über 4.000,- EUR hätte A wiederum nicht angenommen*
    Ein wirksamer Kaufvertrag zwischen A und B ist daher nicht zustande gekommen (-)

B. **Ergebnis zum Fall**
  → Es fehlt an einem wirksam zustande gekommenen Kaufvertrag, daher hat der B gegen den A keinen Anspruch auch Übereignung des Autos gemäß § 433 II BGB.

---

zur Detailerläuterung und soll für Studienanfänger zum besseren Erstverständnis des grundsätzlichen gutachterlichen Aufbaus beitragen.

Sachverhalt (Fallvariante c)

A hängt an einem schwarzen Brett in der Universität einen Aushang auf, um sein Auto zu verkaufen: „PKW [nähere Beschreibung] zu verkaufen, Preis: 5.000,– EUR.“
C liest diesen Aushang, ruft daraufhin beim A an und erklärt: „Ich habe den Aushang zum Verkauf des Wagens gelesen. Für 5.000,- EUR ist das ein gutes Geschäft, den nehme ich.“
Hat C damit gegen A einen Anspruch auf Übereignung des Autos?

Lösungsskizze zu Variante c)

C könnte gegen A einen Anspruch auf Übereignung des Autos gemäß § 433 II BGB haben.

A. Anspruch entstanden
→ durch wirksamen Kaufvertrag?

I. Angebot gemäß § 145 BGB
→ Aushang des A legt Kaufsache und Kaufpreis fest, fraglich aber: „Vertragsparteien“?

1. Angebot
→ Erklärung, die Vertragsschluss so anträgt, dass bloßes „Ja“ der anderen Seite zum Abschluss eines eindeutigen Vertrages führt, Problem hier: Vertragspartei „Käufer“?

2. „invitatio ad offerendum“
→ von Angebot abzugrenzen: bloße Aufforderung an andere, ihrerseits Vertragsangebot abzugeben, das dann wiederum noch der Annahme bedarf
→ hier: Aushang richtet sich an (noch) unbestimmten Personenkreis, fordert dazu auf, sich als Käufer ins Spiel zu bringen, indem A ein Angebot zum Kauf gemacht wird, dadurch erst wären beide Kaufparteien festgelegt, A müsste dies dann annehmen
→ (erst) Anruf des C beim A erfüllt Voraussetzungen eines Angebots gemäß § 145 BGB

3. Zwischenergebnis
→ Aushang des A stellt eine „invitatio ad offerendum“ und somit kein Angebot dar
→ Anruf des C stellt ein Angebot zum Kauf dar

II. Annahme gemäß § 147 BGB

→ Angebot (erst) durch Anruf des C, Annahme dieses Angebots des C durch A aber (-)[124]

III. Zwischenergebnis

→ Angebot des C (+), Annahme durch A (-), kein wirksamer Kaufvertrag zwischen A und C

→ Anspruch daher nicht entstanden (-)

B. Ergebnis zum Fall

→ Es fehlt an einem wirksam zustande gekommenen Kaufvertrag, daher hat der C gegen den A keinen Anspruch auch Übereignung des Autos gemäß § 433 II BGB.

124 Wichtig ist das grundsätzliche Verständnis, den Sachverhalt nur auf Informationen zu prüfen, die dieser auch tatsächlich liefert. Bis zur Fallfrage hat der Sachverhalt ausschließlich den Aushang des A und den Anruf des B dargestellt. Auf dieser Basis ist der Lösungsansatz zu entwerfen, d. h. eine Annahmeerklärung des A auf das Angebot des B in Form des Anrufes ist möglich, hat aber bis dato nicht stattgefunden. Das Ergebnis muss also beschränkt auf die vorliegenden Informationen lauten „es liegt keine Annahme und damit kein Kaufvertrag vor". Als Bearbeiter dürfen Sie hier keine Fallinformationen einfach weiterdenken wie etwa „der A würde das ja nun noch annehmen, dann liegt ein Vertrag vor". Das wäre eine unzulässige „Hinzudichtung" von Sachverhaltsinformationen, eine sogenannte „Sachverhaltsquetsche".

Anhang 2: Beispielfall – „Vereinskasse“

Sachverhalt

In einem kleinen Sportverein findet das alljährliche Sportfest statt, bei dem es üblich ist, dass durch den Verkauf von Speisen und Getränken an die Besucher Geld für die Vereinskasse eingenommen wird. Dem Besucher S gelingt es, in einem unbeobachteten Moment einen 50-EUR-Schein aus der Kasse am Getränkestand zu nehmen, diesen unbemerkt einzustecken und damit das Sportgelände zu verlassen.
Da am Ende des Sportfestes keine Banken mehr geöffnet haben, gehört es üblicherweise zu den Aufgaben des Kassenwarts K, die Einnahmen am Ende des Tages zunächst mit nach Hause zu nehmen und am nächsten Tag bei der Bank auf das Vereinskonto einzuzahlen. In diesem Jahr aber hat der K andere Pläne. Er zahlt das Geld nicht wie vorgesehen auf das Konto des Vereins ein, sondern bucht und bezahlt damit eine Urlaubsreise für sich. **Prüfen Sie die Strafbarkeit von S und K!**

Lösungsskizze

A. **Strafbarkeit des S wegen Diebstahls gemäß § 242 I StGB**
S könnte durch das Einstecken des 50-EUR-Scheins wegen Diebstahls gemäß § 242 I StGB strafbar sein.

I. **Objektiver Tatbestand**

1. **Tatobjekt**
→ fremde bewegliche Sache, hier: Geldschein (+)

2. **Tathandlung**
→ Wegnahme: Bruch fremden Gewahrsam und die Begründung neuen Gewahrsams (+)

3. **Zwischenergebnis**
→ Objektiver Tatbestand liegt vor.

II. **Subjektiver Tatbestand**

1. **Vorsatz**
→ in Bezug auf den objektiven Tatbestand (+)

2. **Zueignungsabsicht**
→ (+)

3. **Zwischenergebnis**
→ Subjektiver Tatbestand liegt vor (+)

III. Rechtswidrigkeit
→ keine entgegenstehenden Anhaltspunkt, daher (+)
IV. Schuld
→ keine entgegenstehenden Anhaltspunkt, daher (+)
V. Ergebnis zur Strafbarkeit des S gemäß § 242 I StGB
→ (+)

B. Strafbarkeit des K wegen Diebstahls gemäß § 242 I StGB
K könnte durch die Verwendung der Einnahmen für eigene Zwecke wegen Diebstahls gemäß § 242 I StGB strafbar sein.
I. Objektiver Tatbestand
1. Tatobjekt
→ fremde bewegliche Sache, hier: Geldschein (+)
2. Tathandlung
→ Wegnahme: Bruch fremden Gewahrsam und die Begründung neuen Gewahrsams (-)
3. Zwischenergebnis zum objektiven Tatbestand
→ mangels Wegnahme (-)
II. Ergebnis zur Strafbarkeit des K gemäß § 242 I BGB
→ (-)

[das Verhalten des K stellt keine Wegnahme dar, könnte aber als Untreue strafbar sein]

C. Strafbarkeit des K wegen Untreue gemäß § 266 I StGB
K könnte durch die Bezahlung der Reise mit den Vereinseinnahmen wegen Untreue gemäß § 266 I StGB strafbar sein.
I. Objektiver Tatbestand
1. Missbrauchstatbestand, § 266 I Var. 1 StGB
a) Verfügungs-/Verpflichtungsbefugnis für fremdes Vermögen (+)
b) Missbrauch dieser Befugnis
→ K hat keinen Vertrag geschlossen, der den Verein verpflichtet, seine „Entnahme" ist als tatsächliches Handeln eher ein Treubruch → kein Missbrauch im Sinne der Var. 1 (-)
2. Treubruchstatbestand, § 266 I Var. 2 StGB
a) Vermögensbetreuungspflicht
→ Teil der Aufgaben und Pflichten als Kassenwart (+)
b) Verletzung einer spezifischen Betreuungspflicht
→ Verwendung der Einnahmen für private Zwecke (+)
c) Vermögensnachteil
→ Vermögensminderung des Vereins, ohne Ausgleich an anderer Stelle (+)

3. **Zwischenergebnis**
→ Objektiver Tatbestand liegt vor.

II. **Subjektiver Tatbestand**

1. **Vorsatz**
→ in Bezug auf den objektiven Tatbestand (+)
2. **Zwischenergebnis**
→ Subjektiver Tatbestand liegt vor.

III. **Rechtswidrigkeit**
→ keine entgegenstehenden Anhaltspunkt, daher (+)

IV. **Schuld**
→ keine entgegenstehenden Anhaltspunkt, daher (+)

V. **Ergebnis zur Strafbarkeit**
→ liegt vor gemäß § 266 I Var. 2 StGB (+)

D. **Endergebnis**
K ist damit strafbar wegen Untreue gemäß § 266 I Var. 2 StGB.

Anhang 3: Übungsfall „CD-Chaos"

A. Sachverhalt Fall „CD-Chaos"

A hat zu seinem 18. Geburtstag Geld geschenkt bekommen. Die inzwischen noch übrigen 20,- EUR überlegt er für eine CD auszugeben. Er hat gehört, dass C eine recht umfangreiche CD-Sammlung auflöst und hofft, hier fündig zu werden. A schickt daher seinen 16-jährigen Bruder B zum C, um dort zu fragen, was man dort für 20,- EUR bekommen könne. B begibt sich daraufhin zur Wohnung des C. Er trifft dort aber nicht C selbst an, sondern nur D, eine Bekannte der Mitbewohnerin des C. B fragt bei D nach, was sein Bruder A für 20,- EUR aus der Sammlung des C für kaufen könne. D hat von C keinerlei Bevollmächtigung, erklärt aber dem B gegenüber, der C sei zwar nicht da, aber sie dürfe die Sache selbst regeln. Deshalb empfehle sie eine rare historische Aufnahme des bekannten Komponisten „Franz Schmidt" für 20,- EUR. Dabei handele es sich um ein echtes Schnäppchen, nicht häufig gespielt, sehr gut erhalten, der A mache ein gutes Geschäft. B bedankt sich und erstattet dem A zu Hause Bericht, verhaspelt sich aber dabei und gibt den von D genannten Preis mit 15,- EUR an.

A ist angetan von dieser Möglichkeit und ruft deshalb gleich bei C an. Der ist inzwischen nach Hause gekommen, sitzt mit D gemütlich beim Kaffeetrinken und geht deshalb nicht ans Telefon. D berichtet C davon, dass die „Franz Schmidt" CD mit ein wenig Glück für 20,- EUR verkauft werden könne. C ist vom Geschäftssinn der D durchaus angetan. Dass er diese CD noch zu Geld machen könne, hatte er schon selbst nicht mehr geglaubt. Deshalb erklärt er gegenüber der D, er sei von ihrer Vorgehensweise zwar ein wenig überrascht, aber einverstanden. A hinterlässt auf dem Anrufbeantworter des C die Nachricht: „Ich nehme dann den 'Franz Schmidt' ". C bringt daraufhin die CD noch am selben Abend bei A vorbei. Dort sagt er dem A, er habe es eilig, wegen der Bezahlung melde er sich später.

Was D als rare historische Aufnahme angepriesen hatte, erweist sich als Flop: Schmidt war zwar ein passabler Komponist, aber ein erbärmlicher Cellist. Das wusste er selbst, so dass er davon nie eine Aufnahme hat machen lassen. Auf der CD ist vielmehr das Probespiel eines unbegabten Schülers der Musikschule Hamburg-Blankenese zu hören. Dieser ist ein Namensvetter des Komponisten. Darüber hinaus ist die CD auch noch in einem schlechten Zustand, mit einem Wert von höchstens 3,- EUR. All diese Umstände waren D zum Zeitpunkt des Gespräches mit B auch bekannt.

Zwischenzeitlich hat B auch gemerkt, dass die CD eigentlich 20,- EUR kosten sollte und klärt seinen Fehler gegenüber A auf. Dieser sortiert die CD dessen ungeachtet in seine Sammlung ein und verleiht sie am Wochenende an seinen Schulfreund. Nachdem einige Wochen ins Land gegangen sind, sucht dann der

C den A auf und verlangt die Bezahlung der 20,- EUR für die CD. A ist entgeistert und erklärt, diese CD sei doch der letzte Schund, maximal 3,- EUR wert, deshalb betrachte er das ganze Geschäft als hinfällig und lehnt jede Zahlung ab.

Hat C gegen A einen Anspruch auf Zahlung von 20,- EUR?

B. Sachverhaltsmarkierungen zum Fall „CD-Chaos“

A hat zu seinem 18. Geburtstag Geld geschenkt bekommen. Die inzwischen noch übrigen 20, EUR überlegt er für eine CD auszugeben. Er hat gehört, dass C eine recht umfangreiche CD-Sammlung auflöst und hofft, hier fündig zu werden. A schickt daher seinen 16-jährigen Bruder B zum C, um dort zu fragen, was man dort für 20;- EUR bekommen könne. B begibt sich daraufhin zur Wohnung des C. Er trifft dort aber nicht C selbst an, sondern nur D, eine Bekannte der Mitbewohnerin des C. B fragt bei D nach, was sein Bruder A für 20,- EUR aus der Sammlung des C für kaufen könne. D hat von C keinerlei Bevollmächtigung, erklärt aber dem B gegenüber, der C sei zwar nicht da, aber sie dürfe die Sache selbst regeln. Deshalb empfehle sie eine rare historische Aufnahme des bekannten Komponisten „Franz Schmidt“ für 20,- EUR. Dabei handele es sich um ein echtes Schnäppchen, nicht häufig gespielt, sehr gut erhalten, der A mache ein gutes Geschäft. B bedankt sich und erstattet dem A zu Hause Bericht, verhaspelt sich aber dabei und gibt den von D genannten Preis mit 15,- EUR an.

A ist angetan von dieser Möglichkeit und ruft deshalb gleich bei C an. Der ist inzwischen nach Hause gekommen, sitzt mit D gemütlich beim Kaffeetrinken und geht deshalb nicht ans Telefon. D berichtet C davon, dass die „Franz Schmidt“ CD mit ein wenig Glück für 20,- EUR verkauft werden könne. C ist vom Geschäftssinn der D durchaus angetan. Dass er diese CD noch zu Geld machen könne, hatte er schon selbst nicht mehr geglaubt. Deshalb erklärt er gegenüber der D, er sei von ihrer Vorgehensweise zwar ein wenig überrascht, aber einverstanden. A hinterlässt auf dem Anrufbeantworter des C die Nachricht: „Ich nehme dann den 'Franz Schmidt' “. C bringt daraufhin die CD noch am selben Abend bei A vorbei. Dort sagt er dem A, er habe es eilig, wegen der Bezahlung melde er sich später.

Was D als rare historische Aufnahme angepriesen hatte, erweist sich als Flop: Schmidt war zwar ein passabler Komponist, aber ein erbärmlicher Cellist. Das wusste er selbst, so dass er davon nie eine Aufnahme hat machen lassen. Auf der CD ist vielmehr das Probespiel eines unbegabten Schülers der Musikschule Hamburg-Blankenese zu hören. Dieser ist ein Namensvetter des Komponisten. Darüber hinaus ist die CD auch noch in einem schlechten Zustand, mit einem Wert von höchstens 3,- EUR. All diese Umstände waren D zum Zeitpunkt des Gespräches mit B auch bekannt.

Zwischenzeitlich hat B auch gemerkt, dass die CD eigentlich 20,- EUR kosten sollte und klärt seinen Fehler gegenüber A auf. Dieser sortiert die CD dessen ungeachtet in seine Sammlung ein und verleiht sie am Wochenende an seinen

Schulfreund. Nachdem einige Wochen ins Land gegangen sind, sucht dann der C den A auf und verlangt die Bezahlung der 20,- EUR für die CD. A ist entgeistert und erklärt, diese CD sei doch der letzte Schund, maximal 3,- EUR wert, deshalb betrachte er das ganze Geschäft als hinfällig und lehnt jede Zahlung ab.

C. Zeittafel zum Fall „CD-Chaos"

Aus den Hervorhebungen des Sachverhalts werden die relevanten Ereignisse und Informationen des Falles in eine chronologische Ordnung gebracht, diese könnte für „CD-Chaos" etwa so aussehen:

1. A schickt B zu C, um zu fragen, was man für 20,- EUR bekommen kann
2. D erteilt Auskunft an B: „Franz Schmidt für 20,- EUR"
3. Falsche Auskunft (15,-) durch B an A
4. D verhandelt für C, Problem: Vertretungsmacht → erst nachträglich → Genehmigung
5. Anruf des A bei C (→ Nachricht auf Anrufbeantworter)
6. Übergabe der CD von C an A
7. B klärt Irrtum gegenüber A auf
8. A sortiert die CD in seine Sammlung ein und verleiht sie
9. C verlangt von A Bezahlung von 20,- EUR
10. A erklärt, er betrachte das „Geschäft als hinfällig"

D. Personenskizze zum Fall „CD-Chaos“

Eine Personenskizze kann je nach Fallgestaltung mehrere Ebenen haben.

I. Reine Personenskizze zu den direkten Beziehungen der handelnden Personen

Entwicklung einer Übersicht der handelnden Personen und ihrer rechtlich relevanten Beziehungen zueinander, hier dargestellt in Teilschritten:

Information/Gedankenschritt	Arbeitsschritt Personenskizze
Die erste Person des Sachverhalts ist der A.	A
Durch die Fallfrage kommt als naheliegend nächster Akteur der C ins Spiel. Diese zentrale Prüfung, die sich aus der Fallfrage ergibt, steht im Mittelpunkt.	 A ← C
Gemäß dieser Fallfrage ist ein möglicher Anspruch des C gegen den A auf Zahlung von 20 EUR zu prüfen.	 A ← C 20,- EUR?
Nach einer ersten Vorüberlegung kommt als Anspruchsgrundlage ein Zahlungsanspruch aus Kaufvertrag gemäß § 433 II BGB in Betracht.	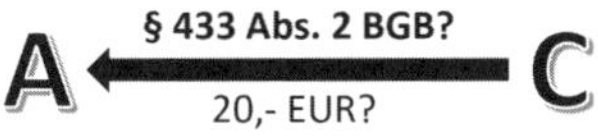 § 433 Abs. 2 BGB? A ← C 20,- EUR?
Dann spielen die Beziehungen der weiteren Personen des Sachverhaltes eine Rolle, der B als Bruder des A und die D als Bekannte der Mitbewohnerin des C kommen hinzu. *Zwischen B und D haben die ersten Gespräche bzgl. des möglichen Kaufes stattgefunden.*	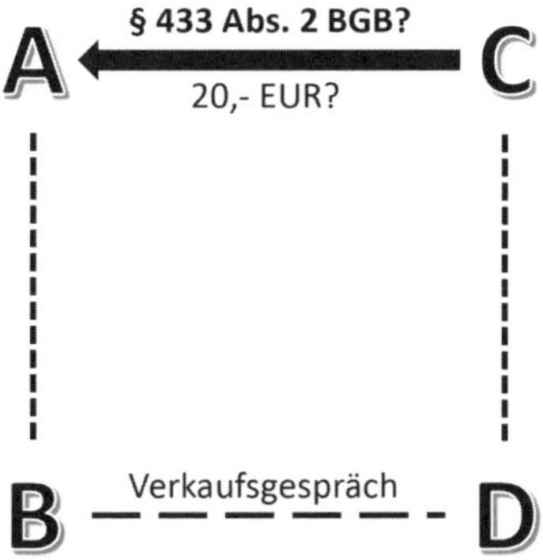 § 433 Abs. 2 BGB? A ← C 20,- EUR? Verkaufsgespräch B - - - D

Als nächstes stellt sich also die Frage, wie Gespräche zwischen B und D zu einem Vertrag führen könnten, der zwischen A und C zustande kommt. Dafür ist die rechtliche Einordnung der Beziehungen zwischen A und B einerseits und zwischen C und D andererseits erforderlich. *Erste Anhaltspunkte deuten auf eine mögliche Botenschaft des B für den A sowie eine mögliche Stellvertretung des C durch die D an. Für die Stellvertretung stellt sich die zu prüfende Frage, welche Auswirkungen die anfangs nicht vorhandene Vertretungsmacht und das nachträgliche Einverständnis des C haben.*	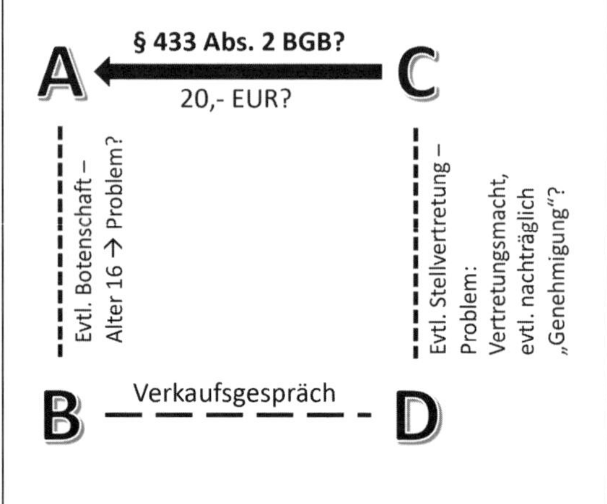

Die reine Personenskizze zur Aufarbeitung der relevanten Beziehungen der handelnden Personen wäre damit abgeschlossen.

Da gleichzeitig eine Reihe verschiedener Ereignisse stattgefunden haben, die chronologisch geordnet werden mussten, wurden diese bereits durch eine Zeittafel aufgearbeitet. An dieser Stelle wäre daher nun zu entscheiden, ob man die weitere Lösung mit Zeittafel und Personenskizze parallel erarbeitet, oder ob eine Kombination beider Vorarbeiten sinnvoll sein könnte.

II. Kombination der Personenskizze mit den Informationen der Zeittafel

Sofern man sich für eine solche Kombination entscheidet, müssen dann die chronologischen Ereignisse so weit wie möglich in die Personenskizze integriert werden. Die weiteren Arbeitsschritte dazu sehen wie folgt aus:

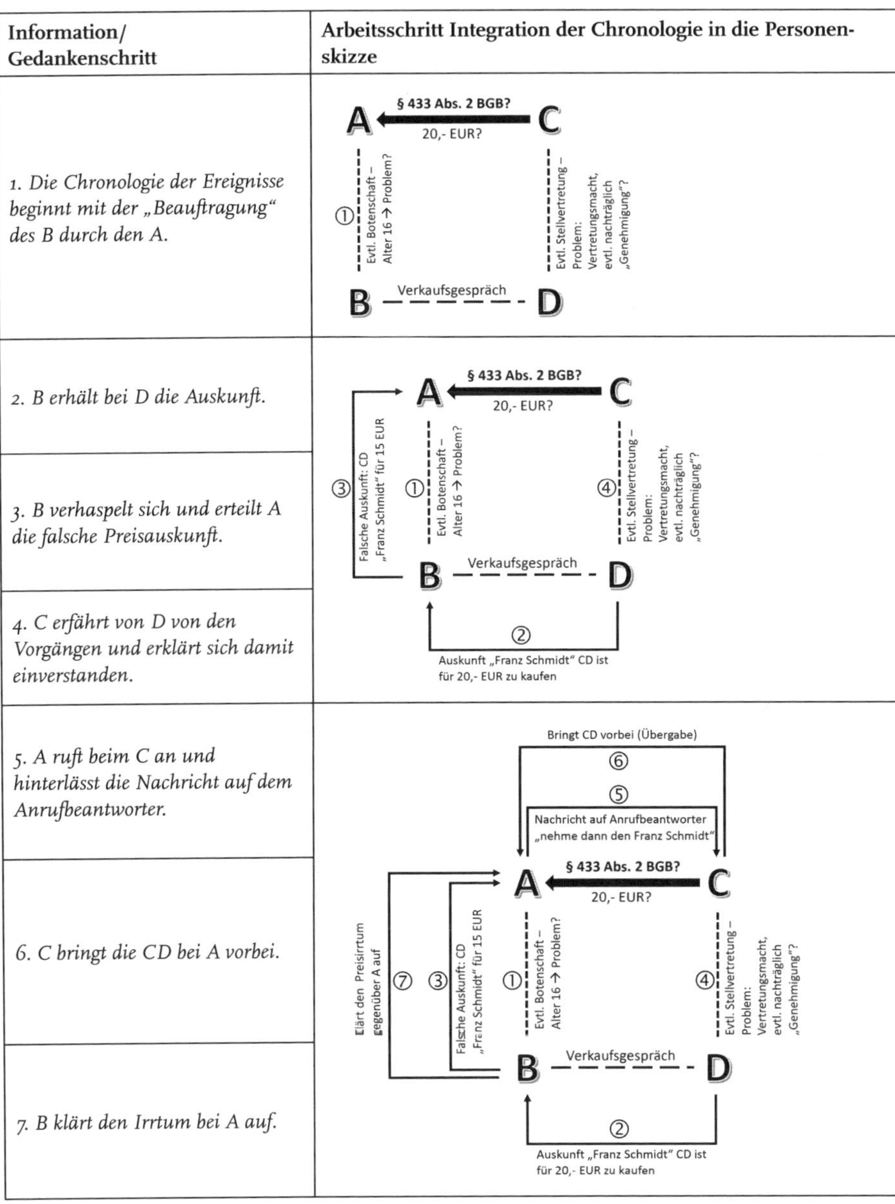

Information/ Gedankenschritt	Arbeitsschritt Integration der Chronologie in die Personenskizze
1. *Die Chronologie der Ereignisse beginnt mit der „Beauftragung" des B durch den A.*	
2. *B erhält bei D die Auskunft.*	
3. *B verhaspelt sich und erteilt A die falsche Preisauskunft.*	
4. *C erfährt von D von den Vorgängen und erklärt sich damit einverstanden.*	
5. *A ruft beim C an und hinterlässt die Nachricht auf dem Anrufbeantworter.*	
6. *C bringt die CD bei A vorbei.*	
7. *B klärt den Irrtum bei A auf.*	

Die letzten drei Ereignisse der Zeittafel lassen sich in diesem Fall nicht mehr mit informatorischem Mehrwert direkt innerhalb der Personenskizze unterbringen.

Sofern man aber ab hier nur noch mit der Kombination der beiden Hilfsmittel weiterarbeiten möchte, müssen aber diese drei Ereignisse erhalten bleiben. Deshalb sollten Sie in diesem Fall der Vollständigkeit halber neben der eigentlichen Personenskizze aufgenommen werden.

Das Endresultat der Kombination von Zeittafel und Personenskizze für den Fall „CD-Chaos“ sieht demnach wie folgt aus:

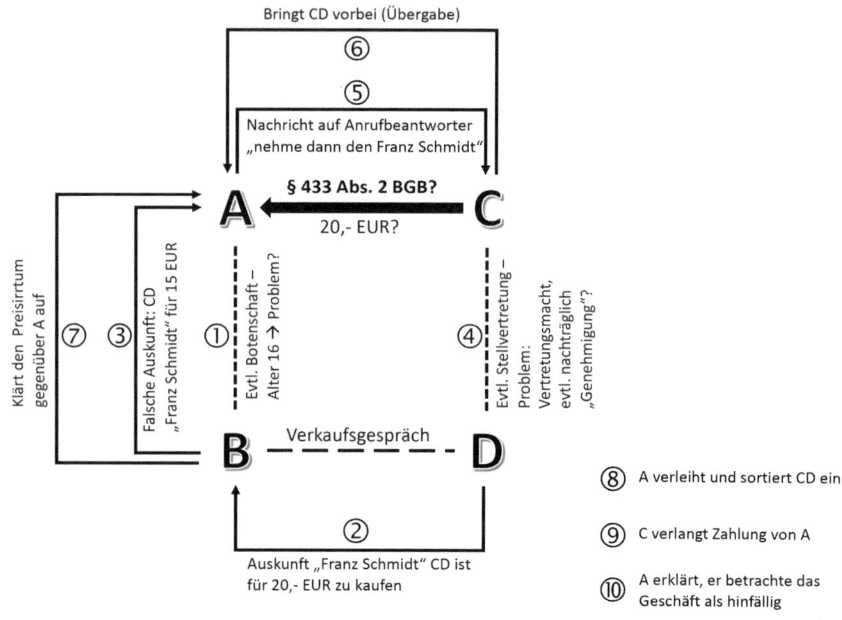

F. Lösungsskizze zum Fall „CD-Chaos“

A. Entstehung des Anspruchs gemäß § 433 II BGB, *hier Frage: „Abschluss eines wirksamen Kaufvertrags“?*

I. Angebot i.S.d. § 145 BGB

1. Angebot des C
   a) Stellvertretung des C durch D gemäß §§ 164 ff. BGB
      aa) Eigene Willenserklärung (+)
      bb) im fremden Namen (+)
      cc) mit Vertretungsmacht, *Problem: anfänglich (–), nachträglich durch Genehmigung* (+)
      dd) im Rahmen der Vertretungsmacht (+)
      ee) Zwischenergebnis: Stellvertretung (+)
   b) Abgabe und Zugang (+)
2. Zwischenergebnis: *Angebot durch D, wird aufgrund Stellvertretung dem C zugerechnet* (+)

II. Annahme

1. Auslegung der Willenserklärungen gemäß §§ 133, 157 BGB *ergibt Annahme über 20,- EUR* (+)
2. Zwischenergebnis: *korrespondierende Annahmeerklärung über Kauf für 20,- EUR* (+)

III. Zwischenergebnis: Kaufvertrag wirksam zustande gekommen, damit Anspruch entstanden (+)

B. Untergang des Anspruchs

I. Anfechtung gemäß § 119 I 1. Alt. BGB

1. Anfechtungsgrund „Inhaltsirrtum“, *hier: Preisvorstellung bei Annahmeerklärung: 15,- EUR* (+)
2. Anfechtungserklärung gegenüber richtigem Anfechtungsgegner: *gemäß § 142 II gegenüber C* (+)
3. Anfechtungsfrist gemäß § 121 BGB: *unverzüglich ohne schuldhaftes Zögern, hier verstrichen* (–)
4. Zwischenergebnis: *Anfechtung aufgrund fehlender Fristeinhaltung* (–)

II. Anfechtung gemäß § 119 II BGB

1. Anfechtungsgrund „Irrtum über verkehrswesentliche Eigenschaft“, *hier: Interpret und Zustand* (+)
2. Anfechtungserklärung gegenüber richtigem Anfechtungsgegner, *s.o.* (+)
3. Anfechtungsfrist gemäß § 121 BGB: *s.o.* (–)
4. Zwischenergebnis: *Anfechtung aufgrund fehlender Fristeinhaltung, s.o.* (–)

III. Anfechtung gemäß § 120 BGB
1. Anfechtungsgrund „unrichtige Übermittlung durch Boten“, *hier: falsche Auskunft durch B an A* (+)
2. Anfechtungserklärung gegenüber richtigem Anfechtungsgegner, *s.o.* (+)
3. Anfechtungsfrist gemäß § 121 BGB: *s.o.* (–)
4. Zwischenergebnis: *Anfechtung aufgrund fehlender Fristeinhaltung, s.o.* (–)

IV. Anfechtung gemäß § 123 I BGB
1. Anfechtungsgrund „arglistige Täuschung“: durch D über Interpreten und Zustand der CD (+)
2. Anfechtungserklärung gegenüber richtigem Anfechtungsgegner, *s.o.* (+)
3. Anfechtungsfrist, gemäß § 124 BGB (!): *ein Jahr ab Kenntnis der Täuschung, daher eingehalten* (+)
4. Keine Bestätigung gemäß § 144 BGB: *eher (+), aber argumentativ auch möglich* (–)
5. Zwischenergebnis: Anfechtung (+ / –), *je nach Beantwortung bei Bestätigung, s.o.*

V. Zwischenergebnis: Untergang des Anspruchs (+ / –), *je nach Beantwortung bei Bestätigung, s.o.*

C. Durchsetzbarkeit des Anspruchs, *keine entgegenstehenden Anhaltspunkte, daher* (+)

D. Ergebnis zum Anspruch des C gegen A: *Anspruch über 20,- EUR oder kein Anspruch, s.o.* (+ / –)

G. Musterlösung (Originalklausur) zum Fall „CD-Chaos“

Zu Anschauungs- und Übungszwecken finden Sie hier eine ausformulierte Musterlösung in der Form einer Originalklausur mit den Anmerkungen aus der Korrektur.

<table>
<tr>
<td>
Alle Paragraphen ohne Angabe sind solche des BGB.

Anspruch des C gegen A auf Zahlung von 20,- EUR gemäß § 433 II
C könnte gegen A einen Anspruch auf Zahlung von 20,- EUR gemäß § 433 II haben.

A. Entstehung des Anspruchs
Voraussetzung dafür ist, dass zwischen C und A ein wirksamer Kaufvertrag zustande gekommen ist.

Ein solcher Kaufvertrag liegt vor, wenn zwei übereinstimmende Willenserklärungen vorliegen, die mit Bezug aufeinander abgegeben werden.

I. Angebot
Fraglich ist, ob ein Angebot i.S.d. § 145 durch eine der Parteien vorliegen könnte.

1. Angebot des C
Die Aussage des C, er löse seine CD-Sammlung auf, stellt keinen Antrag eines konkreten Vertrages an einen bestimmten Vertragspartner dar. Sie ist daher lediglich als invitatio ad offerendum und somit nicht als Angebot zu bewerten.

Des Weiteren könnte ein Angebot im Anbieten der Aufnahme von „Franz Schmidt“ liegen. Diese Willenserklärung wurde aber nicht von C persönlich, sondern von D abgegeben.

Fraglich ist also, ob die Erklärung der D Wirkung für und gegen C entfaltet.

a) Stellvertretung des C durch D
Dazu müsste D als Stellvertreterin des C gemäß §§ 164 ff. gehandelt haben. Sie übermittelt keine „fertige Erklärung“ des C, eine Botenschaft ist daher auszuschließen.

aa) Eigene Willenserklärung im fremden Namen
D gibt eine eigene Willenserklärung ab und macht offenkundig deutlich, dass sie im Namen des C handelt, indem sie B gegenüber angibt, sie dürfe die Sache selbst regeln.

bb) Mit und im Rahmen der Vertretungsmacht
Fraglich ist, ob sie Vertretungsmacht hatte. Laut Sachverhalt wurde sie von C nicht bevollmächtigt. Somit ist die Wirkung ihrer Erklärung zunächst schwebend unwirksam, der Vertreten kann durch Genehmigung gemäß § 184 I die Erklärung für und gegen sich wirken lassen.
</td>
<td>
Warum prüft der Verf. nicht die Anfrage des B für den A als Angebot?

</td>
</tr>
</table>

gut!	Die Genehmigung kann gemäß § 182 I sowohl dem einen, als auch dem anderen Teile gegenüber erklärt werden. C erklärt gegenüber der D, er sei zwar überrascht, mit ihren Geschäften aber einverstanden. **cc) Zwischenergebnis** Eine Genehmigung liegt somit vor, damit existiert ein Angebot des C. **b) Abgabe und Zugang** Das Angebot müsste abgegeben und zugegangen sein. Der A selbst war bei den Vertragsverhandlungen nicht zugegen. Die Abgabe der mündlichen Erklärung wird dadurch nicht berührt, fraglich ist, ob sie zugegangen ist. Für den Zugang unter Abwesenden gilt grundsätzlich, dass die Erklärung so in den Machtbereich des Empfängers gelangen muss, dass dieser unter gewöhnlichen Umständen die Möglichkeit zur Kenntnisnahme hat. Entscheidend für diese Beurteilung ist die rechtliche Einordnung der Mittelsperson, der sich der A in Form seines Bruders B bediente.
sehr schön	Dieser übermittelt lediglich die Willenserklärung des A, nimmt sodann die Erklärung der D entgegen, um diese wiederum dem A zu überbringen. In Abgrenzung zum Stellvertreter, der eigene Willenserklärungen abgibt, handelt es sich somit bei B um einen Boten des A. Der Zugang bei einer Botenschaft ist der Zeitpunkt, in dem mit der Weiterleitung unter normalen Umständen gerechnet werden kann. Diese Weiterleitung, damit der Zugang haben stattgefunden. **2. Zwischenergebnis** Ein Angebot des A liegt somit vor. **II. Annahme des A** Dieses Angebot müsste seitens des A gemäß § 147 angenommen worden sein. Dieser erklärt durch Nachricht auf dem Anrufbeantworter, er „nehme dann den Franz Schmidt“. Die Abgabe der Erklärung ist damit erfolgt. Der Zugang gilt dann als bewirkt, wenn unter gewöhnlichen Umständen mit der Kenntnisnahme, hier also mit dem Abhören des Anrufbeantworters gerechnet werden kann. Dies ist im vorliegenden Fall geschehen, eine entsprechende Erklärung seitens des A liegt somit grundsätzlich vor. Für die Einordnung als Annahme ist jedoch erforderlich, dass diese Erklärung auch auf den konkreten Antrag abzielt. **1. Auslegung der Willenserklärungen** Fraglich ist hier, auf welchen Inhalt, auf welchen Kaufpreis, die Erklärung des A abzielt. Dies ist durch Auslegung der Willenserklärung zu ermitteln. Hierbei wird gemäß §§ 133, 157 der objektive Empfängerhorizont zugrunde gelegt. Entscheidend ist demnach, wie ein objektiver Dritter in Position des Empfängers die Erklärung verstehen konnte.

<table>
<tr><td>
Der C hatte keine Kenntnis von der unrichtigen Übermittlung des Kaufpreises durch den B, für ihn zielt die Annahme auf einen Preis von 20,- € ab.

A handelte mit Handlungs- und Erklärungswillen, aber in dem Glauben, eine Erklärung über 15,- € abzugeben. Es mangelt somit am konkreten Geschäftswillen. Als Geschäftsherr muss der A den Übermittlungsfehler „seines" Boten B zunächst gegen sich gelten lassen. Der Mangel des Geschäftswillens berührt somit nicht den Bestand der Willenserklärung, sondern könnte unter Umständen einen Grund zur Anfechtung darstellen.

2. Zwischenergebnis
Somit liegt eine Annahme bezüglich des Angebots des C vor.

III. Zwischenergebnis
Damit ist ein Kaufvertrag zustande gekommen, der Anspruch somit entstanden.

B. Untergang des Anspruchs
Fraglich ist, ob der Anspruch untergegangen sein könnte.

Als möglicher Untergangsgrund des Anspruchs des C gegen den A kommt eine Anfechtung des A in Betracht.

I. Anfechtung gemäß § 119 I
Dazu müsste zunächst ein Anfechtungsgrund gegeben sein. In Betracht könnte hier zunächst ein Irrtum gemäß § 119 I kommen.

1. Anfechtungsgrund
Die Wirkung der Erklärung des A bezieht sich auf einen Preis von 20,- €. Durch den Übermittlungsfehler des B glaubt A aber, eine Erklärung über 15,- € abzugeben.

Somit ist davon auszugehen, dass er bei Kenntnis dieses Fehlers, diese Erklärung in dieser Form nicht abgeben wollte oder nicht abgegeben hätte.

Er befindet sich somit in einem Irrtum gemäß § 119 I, der damit einen Anfechtungsgrund darstellt.

2. Anfechtungserklärung gegenüber richtigem Anfechtungsgegner
Des Weiteren müsste A eine Anfechtungserklärung innerhalb der gesetzlichen Frist abgegeben haben, diese gegenüber dem richtigen Anfechtungsgegner.

Anfechtungsgegner ist gemäß § 142 II bei Verträgen der andere Teil, hier also der C. Diesem gegenüber erklärt er, er betrachte das Geschäft als hinfällig. Der Terminus „Anfechtung" muss in einer wirksamen Anfechtungserklärung nicht enthalten sein. Somit liegt eine Anfechtungserklärung gegenüber dem Anfechtungsgegner vor.
</td><td>
✓

Dieser Satz stellt fest, dass die notwendige KAUSALBEZIEHUNG besteht. Verf. hat aber noch nicht festgestellt, um welche ART Irrtum es sich hier handelt, nämlich den INHALTSIRRTUM gemäß § 119 I 1. Alt.
</td></tr>
</table>

Anmerkung	Text
	3. Anfechtungsfrist Fraglich ist, ob die gesetzliche Anfechtungsfrist eingehalten wurde. Gemäß § 121 I muss die Anfechtung unverzüglich nach Kenntnis des Anfechtungsgrundes erklärt werden. Kenntnis ist hier die Aufklärung des B der Sachlage. Die Erklärung des A erfolgt aber erst nach einigen Wochen, dies ist nicht als unverzüglich i.S.d. § 121 I zu betrachten.
sehr gut	**4. Zwischenergebnis** Die Anfechtung gemäß § 119 I ist somit wegen Nichteinhaltung der Frist nicht durchsetzbar.
	II. Anfechtung gemäß § 119 II Als weiterer Anfechtungsgrund könnte der § 119 II in Betracht kommen.
Schade, dass der Verf. hier nicht noch die Konkurrenzproblematik zwischen den §§ 119 ff. und den Gewährleistungsvorschriften anspricht.	**1. Anfechtungsgrund** Dazu müsste sich A im Irrtum über eine verkehrswesentliche Eigenschaft der Sache befunden haben. Hierzu zählen alle nach der Verkehrsanschauung für das Rechtsgeschäft bedeutsamen Merkmale der Sache, insbesondere alle wertbildenden Faktoren, nicht jedoch der Wert selbst. Der Urheber bzw. der Cellist eines Musikstücks ist ein entscheidender Faktor für den Wert der Aufnahme. Somit befindet sich A im Irrtum über eine verkehrswesentliche Eigenschaft, der Anfechtungsgrund des § 119 II ist somit gegeben.
	2. Anfechtungserklärung gegenüber richtigem Anfechtungsgegner Eine Anfechtungserklärung gegenüber dem Anfechtungsgegner liegt – wie bereits geprüft – vor.
	3. Anfechtungsfrist Für den § 119 II bestimmt sich die Frist allerdings ebenfalls nach § 121 I. Diese ist, wie geprüft, verstrichen
	4. Zwischenergebnis Die Anfechtung gemäß § 119 II ist daher ebenfalls nicht durchsetzbar.
	III. Anfechtung gemäß § 123 I Als weiterer Anfechtungsgrund könnte eine arglistige Täuschung gemäß § 123 I in Betracht kommen.
§ 120 I hätte hier als weiterer möglicher Anfechtungsgrund angesprochen werden können.	**1. Anfechtungsgrund** Die D wusste um den schlechten Zustand und den geringen Wert der CD, erklärte aber, es handele sich um ein gut erhaltenes Schnäppchen für 20,- €.

Somit liegt eine arglistige Täuschung durch die D vor. Diese war **allerdings Stellvertreterin**, sie gilt somit nicht als Dritte i.S.d. § 123 II. Vielmehr gilt die Täuschung als Stellvertreterin des C, als von C selbst begangen, der Anfechtungsgrund des § 123 I liegt somit vor.

Hier konnte man noch darauf eingehen, dass die D zunächst als falsus procurator handelte, um dann durch Genehmigung quasi im Nachhinein zur Vertreterin des C zu werden.

2. Anfechtungserklärung gegenüber richtigem Anfechtungsgegner
Diese liegt wie bereits geprüft vor.

3. Anfechtungsfrist
Die Anfechtungsfrist des § 123 bestimmt sich nach § 124 ein Jahr nach Entdeckung der Täuschung. Mit der Erklärung nach einigen Wochen ist die Fristwahrung gegeben.

4. Keine Bestätigung gemäß § 144 I
Des Weiteren darf keine Bestätigung gemäß § 144 I vorliegen. Diese ist dann gegeben, wenn der Berechtigte in Kenntnis der Anfechtungsmöglichkeit den erkennbaren Willen zeigt, an dem Rechtsgeschäft festzuhalten.

Nach Kenntnis der Sachlage und Aufklärung des Preisfehlers sortiert der A die CD in seine Sammlung ein und verleiht sie darüber hinaus. Hierin ist eine zumindest **konkludente Bestätigung** zu sehen. Die Anfechtung gemäß § 123 I ist somit ausgeschlossen. Weitere Anhaltspunkte für den Untergang des Anspruchs sind nicht ersichtlich.

IV. Zwischenergebnis
Aus dem wirksamen Kaufvertrag ist ein Anspruch des C gegen A auf Zahlung des Kaufpreises von 20, € aus § 433 II entstanden.

Verlangt wird bei § 144 allerdings ein für den Anfechtungsgegner erkennbares Verhalten. (vgl. MüKo/Mayer-Maly, § 144, Rz. 5 m.w.N.)

Es bestehen keine Möglichkeiten den Anspruch untergehen zu lassen.

C. Endergebnis
C kann somit von A die Zahlung von 20,- € gemäß § 433 II verlangen.

Eine glänzende Bearbeitung der gestellten Aufgabe. Der Verfasser erkennt im Prinzip sämtliche Probleme des Falles und führt diese fast ausnahmslos den richtigen Lösungen zu.

Die kleineren Mängel fallen kaum ins Gewicht, so daß eine Bewertung der Arbeit mit

sehr gut

(16 Punkte)

vertretbar erscheint.

Anhang 4: Beispiel-Deckblatt für eine juristische Hausarbeit

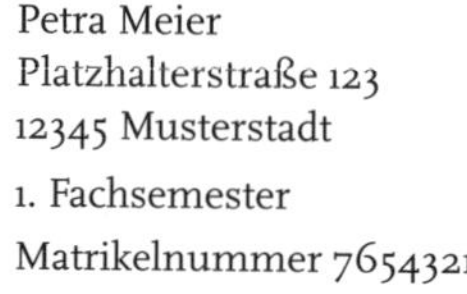

Hausarbeit zur Vorlesung Weltraumrecht

Prof. Dr. M. Musterfrau

Universität Musterstadt am Fluss

Wintersemester 2019/20